Monika Hauf

DER JAKOBSWEG

Monika Hauf

DER JAKOBSWEG

Das Mysterium
der 1000-jährigen Pilgerroute
nach Santiago de Compostela

Mit 31 Fotos

Langen Müller

Bildnachweis:
Alle Fotos: Archiv Monika Hauf.

Vor- und Nachsatz:
Karte aus dem 17. Jahrhundert mit dem Netz
der Jakobswege in Europa.

Besuchen Sie uns im Internet unter
http://www.herbig.net

Gedruckt auf chlorfrei gebleichtem Papier

© 2002 by Langen Müller
in der F. A. Herbig Verlagsbuchhandlung GmbH,
München
Alle Rechte vorbehalten
Schutzumschlag: Wolfgang Heinzel
Schutzumschlagmotive: Oben: Bekrönung der Westfassade
(Kathedrale von Santiago de Compostela).
Unten: Gemälde von Jan van Eyck »Die Pilger«
(Archiv für Kunst und Geschichte, Berlin)
Herstellung und Satz: VerlagsService Dr. Helmut Neuberger
& Karl Schaumann GmbH, Heimstetten
Gesetzt aus der 11/14 Punkt Stempel-Garamond
Druck und Binden: GGP Media, Pößneck
Printed in Germany
ISBN 3-7844-2886-X

Inhaltsverzeichnis

1   Vorwort   9

2   Geschichte und Mythos   13

Die Jakobuswege   13
Der Reliquienkult   17
Wallfahrtsorte auf dem Jakobusweg   21
Das Sternenfeld wird zu Santiago   25
Die unterbrochene Tradition   32
Santiago darf nicht sterben!   36
Bibel und Legende   39
Westgotischer Ritus versus römischer Ritus   43
Santiago – das Ende der Welt im äußersten Westen   47
Der Jakobusweg – warum gerade ein Landweg?   49
Das Opus Dei und der Jakobusweg   52

3   Die Heiligen des Weges   57

Die Jungfrau Maria und Jakobus   57
Die Gottesgebärerin wird zur Himmelskönigin   60
Die Apostel   63
Die Heiligen des Volkes   70
Die Sünderin und der Wiedergeborene   77
Ein Problem: die Namensvettern   80
Die Thaumaturgen   83
Die obskuren Heiligen   88
Die Metamorphose   96

4   Der Jakobusweg – Stufen einer Einweihung? 101

Die Baumeister des Weges   101
Santo Domingo de la Calzada   103
San Juan de Ortega   106
Architekten als Mysterienpriester?   110
Die fröhlichen Verdammten   114
Die Brückenbauer   118
Die Brückenbrüder   123
Die Brücke von Orbigo   125
Die Compagnons   129
Die Freimaurer   133
Nicolas Flamel, Alchemist und Jakobuspilger   137
Der »Codex Calixtinus«   140
Antonio Gaudí   144

5   Die Macht der Symbole 149

Gibt es universelle Symbole?   149
Die Muschel   151
Die Sonne   155
Der Hahn, ein Sonnentier   158
Die Erde   161
Die Madonna und der Stier   165
Der Mond   168
Die Biene   171
Das Bindeglied: das weibliche Element   174

6   Die weibliche Seite des Jakobusweges 177

Der personelle Aspekt   177
Das Zahlenspiel   181
Die Zahlen des »Codex Calixtinus«   183
Und ansonsten?   186
Die majestätischen Jungfrauen – Relikte alter Kulte   189
Das siebzehnte Wunder   191
Die Antoniter   195
Die Ritterorden   198
Compagnons und Freimaurer   201
Das Zeichen der Verdammten   205

Das Gänsespiel   209
Die Alchemie   212
Die Inversion   214

7   **Der Heilige Gral** 219

Der Heilige Gral – tatsächlich ein Begriff?   219
Was ist der Heilige Gral?   222
Der Heilige Gral in Spanien?   224
War der Gral in Aragón?   228
Oder in Oviedo?   231
Wie christlich sind die Gralsgeschichten?   234
Der Schicksalsstein und Santiago   237
Das Wunder von El Cebrero   242
Der Gralsorden von Nájera   245
Der Jakobusweg – eine Gralsuche   247

8   **Konklusion** 253

Lohnt sich der Jakobusweg?   253

Anmerkungen   257
Bibliographie   265
Register   270

Vorwort

Kaum jemand, der Santiago de Compostela sagt, denkt dabei tatsächlich an diese abgelegene Stadt in Galicien, im äußersten Nordwesten Spaniens. Den meisten drängt sich dabei der Gedanke an den so genannten Jakobusweg auf, auch Jakobsweg[1] genannt, die berühmte Pilgerroute, die dort enden soll: am Grab des Apostels Jakobus. Santiago de Compostela stellt unter den gängigen Wallfahrtsstätten heute noch eine Ausnahme dar: weil der wahre Jakobuspilger den Weg dorthin zu Fuß zurücklegen sollte. Santiago de Compostela und der Jakobusweg sind eine sehr gute Illustration der uralten Weisheit, dass der Weg wichtiger ist als das Ziel.

Diese Erkenntnis schlägt sich sogar in den gängigen Reiseführern ohne jeden esoterischen Anspruch nieder, wenn sie auch meist nur verschämt angedeutet wird. Denn es ist offensichtlich, dass die letzten Etappen des Weges nur mehr aus Landschaft bestehen. Und zwar einer ziemlich öden. Manche Reiseführer geben dies sogar unumwunden zu. Einige beschweren sich: Die Unterbringung lasse zu wünschen übrig, sogar Tankstellen seien streckenweise rar. Andere hingegen versuchen, diese Durststrecke zu rechtfertigen: Der Pilger solle sich innerlich ganz auf Santiago de Compostela einstellen, durch nichts mehr abgelenkt werden.

Nur: Was tut sich, wenn der Pilger erst in Santiago angekommen ist?

Er kann beglückt miterleben, wie bei der Zwölf-Uhr-Messe sein Name als der eines wahren Jakobuspilgers vorgelesen wird. Nur ist dieser Titel eigentlich nicht schwer zu erringen.

Es genügt der Nachweis, dass man mindestens hundert Kilometer der Strecke zu Fuß oder zweihundert mit dem Fahrrad zurückgelegt hat.[2]

Vorher oder nachher kann der Pilger die diversen Zeremonien absolvieren, die seit alters her zu einem Besuch von Santiago de Compostela gehören. Schon beim Betreten der Kathedrale wird er wohl seine rechte Hand in die etwa auf Schulterhöhe liegenden Vertiefungen der Säule des so genannten »Pórtico de la Gloria« legen, welche die Eingangshalle zweiteilt. Speziell Eltern, die von kleinen Kindern begleitet sind, pflegen deren Köpfe an die Stirn des steinernen Jünglings auf der in Richtung Kircheninneres gewandten Rückseite dieser Säule zu schlagen, natürlich mit der gebührenden Vorsicht. Es heißt, das verleihe Intelligenz. Es wirke auch noch bei Jugendlichen und sogar Erwachsenen. Schüler und Studenten pflegen sich vor Examen hier einzufinden. Im Inneren der Kathedrale kann der Pilger sich in die Schlange einreihen, welche auf den so genannten »Abrazo« nicht verzichten will: das rituelle Umarmen der Statue des Apostels am Hauptaltar. Wenn der Pilger Glück hat, gehört der Tag seines Besuches zu den Tagen, an denen der »Botafumeiro«, der zwei Meter hohe Weihrauchkessel, eines der Wahrzeichen Santiagos, durch die Kathedrale schwingt. Der Pilger kann dem Grab des Apostels seine Ehrerbietung erweisen und die verschiedenen Kapellen der Kathedrale besuchen, in einer davon das königliche Pantheon. Nur hat er eigentlich auf seinem Weg genügend Kapellen und sogar bereits eine ganze Anzahl von königlichen Grabmälern gesehen, beginnend bereits an der Grenze Spaniens, in Roncesvalles, von den Franzosen Roncevaux genannt.

Wenn der Pilger sich dann noch mit Souvenirs eingedeckt hat, in erster Linie der obligatorischen Jakobsmuschel, folgt unweigerlich der Rückweg – früher mit den gleichen Strapazen wie die Anreise verbunden, heute üblicherweise eine recht schmerzlose Angelegenheit: Die wenigsten machen den gleichen Fußmarsch noch einmal. Sie lassen sich abholen oder reisen mit öffentlichen Verkehrsmitteln zurück.

Kein Wunder, dass sich für viele Pilger nach ihrer Ankunft in Santiago de Compostela das Hochgefühl, es geschafft zu haben, mit einer leisen Trauer darüber mischt, dass dieses Erlebnis nun vorüber ist. Bei manchen führt dieses Aufwachen aus dem Rausch des Weges zu einem regelrechten Katzenjammer. Gleichfalls kein Wunder, dass viele versucht haben, diesem Gefühl abzuhelfen: indem sie weiterwandern. Eine galicische Überlieferungen behauptet schon lange, der Pilger müsse, wenn er Santiago erreicht habe, seinen Weg fortsetzen: nach San Andrés de Teixido. Wenn er dies zu seinen Lebzeiten nicht getan habe, werde er nach seinem Ableben in Gestalt eines Tieres zurückkehren, um dieser Pflicht zu genügen. Aus diesem Grund warnt die besagte Überlieferung davor, die Schlangen und Eidechsen in der Umgebung zu zertreten: In ihnen lebten die Seelen der Pilger, die den Besuch von San Andrés zu ihren Lebzeiten versäumt hätten.

Und nicht umsonst proklamiert ein mittelalterliches Gedicht in Padrón, gleichfalls in Galicien, aber, von der Pilgerroute aus gesehen, jenseits von Santiago, dass eine Wallfahrt nach Santiago ohne Abstecher nach Padrón keinen großen Wert habe.

Die Einwohner der Stadt Oviedo verkünden, wer ihre dem Heiland (el Salvador) geweihte Kathedrale nicht besucht habe, aber nach Santiago pilgere, erweise dem Knecht seine Ehrerbietung, ignoriere jedoch den Herrn. Oviedo liegt gleichfalls auf einem Weg nach Santiago, allerdings auf der Küstenstraße nördlich des eigentlichen Jakobusweges.

An einem bestimmten Ort pflegten viele Pilger einen Stein aus ihrer Heimat niederzulegen. Dieser sollte beim Jüngsten Gericht davon Zeugnis ablegen, dass der bewusste Pilger den besagten Ort aufgesucht hatte. Nur befindet sich dieser Ort, O Milladoiro, für alle Pilger, welche dem eigentlichen Jakobusweg folgen, jenseits von Santiago de Compostela.[3] Lediglich für die wenigen, die aus Portugal oder von einem der westlichen Atlantikhäfen kamen, lag er auf dem Weg nach Santiago. Fazit: Die Reise ist in Santiago noch lange nicht zu Ende.

Andere weisen darauf hin, dass die Jakobustradition generell an einem äußerst dünnen Faden hänge. Erstens sei es sehr zweifelhaft, ob der heilige Jakobus je seinen Fuß auf spanischen Boden gesetzt habe. Zweitens, selbst wenn man dies zugestehe, sei es noch fraglicher, ob er als Toter – laut der Apostelgeschichte wurde er in Jerusalem enthauptet (Apg 12/1-2) – nach Spanien zurückgekehrt sei. Drittens sei es keinesfalls erwiesen, dass die Gebeine, die man Anfang des 9. Jahrhunderts in Santiago fand, tatsächlich die des Apostels waren, selbst wenn er in Spanien bestattet worden wäre. Nur wurden diese Reliquien 1589 bei einem drohenden Angriff der englischen Flotte versteckt. Erst als man 1879 bewusst nach ihnen suchte, wurden sie wieder entdeckt. Wenn es sich um die gleichen Gebeine gehandelt hat, die 1589 in Sicherheit gebracht worden waren, was keinesfalls von allen akzeptiert wird.

Es steht sogar die ketzerische These im Raum, dass es sich bei dem Grab, das in Santiago de Compostela verehrt wird, um das des Priscilianus handeln könnte, eines Bischofs von Avila, der im 4. Jahrhundert von der Kirche als Ketzer zum Tode verurteilt und hingerichtet wurde.

Auf alle diese Punkte werden wir im Detail eingehen. Und dennoch: Es ist unbestreitbar, dass Santiago de Compostela zwar ein gewisses Auf und Ab in der Gunst der Pilger erlebte, aber trotzdem noch heute, Anfang des 3. Jahrtausends, seine Faszination ungebrochen ist.

Dieses Buch will die Faszination des Mythos Santiago untersuchen. Allerdings in erster Linie anhand seiner Symbolik und seiner unorthodoxen Aspekte.

Tarragona, im Mai 2002   *Monika Hauf*

12

2 Geschichte und Mythos

Die Jakobuswege

Der Jakobusweg besteht aus einem Netzwerk
von Pilgerwegen, welches die Mönche des heiligen Benedikt
bewusst über ganz Europa spannten.

Wie man anhand alter Landkarten feststellen kann, tragen zahlreiche Straßen in ganz Europa die Bezeichnung Jakobusweg. Dies verdanken wir in erster Linie den Mönchen des heiligen Benedikt, die bereits ab dem 9. Jahrhundert dafür sorgten, dass sich mehrere Hauptwege herauskristallisierten: indem sie an strategischen Punkten Klöster und Hospize errichten ließen beziehungsweise bereits bestehende lokale Wallfahrtsorte durch solche Neugründungen verbanden. Diese Tendenz, den Pilgerweg zu vereinheitlichen, verstärkte sich nach der Gründung des Klosters Cluny im Jahre 910 und der von ihm angeregten religiösen Erneuerung.

Die Ausgangsorte beziehungsweise Knotenpunkte von solchen Wegen gaben dann der jeweiligen Route ihren Namen.

Die so genannte »Via Podiensis« – benannt nach der Stadt Le Puy – und die »Via Lemovicensis« – benannt nach Limoges – laufen in der Gegend von Ostabat mit der von Tours kommenden »Via Turonensis« zusammen, um gemeinsam die Pyrenäen am Ibañeta-Pass zu überqueren. Auf spanischer Seite heißt diese Trasse dann »Camino Navarro«, Weg von Navarra.

Ein weiterer Weg beginnt in Arles und wird deshalb »Via Arletanensis« genannt. Er führt über Saint-Gilles und Montpellier nach Toulouse, von wo ab er »Via Tolosana« genannt wird. Die »Via Tolosana« überquert die Pyrenäen in Somport, wo sie zum »Camino Aragonés«, Weg von Aragón, wird. Jenseits der Pyrenäen, in Puente la Reina, vereinigen sich »Camino Navarro« und »Camino Aragonés« zum »Camino Francés«, dem französischen Weg.

Die Namen sind geblieben, obwohl sich die Treffpunkte der Pilger immer weiter vom ursprünglichen Ausgangsort wegbewegten. Als erste Station der »Via Turonensis« gilt inzwischen Paris – der Turm Saint-Jacques, wo sich die Pilger zu sammeln pflegten, ist heute noch erhalten –, während die »Via Lemovicensis« in Vézelay beziehungsweise Baroches beginnt. Es gab zwei Routen, die sich in Eguzon wieder begegneten. Und natürlich hatte jeder dieser Orte weitere Zubringer.

Auch im deutschsprachigen Raum gibt es Jakobuswege. Die beiden wichtigsten nannte man Nieder- beziehungsweise Oberstraße. Erstere führt von Köln über Aachen, Brüssel, Valenciennes und Amiens nach Paris, wo sie sich mit der »Via Turonensis« vereinigt. Die so genannte Oberstraße beginnt in Einsiedeln und zieht sich über Bern, Genf und Valence nach Saint-Gilles beziehungsweise Montpellier, Stationen der »Via Arletanensis« beziehungsweise »Via Tolosana«.

Hier mag es erstaunen, dass die Straße, die im Norden liegt Niederstraße heißt, die Oberstraße hingegen im Süden verläuft. Denn auf unseren Karten liegt die Oberstraße somit unten, die Niederstraße hingegen oben, was eigentlich ihrem Namen zuwiderliefe. Nur ist die Perspektive auf Landkarten eine reine Definitionssache. Wir sind daran gewohnt, den Norden oben zu suchen, den Süden unten. Auf den Karten, die damals im Umlauf waren, als diese Namen Ober- und Niederstraße geprägt wurden, war es umgekehrt.

Der eigentliche Jakobusweg beginnt in Puente la Reina, also dort, wo sich »Via Turonensis« beziehungsweise »Camino Navarro« und »Via Tolosana« beziehungsweise »Camino Aragonés« zum »Camino Francés«, auf Lateinisch »Iter Francorum«, verbinden. In Logroño brachte ein weiterer Zubringer die Pilger aus der Gegend von Barcelona auf den »Camino Francés«. In León schlossen sich noch die Pilger aus Oviedo an – wenn sie es nicht vorzogen, der Küstenstraße nach Santiago de Compostela zu folgen. Der letzte große Knotenpunkt war dann Astorga, wo sich die von Sevilla und Mérida, also Südspanien, kommende »Ruta de la Plata«, der so genannte mozarabische[4] Jakobusweg, mit dem »Camino Francés« vereinigte.

Natürlich wirft sich die Frage auf, warum sich die Benediktiner und Cluny so um den Jakobusweg bemühten. Warum ebneten sie den Pilgern nicht den Weg nach Rom? Oder ins Heilige Land? Schließlich fand dieser Prozess, die Herausbildung des Jakobusweges, zur Zeit der Kreuzzüge statt, also vom 11. bis zum 13. Jahrhundert. Sogar die Ritterorden waren in Spanien aktiv: Orden von Rittern, welche die mönchischen Gelübde abgelegt hatten und in Klosterburgen lebten. Mehr noch, neben den in Syrien und Palästina tätigen Tempelrittern und Johannitern gründeten sich auf der Iberischen Halbinsel mehrere einheimische Orden, so die von Calatrava, von Avis und von Alcántara. Sogar einen ganz spezifischen Orden von Santiago gab es. Die großen internationalen Orden, in erster Linie die Tempelritter und die Johanniter, auch Hospitaliter genannt, hatten zwar auch in anderen Ländern Niederlassungen, nur arbeiteten sie dort für den Krieg im Heiligen Land. Was sie auf der Iberischen Halbinsel erwirtschafteten, steckten sie in die Reconquista, die Rückeroberung des Landes von den Mauren.

Das hatte natürlich Vor- und Nachteile. Denn fiel nicht jeder, der sich einem solchen Orden in Spanien anschloss, als Kämpfer gegen die Sarazenen im Heiligen Land aus? Diese Frage muss auf der einen Seite bejaht werden. Auf der anderen jedoch konnten die Spanier darauf verweisen, dass es wesentlich dringender war, der moslemischen Bedrohung in Europa selbst ein Ende zu setzen. Hatten die Araber schließlich nicht bereits versucht, nach Frankreich vorzudringen, bis sie von Karl Martell 732 bei der Schlacht von Tours und Poitiers besiegt wurden? Auch schloss das eine das andere nicht aus. Es fand durchaus ein Austausch statt. Die kampferprobten Ritter aus Spanien wurden von ihren Orden gerne im Heiligen Land zu Würdenträgern gewählt.

Für die Pilger brachte die Herauskristallisierung des Jakobusweges massive Vorteile mit sich. Sie waren nicht mehr auf den Landstraßen ganz Europas zerstreut, sondern konzentrierten sich auf bestimmte Wege, wo ihnen Unterkunft angeboten wurde und die Ritterorden Wache hielten. Sie konnten sich selbst zu Gruppen zusammenschließen und besser gegen räuberisches Gesindel wehren.

Aber auch die Kirche profitierte von dieser Lösung. Je sicherer der Weg erschien, desto mehr Pilger würden sich auf den Weg machen, auch ohne dass eine Kirchenbuße sie dazu zwang. Und je mehr Kirchen ihnen auf diesem Weg zur Vorbereitung auf Santiago de Compostela selbst zum Besuch angeboten wurden, desto mehr Geld ließen sie für ihr Seelenheil dort liegen. Denn das war für den mittelalterlichen Menschen der wichtigste Aspekt seines Daseins. Jede Wallfahrt war ein Sinnbild des menschlichen Lebens, eine Erinnerung daran, dass es ein Ende hatte, den Tod, und somit ein Ziel: die ewige Seligkeit. Nicht umsonst waren die meisten Wallfahrtsorte Stätten, an denen Reliquien verehrt wurden: Gebeine eines Heiligen.

Schon der älteste »Reiseführer« des Jakobusweges, in der ersten Hälfte des 12. Jahrhunderts von einem Mönch namens Aimery oder Aimeric Picaud zusammengestellt und unter dem Namen »Codex Calixtinus« weltberühmt geworden, empfiehlt nicht nur den »Besuch« bestimmter Heiliger beziehungsweise deren Reliquien auf dem Weg, sondern macht ihn geradezu zur Pflicht. Da das Verständnis dieses Reliquienkults für das des Christentums im Mittelalter und somit auch des Phänomens Jakobusweg unentbehrlich ist, wollen wir darauf kurz eingehen.

Der Reliquienkult

Der Reliquienkult ist nichts anderes als eine Manifestation der Sehnsucht, mit dem Göttlichen in unmittelbaren Kontakt zu treten.

Dass Rom der Sitz der Päpste wurde, hat bestimmt mit dem Nimbus zu tun, den diese ehemalige Hauptstadt des Imperiums nun einmal hat. Aber die ideologische Rechtfertigung für die Sonderstellung Roms schon in der frühen Kirche war, dass sich dort die Gräber der Apostelfürsten Petrus und Paulus befinden sollen. Die Gebeine eines Heiligen machten den Ort seiner Bestattung heilig. Canterbury, der wichtigste Wallfahrtsort im katholischen England, wurde erst nach der Ermordung des Bischofs Thomas Becket am 28. Dezember 1170 zu einem solchen.

Eine Ausnahme von dieser Regel, dass ein Wallfahrtsort ein Reliquienschrein ist, stellen lediglich Jerusalem, der Ort der Passion Jesu, und die verschiedenen Marienwallfahrtsorte dar. Denn die katholische Lehre geht davon aus, dass beide körperlich in den Himmel aufgenommen wurden. Die gesamte Ideologie der katholischen Kirche basierte schon immer darauf, dass dies bei Jesus der Fall war. Das Dogma von der körperlichen Aufnahme in den Himmel auch seiner Mutter wurde zwar erst 1950 als verbindlicher Glaubenssatz der Kirche formuliert, war aber schon lange vorher akzeptiert. Eine der Begründungen für dieses Dogma ist gerade die Tatsache, dass von der Jungfrau Maria genauso wenig so genannte primäre Reliquien, also Körperteile, im Umlauf waren wie von Jesus selbst.

Obwohl man diese Aussage leicht einschränken muss. Denn trotz der Reformation und der Französischen Revolution, welche allen Reliquien, deren sie habhaft werden konnten, unerbittlich den Garaus machten, haben sich bis zum heutigen Tag verschiedene Ampullen mit dem so genannten Heiligen Blut erhalten: Blutstropfen, die nach der Kreuzigung aus der Seitenwunde Jesu aufgefangen wurden. So heißt es zumindest. In Weingarten bei Ravensburg findet alljährlich der so genannte Blutritt statt, in dem eine berittene Prozession die Monstranz mit dem Heiligen Blut durch die Stadt und über die Felder führt. Reiter aus der näheren und weiteren Umgebung nehmen daran teil, unzählige Zuschauer säumen den Weg. Diese Erwähnung des Blutritts erfolgt im Übrigen nicht von ungefähr: Weingarten und Ravensburg liegen auf der direkten Strecke zwischen Ulm und Lindau, also einem Zubringer des Jakobusweges.[5]

In einem Punkt jedoch hat die Kirche inzwischen der Verehrung der Gläubigen Einhalt geboten. Denn spitzfindige Leute im Mittelalter hatten die Tatsache ausgenützt, dass Jesus trotz seiner Göttlichkeit und seiner Himmelfahrt als Mensch geboren wurde und aufgewachsen war. Es musste also eine Nabelschnur und Milchzähne von ihm geben. Mehr noch: Er war beschnitten worden, wie es das Gesetz für Juden vorschreibt (Gen 17/10-11), ein Anlass, der natürlich auch ein Kirchenfest nach sich zog: das Fest der Beschneidung am 1. Januar. Bestimmt hatte die Jungfrau Maria in weiser Voraussicht nicht versäumt, die dabei entstehende Reliquie aufzubewahren: die Vorhaut des Erlösers. Es gab diverse Orte, welche von sich behaupteten, die einzig echte Reliquie der Beschneidung zu besitzen. Solche Reliquien gibt die Kirche heute nicht mehr der öffentlichen Verehrung preis. Auch die diversen Milchtropfen der Jungfrau Maria sind – zumindest soweit mir bekannt – inzwischen verschwunden.

Im Mittelalter fand niemand etwas an diesen für unsere Begriffe makaberen Kultobjekten auszusetzen. Solche Wallfahrtsorte wurden auch nicht verschämt besucht. An einem der berühmtesten Marienwallfahrtsorte Englands, Walsingham, wurden genau solche Milchtropfen der Jungfrau Maria verehrt. Diese Verehrung beruht letztendlich auf dem Glauben an einen

Sympathiezauber. Die Milch, welche den Erlöser genährt hatte, musste auch auf den Gläubigen, der sich ihr nahte, positiven Einfluss ausüben.

Aufgrund dieser Reliquie pflegte man die Haupttrasse nach Walsingham auch als Milchstraße zu bezeichnen. Vielleicht war diese Bezeichnung ironisch gemeint. Vielleicht lehnte sie sich sogar an den Jakobusweg an. Denn die Milchstraße am Himmel wurde auch Jakobusweg betitelt – beziehungsweise umgekehrt. Vermutlich, um die Bedeutung des Jakobusweges hervorzuheben. Was die Milchstraße am Himmel war, stellte der Jakobusweg auf der Erde dar. So habe der Apostel Jakobus persönlich schon Kaiser Karl dem Großen in einer Vision erklärt.

Genauso konnte eine Unzahl von Kirchen Splitter des Heiligen Kreuzes vorweisen. Welche und wie viele darunter echt waren beziehungsweise sind, das wollen wir dahingestellt lassen. Autoren wie der Humanist Erasmus von Rotterdam (1466–1536) haben berechnet, dass die verschiedenen dokumentarisch belegten beziehungsweise noch existierenden Splitter insgesamt eine ganze Schiffsladung von Balken ausmachen müssten, andere gehen davon aus, dass die Mengen durchaus nicht irrealistisch sind.

Der Reliquienkult hörte mit dem Ende des Mittelalters keinesfalls auf. Die Verehrung von sekundären Reliquien[6] wie dem Grabtuch von Turin oder dem Heiligen Rock von Trier hat sich sogar bis heute erhalten. Auch wenn die Kirche es nunmehr vorzieht, von einer Würdigung anstatt einer Verehrung zu sprechen: Die Gläubigen verehren weiterhin. Wer reist um die halbe Welt und steht einen ganzen Tag Schlange, nur um einige wenige kostbare Sekunden ein bestimmtes Objekt würdigen zu können? Der Heilige Rock von Trier, der Überlieferung nach das nahtlose Gewand Jesu, um das die Soldaten bei der Kreuzigung würfelten (Joh 19/23), lockte bei der Ausstellung 1996 immerhin 700 000 Besucher an – wenn es auch 1959 noch 1,8 Millionen gewesen waren –, während das Turiner Grabtuch

1998 in nur zwei Monaten 10 Millionen Besucher verzeichnen konnte.

Der Reliquienkult ist auf die uralte Sehnsucht der Menschheit zurückzuführen, das Numinose zu schauen und nach Möglichkeit zu berühren. Deshalb gibt es auch in allen Religionen Wallfahrten. Wenn sie auch nicht immer so genannt werden. Aber im Prinzip hatte zum Beispiel die Einweihung in die Mysterien von Eleusis bei den alten Griechen eine ähnliche Funktion. Der Islam macht die Pilgerfahrt nach Mekka sogar zu einer religiösen Pflicht. Und als die sowjetische Führung nach dem Tod Lenins 1924 seinen Körper einbalsamieren und in einem Mausoleum auf dem Roten Platz ausstellen ließ, tat sie gleichfalls nichts anderes, als diesem Bedürfnis, zu schauen und zu berühren, entgegenzukommen.

Auch bei Marienerscheinungen konzentriert sich die Verehrung der Gläubigen nicht auf das Ereignis an sich, sondern konkret auf die Stelle, die in direktem Kontakt mit der Jungfrau stand. So wollten die Visionäre in Fatima 1917 die Jungfrau Maria immer direkt über beziehungsweise auf einer bestimmten Eiche gesehen haben. Prompt wurde genau diese Eiche von enthusiastischen Pilgern ihrer Blätter und Rinde beraubt.

Diese Sehnsucht ist von der katholischen Kirche seit dem 8. Jahrhundert offiziell sanktioniert. Nicht nur in Bezug auf Jesus und die Jungfrau Maria. Beim zweiten Konzil von Nikäa 787 wurde festgelegt, dass sich in jeder Kirche unter dem Altar Reliquien befinden müssen. Noch die revidierte Ausgabe des neuesten Katechismus von 1992 gestattet die Verehrung von Reliquien ausdrücklich (Artikel 1674).

Sprich: Jede Kirche enthält Reliquien – im Idealfall die des Heiligen, dem die Kirche geweiht ist. Da hagiographische Lexika um die zehntausend mehr oder weniger anerkannte Heilige und Selige aufführen, stellte dies noch nie ein Problem dar. Abgesehen davon bürgerte sich die Praxis der östlichen Christenheit, Reliquien zu zerstückeln, um mehr als eine Kirche in den Genuss begehrter Heiliger kommen zu lassen, bald auch im Westen ein.

Aber je mehr Reliquien eine Kirche in ihren Mauern beherbergte, desto größer war ihre Anziehungskraft auf die Gläubigen. Das Mittelalter war nicht nur die Blütezeit des Reliquienkultes, sondern auch des Reliquienhandels. Und des Reliquienschwindels. Es sei denn, wir akzeptieren klaglos, dass manche Heilige Monster mit mehreren Köpfen und Leibern waren. Aber das ist ein Kapitel für sich.

Genauso wie der Reliquiendiebstahl, der allerdings meist verbrämt wurde: Der entsprechende Heilige sei dem Dieb, oft genug einem Kleriker, erschienen und habe darum gebeten, an einen anderen Ort gebracht zu werden. So forderte der heilige Indalecio, der Legende nach ein Jünger des heiligen Jakobus, die Mönche von San Juan de la Peña auf, seine Reliquien aus Urci bei Almería in ihr Kloster und somit auf den Jakobusweg zu überführen. Auch die Reliquien der heiligen Fides – wir kommen später noch auf sie zurück –, welche die Stadt Conques auf der »Via Podiensis« zu einem berühmten Wallfahrtsort machten, waren 866 von einem Kleriker aus der Stadt Agen gestohlen worden.

Wallfahrtsorte auf dem Jakobusweg

Frömmigkeit und Geschäftssinn erschaffen ein blühendes Wirtschaftsunternehmen.

Angesichts dieses Reliquienkultes – oder ist sogar der Ausdruck Reliquiensucht angebracht? – darf es uns nicht erstaunen, dass sich Orte wie Conques nicht nur als Relaisstationen auf dem Weg nach Santiago de Compostela, sondern auch als selbstständige Wallfahrtsstätten verstanden.

Karl der Große hatte sich in Aachen eine riesige Reliquiensammlung angelegt. Logisch, dass diese Stadt eine der ersten Anlaufstellen der Niederstraße wurde. Einsiedeln, der Sammelpunkt der Pilger für die Oberstraße, ist heute noch der Wallfahrtsort einer Schwarzen Madonna[7] beziehungsweise des Märtyrers Meinrad, dessen Schädel zu ihren Füßen ruht. Auch Trier, die Wallfahrtsstätte des Heiligen Rockes, liegt auf einem Zubringer des Jakobuswegs. Die Verehrung des Heiligen Rockes muss sich auch parallel zu der des Jakobusgrabes entwickelt haben. Obwohl man lediglich mit Sicherheit weiß, dass der Heilige Rock 1196 vom Westchor zum Hauptaltar des Trierer Doms überführt wurde. Die Legende behauptet zwar, es handle sich um ein Geschenk der heiligen Helena, der Mutter Kaiser Konstantins, aber es gibt keinen Beweis, dass der Heilige Rock tatsächlich seit dem 4. Jahrhundert im Westchor deponiert war.

Dieser über Trier laufende Zubringer des Jakobusweges führt nach Vézelay, dem Reliquienschrein der heiligen Maria Magdalena. Obwohl Experten berechnet haben, dass diese Heilige insgesamt sechs Körper gehabt haben müsste, wenn alle Reliquien von ihr echt wären. Eine Überlieferung behauptet, sie habe die letzten dreißig Jahre ihres Lebens büßend in der Grotte von Sainte-Baume in der Provence verbracht und sei in der nahe gelegenen Kirche von Saint-Maximin bestattet worden. Eine andere Überlieferung widerspricht: Ihre Reliquien seien Ende des 9. Jahrhunderts von Ephesus nach Konstantinopel überführt worden. Eine dritte behauptet, ein Mönch namens Badilon habe die Reliquien von Jerusalem nach Vézelay überführt. Diese Version wurde später überarbeitet: Badilon habe die Reliquien bei einem drohenden Einfall der Sarazenen von Saint-Maximin nach Vézelay geschafft. Diese Theorie hat der »Codex Calixtinus« übernommen. Nur war damit die Angelegenheit noch nicht erledigt. Die Mönche von Saint-Maximin konterten nämlich, indem sie behaupteten, die Reliquien selbst versteckt zu haben, um sie 1279 wieder zu finden. Die Päpste wussten gleichfalls nicht, wem sie Recht geben sollten: Ein Papst hatte um 1050 verlautbaren lassen, die Reliquien befänden sich in Vézelay, Bonifazius VIII. entschied Ende des 13. Jahrhunderts zugunsten von Saint-Maximin. Gerade aus dem »Codex Calixtinus« wird auch ersichtlich, dass dieser Streit um die Echtheit von Reliquien kein Einzelfall war. Der »Codex« weist die Orte, die sich fälschlicherweise auf die Reliquien des heiligen Ägidius beriefen, streng zurecht: diese seien in Saint-Gilles.

Die Stadt Charroux, auf einer Nebenroute der »Via Turonensis« gelegen, lockte die Pilger mit um die siebzig verschiedenen Reliquien, darunter die Vorhaut Jesu, ein Splitter des Heiligen Kreuzes und eine Ampulle des Heiligen Blutes. Diese Nebenroute war das Ergebnis einer Gabelung der »Via Turonensis« in Poitiers. Sie vereinigte sich in Belin-Béliet wieder mit der Haupttrasse. Pilger, welche den Jakobusweg mehrmals zurücklegten, wichen gerne auf solche Parallelwege aus. Solche Pilger gab es nämlich. Manche müssen ihr ganzes Leben mit Wallfahrten verbracht haben. Von einem Italiener aus Cremona heißt es, er habe achtzehnmal Rom und genauso oft Santiago de Compostela besucht. Auch auf dem Rückweg von einer Wallfahrt wählten viele Pilger bewusst eine andere Strecke, in Erinnerung an die Weisen aus dem Morgenland, die auf Anraten eines Engels bei der Rückkehr in ihre Heimat eine andere Route einschlugen (Mt 2/12).

Der bewusste Ausbau des Jakobusweges verlieh also vielen kleineren Orten mit interessanten Reliquien einen ungeahnten Aufschwung. Manche wurden sogar offiziell als Wallfahrtsort auf dem Jakobusweg gelistet, zum Beispiel Castres bei Toulouse, das zu den zwölf anerkannten sekundären Wallfahrtsorten gehörte. Das besagte Saint-Gilles auf der »Via Arletanensis« galt zeitweise als viertwichtigster Wallfahrtsort der Christenheit, nach Jerusalem, Rom und Santiago de Compostela.

Zahlreiche Städte und Dörfer wurden erst aufgrund des Pilgerstroms gegründet. So die Stadt Estella im Jahre 1090. Kaum stellten die Mauren keine Bedrohung mehr dar, verlegte die Stadt Sangüesa sogar ihren Standort von einem Hügel in die Ebene, um für Pilger besser erreichbar zu sein. Wenn man bedenkt, dass allein im nördlichen Spanien auf einer um die achthundert Kilometer langen Strecke mindestens dreihundert Dörfer und Städte fast ausschließlich von den Pilgern lebten, kann man sich die wirtschaftliche Bedeutung des Jakobuswegs zu seiner Blütezeit ausmalen. Das Mittelalter teilte unsere Vorliebe für Statistiken nicht, wir wissen daher nicht, wie viele Pilger Santiago besuchten. Aber sogar vorsichtige moderne Schätzungen gehen davon aus, dass zur Hochblüte des Reliquienkultes jedes Jahr um die 200000 Menschen nach Santiago de Compostela aufbrachen. Andere meinen, es seien zeitweise sogar um die 500000 gewesen.

Auch wenn eine ganze Reihe von Diensten auf dem Jakobusweg gratis waren. Sich um die Pilger zu kümmern galt als verdienstvoll. Wer einen Pilger beherberge, der nehme nicht nur den heiligen Jakobus, sondern Jesus Christus selbst auf. So der »Codex Calixtinus« wörtlich, in Anlehnung an das Matthäusevangelium (Mt 10/40).

In der Kirche »San Salvador« von Sarria, auf einer der letzten Etappen des Jakobusweges gelegen, wird heute noch eine Bulle von Papst Johannes XXII. aus dem Jahre 1332 vorgezeigt. Diese verspricht all denjenigen, welche einem Pilger Unterkunft oder ein Almosen gewähren, bestimmte Ablässe: die zeitweise Erlassung von Strafen im Fegefeuer, die sie eigentlich verdient hätten.

Eine Reihe der offiziellen Pilgerhospize lagen jedoch außerhalb der Stadtmauern. Einerseits aus hygienischen Gründen – schließlich konnten Pilger Seuchen einschleppen. Die Ausdrücke »Hospiz« und »Hospital« haben den gleichen etymologischen Ursprung, ihre Funktionen überschnitten sich zeitweise.

Andererseits sprachen auch praktische Gründe dafür: Auf diese Weise konnten die Pilger zu jeder Stunde eintreffen und aufbrechen. In Puente la Reina ertönen heute noch allabendlich die vierzig Glockenschläge, welche früher die säumigen Pilger zur Eile mahnten. Sie waren das Signal, dass die Stadttore sich in Kürze schließen würden.

Sogar eine relativ kleine Stadt wie Sangüesa hatte dreizehn Pilgerherbergen. Astorga hatte vierundzwanzig, in León sind noch siebzehn dokumentarisch nachweisbar, vermutlich waren es einst mehr. León war schließlich die Hauptstadt des gleichnamigen Königreiches, und Burgos, zwischen 1035 und 1492 Hauptstadt von Kastilien, hatte über dreißig.[8] Das Hospital Real von Burgos habe bis zu zweitausend Pilger aufnehmen können.

Das Sternenfeld wird zu Santiago

Die Bibel sagt, der heilige Jakobus wurde
in Jerusalem enthauptet. Wie kommt es, dass sein Grab
in Galicien verehrt wird?

Untersuchen wir nun, wie es überhaupt zu der Entstehung des Wallfahrtsortes Santiago de Compostela kam. Offiziell geht die Verehrung des Jakobusgrabes zurück bis ins Jahr 813. Auf dieses Jahr nämlich legt die Legende die wundersame Auffindung der Reliquien des heiligen Apostels.

Jedoch ist diese Jahreszahl aller Wahrscheinlichkeit nach ein Kompromiss. Man geht davon aus, dass dieses Ereignis stattfand, als ein gewisser Theodomir Bischof des nahe gelegenen Iria Flavia – heute Padrón – war. Dieser Theodomir starb 847. Man glaubt gleichfalls zu wissen, dass der damals herrschende König Alfons II. von Asturien (792–842), genannt der Keusche, war: Er sei nach der Entdeckung prompt zum Grab geeilt und somit zum ersten weltlichen Pilger geworden. Da das älteste erhaltene Dokument, das die Auffindung des Grabes erwähnt, auf das Jahr 829 datiert ist, sind Experten der Ansicht, dass diese Auffindung irgendwann zwischen 820 und 829 stattfand. Nur heißt es gleichzeitig, dass der damalige Papst Leo III. war. Und dessen Pontifikat endete 816. Auf die Zahl 813 kam man vermutlich deshalb, weil auch noch Karl der Große ins Spiel gebracht werden sollte: Die Entdeckung habe zu seinen Lebzeiten stattgefunden. Und da Karl der Große am 28. Januar 814 starb, bot sich das Jahr 813 an.[9]

Ein Einsiedler namens Pelayo oder Pelagius habe immer wieder bei Nacht an einer bestimmten Stelle merkwürdige Lichterscheinungen wahrgenommen, einen Stern oder Sternenregen niedergehen sehen – die Überlieferungen sind sich nicht ganz einig. Schließlich sah er sich veranlasst, den Kirchenoberen von diesem »Sternenfeld«, auf Lateinisch »Campus Stellae«, Mitteilung zu machen. Der besagte Theodomir, Bischof von Iria Flavia, ließ dort graben, stieß auf ein Grabgewölbe und erkannte prompt, dass es sich um das des Apostels Jakobus handelte. Der Mythos von Santiago war geboren.

Leider ist nachweisbar, dass die Theorie, der heilige Jakobus habe überhaupt irgendeine Verbindung mit Spanien gehabt, frühestens Anfang des 5., vermutlich jedoch erst Ende des 6. beziehungsweise Anfang des 7. Jahrhunderts aufkam. Die frühen Geschichtsschreiber der Kirche, wie Eusebius von Cäsarea (ca. 260–340) und Gregor von Tours (538–594), erwähnen sie nicht. Der christliche Lyriker Prudentius (348–405) und Idacio (394–460), der Bischof von Aquae Flaviae, Santiago de Compostela benachtbart, genauso wenig.

Die ersten isolierten Äußerungen, die sich dahingegend interpretieren ließen, dass der heilige Jakobus tatsächlich in Spanien predigte, finden sich beim heiligen Hieronymus (345–419) beziehungsweise bei dessen Lehrer, Didymus von

Alexandria (313–398), wieder. Nur stießen sie beileibe nicht auf Zustimmung.

Im Gegenteil: Papst Innozenz I. bestritt 416 sogar entschieden, dass irgendwer ohne den ausdrücklichen Auftrag des Apostels Petrus oder seiner Nachfolger in Gallien, Spanien, Afrika und Sizilien beziehungsweise auf den Mittelmeerinseln missioniert habe. Vielleicht war es aufgrund dieses Dementis, dass Hesychius, Bischof von Salona in Dalmatien, 419 versuchte, die Wogen zu glätten: Der heilige Jakobus sei von Petrus ausdrücklich nach Spanien entsandt worden. Das zumindest steht in einer Bischof Hesychius zugeschriebenen Biographie über Papst Klemens I., Bischof von Rom 88–97 n. Chr.

Jedoch wurde diese These in Spanien selbst offensichtlich nicht akzeptiert. Als im 7. Jahrhundert in einem Werk namens »Breviarium Apostolorum« plötzlich die These auftaucht, der heilige Jakobus habe in Spanien missioniert, wird dies vom heiligen Julianus von Toledo – also einem Spanier, wohlgemerkt! – 686 nachdrücklich in Abrede gestellt: Der heilige Thomas habe vielleicht in Indien gepredigt und der heilige Matthäus in Mazedonien, aber der heilige Jakobus in seiner Heimat, in Jerusalem. Und keinesfalls in Spanien.

Vielleicht kannte der heilige Julianus den Originaltext des »Breviarium«. Denn bei diesem handelt es sich lediglich um eine Übersetzung aus dem Griechischen. Und in diesem griechischen Original erscheint der Zusatz über die Missionstätigkeit des Jakobus in Spanien nicht.

Einige Exegeten führen als Gegenbeispiel eine Schrift des heiligen Isidor von Sevilla an, der bestätigt habe, dass der heilige Jakobus in Spanien predigte. Nur sind verschiedene Experten der Meinung, dass diese Passage eine spätere Einschiebung in den Text ist. Und selbst wenn sie echt wäre: Der heilige Isidor starb 636 und darf somit ebenfalls nicht als früher Zeuge einer Jakobusverehrung in Spanien beschworen werden.

Manche vermuten, dass der Ausgangspunkt für die Diskussion schlicht ein Irrtum beziehungsweise die Unwissenheit der Kopisten war. Um das nachzuvollziehen, müssen wir die Entstehungsgeschichte des »Breviarium Apostolorum« untersuchen. Denn damals berief man sich gerne auf Autoritäten, was dazu führte, dass jeder Autor versuchte, einem angesehenen Vorgänger nachzueifern. Die Grundlage für das »Breviarium Apostolorum« war vermutlich eine Schrift, die im 5. Jahrhundert zirkulierte, jedoch dem Vernehmen nach eine Übersetzung ins Griechische war, deren hebräisches Original aus dem 1. Jahrhundert stammte. Zugeschrieben wurde sie einem gewissen Abdias, seines Zeichens erster Bischof von Babylon, der Jesus Christus noch persönlich gekannt haben sollte. Laut dieser Schrift missionierten beide Apostel namens Jakobus, also sowohl der Ältere als auch der Jüngere, in Palästina. Ende des 6. Jahrhunderts wurde sie ins Lateinische übersetzt. Auch dieser Version nach predigt Jakobus der Ältere in Judäa und Samaria. Anfang des 7. Jahrhunderts erschien von neuem ein griechisches Werk über die Apostel, das gleichfalls noch keine Verbindung zwischen Jakobus und Spanien zog. Im Gegenteil: Es gibt sogar an, dass Jakobus im östlichen Mittelmeerraum bestattet wurde. Und jetzt wird es interessant. Denn in einem der erhaltenen Manuskripte heißt es konkret, sein Grab sei in Marmarica. Marmarica wurde eine Gegend in Nordafrika genannt, zwischen dem Nildelta und der Cyrenaika gelegen. Diese Schrift wurde wiederum ins Lateinische übersetzt. In dieser lateinischen Version wird die Missionierung Spaniens plötzlich dem Apostel Jakobus zugeschrieben. Und diese lateinische Übersetzung entspricht dem »Breviarium Apostolorum«.

Sein Grab lag jedoch weiterhin in einer Stadt in Marmarica, eine Version sagt, »in Achaia Marmarica«. Vielleicht war damit eine tatsächlich existierende Stadt namens Anchaion gemeint. Aber vermutlich konnte ein weiterer Kopist nichts damit anfangen, so dass er dem Ausdruck einen neuen Sinn verlieh und schrieb, der heilige Jakobus sei »in Arcis Marmoricis« begraben und ein Marmorgewölbe damit meinte. So zumindest hat man es nachvollzogen. Die Befürworter der Authentizität des Jakobusgrabes verweisen auf mittelalterliche Schenkungsurkunden, welche den Ort des Apostelgrabes als »Arcis Marmoricae« bezeichnen. Jedoch stammen diese aus der Zeit nach der Entdeckung des Grabes. Es kann somit nicht ausgeschlossen werden, dass dieser Ausdruck nachträglich eine Legitimation des im Entstehen begriffenen Wallfahrtsortes bezweckte. Wenn er sich nicht sogar von einem zum Beispiel in der Fredegar-Chronik verwendeten generischen Begriff für Reliquienbehälter ableitet: »arca mamorea«. »Arcis« ist eine Deklination sowohl von »arx« (Hügelfestung) als auch von »arca« (Kiste).

Dennoch war damit die Basis für die These gelegt, dass der heilige Jakobus nicht nur in Santiago de Compostela gepredigt hatte, sondern dort auch begraben lag.

Vielleicht wäre diese apokryphe Verbindung zwischen dem heiligen Jakobus und Spanien irgendwann untergegangen, wenn sich nicht im Jahre 711 ein Ereignis abgespielt hätte, das die spanische Geschichte in völlig neue Bahnen lenkte: der Einfall der Mauren. Angesichts dieser Bedrohung der Christenheit durch den Islam war es nicht verwunderlich, dass die Spanier dankbar die zwei Jahre vorher, nämlich 709, erschienene Chronik des englischen Mönches Adhelmus von Malmesbury zur Kenntnis nahmen, welche der Verbindung zwischen Jakobus und Spanien internationale Anerkennung gab. So konnten die Spanier auf der Suche nach himmlischen Bundesgenossen einen der Lieblingsjünger Jesu selbst bemühen. War Jakobus schließlich nicht Zeuge der Verklärung gewesen, gemeinsam mit Petrus und Johannes (Mt 17/1-2, Mk 9/1, Lk 9/28-29)? Wird er nicht auch in der Ölberg-Szene erwähnt (Mt 26/37, Mk 14/33)? So verfasst im Jahre 776 der spanische Mönch Beatus von Liébana einen Bibelkommentar, in dem er den einzelnen Apos-

29

teln bestimmte Länder zuordnet und dabei für Spanien endgültig den heiligen Jakobus vereinnahmt. Wie gut traf es sich da, dass kurz darauf just in Spanien dessen Reliquien aufgefunden wurden. Wenn auch der Brief von Papst Leo III. (Pontificat 795–816), in dem er alle Bischöfe der Christenheit über diese wundersame Begebenheit informierte, höchstwahrscheinlich apokryph ist.

Schon Jesus selbst hatte Jakobus und seinen Bruder als »Boanerges«, Söhne des Donners (Mk 3/17), bezeichnet. Ein Mann mit einem solch cholerischen Charakter war der ideale Verbündete im Kampf gegen die andersgläubigen Eindringlinge. So entstand die Legende um »Santiago Matamoros«, Jakobus, den Maurentöter, der 844 in der Schlacht von Clavijo – dicht neben dem Jakobusweg gelegen – auf seinem weißen Streitross höchstpersönlich den Christen den Sieg gebracht haben sollte.

Inzwischen verweisen manche Historiker nicht nur die Teilnahme des heiligen Jakobus, sondern die gesamte Schlacht von Clavijo ins Reich der Sage. Die Legende über den Tribut von einhundert Jungfrauen, welchen die Mauren forderten und die Christen ihnen verweigerten, was zu einer entscheidenden Schlacht geführt habe, wird nämlich auch noch an anderen Orten erzählt. So in Carrión de los Condes, gleichfalls auf dem Jakobusweg gelegen. Oder in der kleinen Stadt Bagá, in den Pyrenäen, die gleichzeitig einer spanischen Überlieferung nach mit der Gründung des Templerordens zu tun hat.[10] Und das Dokument, mit dem König Ramiro I. im Anschluss an die Schlacht von Clavijo Santiago de Compostela eine alljährliche Sonderabgabe zusicherte, ist eine Fälschung, vermutlich aus dem 12. Jahrhundert.

Aber zur damaligen Zeit erzielte dieser Mythos, dass der heilige Apostel Jakobus die Sache Spaniens zu der seinen gemacht hatte, seine Wirkung. Der heilige Jakobus wurde zum Brennpunkt der Reconquista, der Wiedereroberung Spaniens unter dem christlichen Banner, parallel zu den Kreuzzügen im Heiligen Land.

Der »Codex Calixtinus« verstärkt auf äußerst geschickte Weise die Fundamente dieser Überlieferung. Auf der einen Seite erwähnt er wörtlich den besagten Bischof Abdias. Nicht im Zusammenhang mit der Jakobuslegende, das wäre zu auffallend. Aber er flicht, eigentlich unnötigerweise, einen langen Bericht über das Martyrium eines Heiligen namens Eutropius ein, seines Zeichens Bischof in der französischen Stadt Saintes. Und in diesem Zusammenhang kommt er, scheinbar ganz beiläufig, auch auf diesen Bischof Abdias zu sprechen. Oder tue ich dem armen Picaud unrecht? Handelt es sich nicht um Raffinesse, sondern um Zufall? Aber warum benützt er dann ausgerechnet den Ausdruck »arca marmorea«, wenn er vom Grab des Apostels spricht?

Hätten sich die Verantwortlichen zu einem gemeinsamen Propagandafeldzug zusammengetan, das Ergebnis hätte nicht besser ausfallen können.

Vermutlich sprach die Menschen des Mittelalters auch die tiefe Symbolik an, die darin liegt, dass der heilige Jakobus in Santiago de Compostela verehrt wird, während sein Bruder Johannes in Ephesus lehrte und starb. Denn Rom, die Stadt der Päpste, der Stellvertreter Christi, liegt geographisch zwischen diesen beiden Orten. Damit hatte sich der Wunsch der beiden Zebedäussöhne, nämlich zur Rechten und zur Linken Jesu zu sitzen (Mt 20/20-23, Mk 10/35-40), auf gewisse Weise realisiert.

Als Vorläufer aller späteren Heiligenlegenden gilt die »Legenda aurea«, die goldene Legende, des Mönches Jakobus von Voragine (1230–1293). Er nahm die Missionierungstätigkeit des heiligen Jakobus in Spanien als integralen Bestandteil seiner Hagiographie auf und schmückte seinen Bericht mit weiteren Details. Von nun an gehörten der heilige Jakobus und Santiago de Compostela untrennbar zusammen. Noch der »Codex

Calixtinus« hatte geklagt, dass noch weitere Orte die Reliquien des Apostels beanspruchten. Diese Zeiten waren nun vorbei. Aber 1492 war die Reconquista abgeschlossen. Die Heere der so genannten »Katholischen Könige« Ferdinand von Aragón und Isabella von Kastilien hatten den letzten maurischen Herrscher Granadas besiegt. Nicht der Moor, wie in Friedrich Schillers Drama »Die Räuber«, sondern in diesem Fall der »Matamoros«, Mauren- oder Mohrentöter, hatte seine Schuldigkeit eigentlich getan und konnte wieder in der Versenkung verschwinden. Sollte man denken. Dennoch ließ Papst Leo XIII. – erstaunlicherweise wieder ein Leo, wie bereits der Papst, welcher die Entdeckung des Apostelgrabes verkündet haben soll – im Jahre 1884 in seiner Bulle »Deus omnipotens« (Allmächtiger Gott) offiziell proklamieren, dass in Santiago de Compostela die sterbliche Hülle des heiligen Apostels Jakobus ruhe. Sie haben richtig gelesen: 1884, vor nur etwas mehr als hundert Jahren.

Die unterbrochene Tradition

Die Pilgerzahlen gehen Ende des Mittelalters zurück und erreichen im 19. Jahrhundert den absoluten Tiefpunkt. Warum?

Was hatte diese offizielle päpstliche Verlautbarung genau zu diesem Zeitpunkt zu bedeuten? Denn um eine solche handelte es sich. Wenn sich Leo XIII. auch nicht auf das kurz zuvor, im Jahre 1869, von seinem Vorgänger Pius IX. verkündete Dogma von der Unfehlbarkeit des Papstes in Glaubensfragen berief: Seine Bulle war ein Machtwort Roms.

Wenn man die genauen Hintergründe nicht kennt, ist man versucht, des Rätsels Lösung im so genannten »Modernismus«

1 Portal der Kirche »Santa María la Real« von Sangüesa.

2 Turm Saint-Jacques in Paris – Treffpunkt der Pilger auf der »Via Turonensis«. Von hier aus brach auch der Alchemist Nicolas Flamel auf.

3 Santiago Matamoros – Darstellung des heiligen Jakobus in der typischen Haltung als siegreicher Krieger in der Schlacht von Clavijo, wo er den Tribut von einhundert Jungfrauen an die Mauren unterband.

4 Bagá in den Pyrenäen, wo gleichfalls eine Legende über einen Tribut von einhundert Jungfrauen erzählt wird.

5 Saint-Guilhelm-le-Désert, »Via Tolosana«.

6 Heilig-Kreuz-Reliquie von Saint-Guilhelm.

7 Haus in Pézenas, das sich auf einer ehemaligen Templerkomturei erhebt (Zubringer zur »Via Tolosana«).

zu suchen. Um in der zweiten Hälfte des 19. Jahrhunderts der Auseinandersetzung mit den wissenschaftlichen Theorien ihrer Zeit gewachsen zu sein, hatte sich die katholische Kirche Priester herangebildet, die sich mit diesen Thesen beschäftigen mussten, natürlich mit der Aufgabe, sie theologisch oder noch besser wissenschaftlich zu widerlegen. Und dieses Unterfangen schlug fehl. Einige der jungen Kleriker wandten nämlich die naturwissenschaftliche Methode – zu prüfen, bevor etwas gutgeheißen wird – auf die kirchlichen Überlieferungen selbst an. Und stellten dabei die Widersprüche heraus. Ab 1910 verlangte die Kirche daher von ihren Klerikern einen Eid, dass sie diesen so genannten »modernistischen« Einflüssen nicht unterliegen würden.

Vielleicht haben solche Gründe bei der Entscheidung des Papstes mitgespielt. Aber der eigentliche Auslöser der Bulle war prosaischer: 1589 hatte man in Santiago die Nachricht von einem geplanten Angriff des berüchtigten englischen Seehelden Sir Francis Drake auf das nahe gelegene La Coruña vernommen und voller Panik die Reliquien des heiligen Jakobus an einem sicheren Ort verborgen. Es war nämlich zu befürchten, dass die protestantischen Engländer sie vernichten wollten.[11] Leider versäumte man nach dem Abzug der Engländer, sie wieder an ihren Platz zurückzubringen. Oder sie waren so gut versteckt worden, dass sie nicht mehr aufgefunden werden konnten.

Gegen 1660 wurde die Kathedrale im barocken Stil umgestaltet. Um den Hauptaltar tiefer legen zu können, ebnete man die noch erhaltenen Wände des ursprünglichen Apostelgrabes völlig ein und machte es unzugänglich.

In den nächsten Jahrhunderten war das Ziel der Wallfahrten somit nicht mehr das Grab des Apostels, sondern lediglich ein Ort, von dem man wusste, dass irgendwo in seiner Nähe die Reliquien des Apostels ruhen sollten. Aber die Pilgerzahlen waren gewaltig zurückgegangen. Selbst zum Fest des Apostels am 25. Juli erschien nur mehr eine Hand voll Pilger. Am 25. Juli 1867 seien es zwischen dreißig und vierzig gewesen. Es war höchste Zeit, etwas zu unternehmen. 1879 suchte man im Auftrag des Erzbischofs von Santiago nach den Reliquien. Und fand prompt die Gebeine von drei Menschen, von denen einer aufgrund eines fehlenden Stückes am Schläfenknochen als der Apostel identifiziert wurde. Denn dieser natürliche Auswuchs hinter dem rechten Ohr war im 11. Jahrhundert als Geschenk für die Kathedrale von Pistoia (Toskana) entnommen worden.

Und hier kam vermutlich die Angst vor der Meinung der Wissenschaft zum Tragen: Die Untersuchung der Überreste ließ der Kardinal-Erzbischof von drei Professoren der Universität von Santiago de Compostela vornehmen. Die Tatsache, dass es sich um die Gebeine des Apostels handelte, war also vor der Verkündigung durch den Papst wissenschaftlich bestätigt worden.

Die Zeiten hatten sich geändert. Die heilige Helena hatte, zumindest der Legende nach, im 4. Jahrhundert noch andere Mittel zur Verfügung gehabt. Als sie auf dem Berg Golgotha drei Kreuze fand und man nicht wusste, auf welchem Jesus und auf welchen die Schächer hingerichtet worden waren (Mt 27/38, Mk 15/27, Lk 23/33, Joh 19/17), verließ man sich auf ein Wunder. Das sich prompt ereignete: Ein Todkranker wurde geheilt – aber erst, nachdem man ihn auf das »richtige« Kreuz gelegt hatte.[12]

Wie gut nun die Reste des Apostels erhalten waren und ob sie wirklich noch so beschaffen waren, dass man sie, wenn schon nicht mit den authentischen, so doch zumindest mit den vor dreihundert Jahren verschwundenen identifizieren konnte, wollen wir dahingestellt lassen. Nur: Bei weiteren Ausgrabungen im 20. Jahrhundert fand man neben Spuren einer Ansiedlung aus vorrömischer Zeit römische Grabstätten, darunter ein Mausoleum mit den Überresten von zwei Menschen, ebenso einen Friedhof aus christlicher Zeit.[13]

34

Dennoch hat Santiago de Compostela seit der Wiederauffindung der Reliquien von neuem an Beliebtheit zugenommen. Warum also waren die Pilgerzahlen nach 1589 zurückgegangen? Vermutlich ist dies auf verschiedene Gründe zurückzuführen. Auf der einen Seite machte sich im 16. Jahrhundert der Einfluss der Reformatoren bemerkbar. Laut Luther (1483–1546) sei ja nicht einmal gesichert, dass es sich bei den so genannten Reliquien des Jakobus um menschliche Überreste handle – inzwischen wurde zumindest dies bestätigt. Auf der anderen Seite sorgte die spanische Inquisition – eventuell ungewollt – für das Fernbleiben der Pilger. Sogar inzwischen von der katholischen Kirche hoch geehrte und heilig gesprochene spanische Mystiker wie Theresa von Avila (1515–1582) und der heilige Johannes vom Kreuz (1542–1591) hatten Schwierigkeiten mit der Inquisition. Im Jahre 1559 seien einige Pilger aus Bayern auf dem Rückweg von Santiago de Compostela wochenlang von der Inquisition befragt worden – vermutlich »peinlich«, also gefoltert. Ihr Vergehen: Sie waren angeklagt, bei ihrem Besuch in Santiago das Ablegen der Beichte versäumt zu haben. Dass solche Berichte anderen Pilgern die Lust am Wallfahren – zumindest nach Santiago de Compostela – nahmen, leuchtet ein.

Später wurden denen, die es trotzdem wagen wollten, andere Hindernisse in den Weg gelegt. In Frankreich brauchte man im 18. Jahrhundert eine Genehmigung sowohl des Königs als auch des örtlichen Bischofs, um eine Pilgerfahrt ins Ausland unternehmen zu dürfen. In Österreich waren Wallfahrten nur als Tagestouren genehmigt, was lediglich den Besuch von lokalen Wallfahrtsstätten erlaubte. Im 19. Jahrhundert entwickelten sich in Frankreich mehrere inländische Wallfahrtsorte: dank der Erscheinungen der Jungfrau Maria 1830 in Paris, 1846 in La Salette, 1858 in Lourdes, 1871 in Pontmain und 1876 in Pellevoisin. Warum also noch die Strapazen und Kosten einer Reise in das ferne Santiago de Compostela nebst den damit verbundenen Verständigungsschwierigkeiten auf sich nehmen?

Santiago darf nicht sterben!

Warum legte die Kirche noch Ende des 19. Jahrhunderts so viel Wert darauf, das Jakobusgrab für echt zu erklären?

Aber auf der anderen Seite kommt bestimmt auch das Element zum Tragen, das wir bereits angesprochen haben: die Sehnsucht nach der räumlichen Nähe, der direkten Anwesenheit der Reliquien, die nun einmal in Santiago de Compostela bis zu deren Wiederauffindung nicht mehr in vollem Maße befriedigt wurde.

In anderen Wallfahrtsorten war es ähnlich. So wurde in dem französischen Kloster Saint-Engrâce (Soule), auf einer Nebentrasse des Jakobusweges gelegen, lange Zeit der Arm einer frühchristlichen Märtyrerin namens Engratia aus Saragossa verehrt. Als diese Reliquie während der Auseinandersetzungen zwischen Protestanten und Katholiken 1569 verschwand, blieben die Pilger aus. Genauso führen Experten die zahlreichen Gräber in der Nähe des Klosters Suso bei Nájera, also auf dem »Camino Francés«, auf die Reliquien des heiligen Millán de la Cogolla zurück, ein in dieser Gegend sehr populärer Heiliger. Die Menschen, die Wert darauf legten, genau dort begraben zu sein, waren überzeugt, dass die Chancen, die ewige Seligkeit zu erlangen, mit der körperlichen Nähe zu den Reliquien eines Heiligen stiegen, dass dessen Heiligkeit auf gewisse Weise »abfärbte«. Und bestimmt ist es auch kein Zufall, dass die Pantheons der verschiedenen Königreiche Spaniens auf dem Jakobusweg liegen: beginnend mit dem Grabmal von Sancho dem Starken von Navarra in Roncesvalles. Weitere Könige von Navarra liegen im Kloster Leire und im Kloster »Santa María la Real« von Nájera. Sogar das etwas abseits gelegene San Juan de la Peña hat ein königliches Pantheon. Alfons VI. und seine vier Gemahlinnen wurden in Sahagún bestattet, die Könige von León in ihrer gleichnamigen Hauptstadt in der Basilika »San Isidoro«, die Könige von Kastilien im Kloster »Las Huelgas« bei Burgos. Das letzte königliche Pantheon des Jakobusweges befindet sich in der Kathedrale von Santiago de Compostela selbst.

Was das Grab des heiligen Jakobus in Santiago angeht, so sieht es auch hier so aus, als sei die körperliche Nähe, die Möglichkeit der Betrachtung und Berührung, für die Verehrung der Gläubigen wichtiger als die Authentizität. Die Entscheidung des Papstes, die wieder aufgefundenen Reliquien des Apostels Jakobus für echt zu erklären, war insofern vermutlich nur eine offizielle Bestätigung des Volkswillens.

Zum Glück ging der Volkswille zumindest in diesem Fall mit den Interessen der Kirche konform. Denn die Reliquien des Jakobus mussten echt bleiben – sie bilden die Basis für die These seiner Missionierung in Spanien. Und diese durfte auf keinen Fall diskutiert und in Zweifel gezogen werden. Auch nicht Ende des 19. Jahrhunderts.

Natürlich gibt es Beispiele für andere Nationalheilige, die vermutlich genauso wenig am Ort ihrer Verehrung gewirkt haben wie der heilige Jakobus in Spanien, ohne dass dies ihrer Verehrung Abbruch tut. Das markanteste Beispiel ist der heilige Andreas und seine legendäre Verbindung mit Schottland. Sein typisches X-förmiges Kreuz – an einem solchen sei er zum Märtyrer geworden – findet sich sogar auf der schottischen Flagge wieder, weiß auf blauem Grund.[14] Die Frage, ob der heilige Andreas je seinen Fuß auf schottischen Boden gesetzt hat, interessiert kaum jemanden.

Nur hatte sich gerade in Spanien die Legende um den heiligen Jakobus so eng mit der spanischen Kirchengeschichte verbunden, dass ihre Widerlegung nicht nur in Santiago de Compostela nachhaltige Folgen gehabt hätte. Wenn der heilige Jakobus nicht in Spanien gepredigt hatte, dann konnte er logischerweise auch nicht die Marienstatue »Nuestra Señora de la Ermitana« von Peñíscola aus Jerusalem gebracht haben, wie eine Legende behauptet. Schlimmer noch: Die Jungfrau Maria hätte ihn auch nicht in leiblicher Gestalt besuchen können. In Muxía an der Küste Galiciens wird heute noch der Ort verehrt, an dem sie gelandet sein soll. Die merkwürdig geformten Felsbrocken sollen von ihrem Schiff stammen, das sich nach ihrer Ankunft in Stein verwandelte.

Daneben gibt es noch einen weitaus bedeutenderen Wallfahrtsort, der mit dem Untergang der Jakobuslegende gleichfalls kollabieren würde. Die Muttergottes in leiblicher Gestalt soll den heiligen Apostel nämlich auch in Saragossa besucht haben. Wesentlich wichtiger als ihre Statue ist die Säule, von der aus sie sich mit dem Apostel unterhalten haben soll und die sie als »Beweis« für ihre Anwesenheit in Saragossa zurückließ. Dieser Pfeiler gilt als einer der wichtigsten Kultgegenstände der Iberischen Halbinsel und wird noch heute von allen Pilgern andächtig geküsst. Sogar ein weiblicher Vorname leitet sich von ihm ab: »Pilar« ist auf »Nuestra Señora del Pilar«, Unsere Liebe Frau von der Säule (oder dem Pfeiler) zurückzuführen.

Wenn der heilige Jakobus nun nie in Spanien war, musste die Geschichte des Pfeilers gefälscht sein. Schlimmer: Vermutlich handelt es sich sogar um ein Relikt eines heidnischen Fruchtbarkeitskultes. Wenn ein Konzil gerade in Toledo, also in Spanien selbst, noch 681 und 682 diejenigen, welche die kultischen Steine verehrten, nicht nur tadelte, sondern mit der Exkommunikation bedrohte, dann deshalb, weil diese Verehrung noch gang und gäbe war. Dem Stil nach stammt die Marienstatue aus der Spätgotik, während die Säule wesentlich älter ist. Die Abnützung des Steines zeugt davon. Eine flüchtige Lippenberührung erodiert Jaspis oder Marmor nicht von heute auf morgen.

Vermutlich hat also die Statue die Säule auf gewisse Weise »sanktioniert«. Und später wurde die Kirche die Geister, die sie auf diese Art selbst gerufen hatte, nicht mehr los. Nachdem die Säule nebst der sie begleitenden Legende einmal in die Kirchengeschichte Eingang gefunden hatte, wäre es gefährlich gewesen, sie wieder als Hirngespinst fallen zu lassen.

Vermutlich waren es Gründe dieser Art, welche 1884 den Papst dazu bewogen, offiziell die Authentizität des Jakobusgrabes zu dekretieren. Denn daraus ergaben sich die übrigen Schlussfolgerungen von selbst: Wenn der Apostel in Compostela ruhte und auf wundersame Weise dorthin gelangt war, dann deshalb, weil er zu Spanien eine besondere Beziehung hatte. Genauso wie »Nuestra Señora del Pilar«.

Dass die Bibel keinerlei Hinweise auf seinen eventuellen Aufenthalt in Spanien liefert, ist dabei zweitrangig. Aber um nicht mit der offiziellen biblischen Geschichte auf Kollisionskurs zu geraten, musste die Legende vorsichtig um das Neue Testament herumgesponnen werden.

Bibel und Legende

Wie gelangte der Leichnam des heiligen Jakobus nach Santiago de Compostela? Oder handelt es sich nur um einzelne Reliquien? Oder verehrt die Kirche dort sogar das Grab eines hingerichteten Ketzers?

Da die Bibel in Bezug auf Informationen über den heiligen Jakobus nicht sehr ergiebig ist, bereitete dies keine weiteren Schwierigkeiten. Um eventuelle Verwirrungen von vornherein auszuschließen, sollte man den Jakobus von Santiago zuerst von seinen Namensvettern beziehungsweise diese voneinander trennen – soweit dies möglich ist. Denn die Kirchengelehrten sind sich nicht ganz einig, wie viele Männer namens Jakobus es in der Umgebung Jesu gab.

Der Jakobus von Santiago, auch Jakobus der Ältere genannt, wird von der Kirche am 25. Juli gefeiert. Es handelt sich dabei um einen der Zebedäussöhne und den Bruder des Evangelisten Johannes. Jakobus der Jüngere, dessen Namenstag am 3. Mai gefeiert wird, gilt als Sohn des Alphäus. Jedoch ist auch er in Santiago de Compostela präsent: In der Reliquienkapelle der Kathedrale, welche gleichzeitig als königliches Pantheon dient, kann man seine Reliquienbüste besichtigen.

Und dann gibt es noch die strittige Gestalt von Jakobus dem Gerechten, dem ersten Bischof von Jerusalem. Da dieser im Neuen Testament neben Joseph, Simon und Judas als Bruder Jesu bezeichnet wird (Mt 13/55), Jesus aber aufgrund des Dogmas, dass seine Mutter vor, während und nach der Geburt Jungfrau war, keinen Bruder haben darf, wird er von der katholischen Kirche zum Vetter Jesu gemacht und mit dem jüngeren Jakobus gleichgesetzt.[15]

Sowohl der ältere als auch der jüngere Jakobus starben in Jerusalem den Märtyrertod. Die Apostelgeschichte vermeldet konkret, dass Jakobus, der Bruder des Johannes, von König Herodes mit dem Schwert hingerichtet wurde (Apg 12/1-2). Dieses Ereignis soll zwischen den Jahren 40 und 44 n. Chr. stattgefunden haben. So verblieb dem heiligen Jakobus zwischen dem Tod Jesu und seinem eigenen ausreichend Zeit, um in Spanien zu predigen, sich im Jahre 40 n. Chr. mit der Jungfrau Maria in Saragossa zu treffen und rechtzeitig zu seiner Hinrichtung wieder in Jerusalem zu sein.

Das erklärt eine der Komponenten der Legende, die Missionierung in Spanien. Aber wie konnte es geschehen, dass er trotz seines Todes in Jerusalem in Spanien begraben wurde? Nun, auch dieses Problem konnte gelöst werden, allerdings mussten hierfür gleich mehrere Wunder herhalten. Zwei Jünger hätten nach der Hinrichtung im Schutze der Dunkelheit Kopf und

Körper des Apostels zum Meer gebracht, wo sie von einem Boot erwartet wurden, dessen Besatzung aus unsichtbaren Engeln bestand. Sie schifften sich mit dem Leichnam ein und landeten an der Küste Galiciens. Nach einigen weiteren Irrfahrten und der Bekehrung der bösen Königin Lupa erreichte der Körper des Apostels mit einem Ochsengespann seinen endgültigen Bestimmungsort: Das Mausoleum wurde dort errichtet, wo sich die Ochsen niederließen. Später wurden die beiden Jünger, die für die Überführung des Leichnams aus Jerusalem gesorgt hatten, an seiner Seite bestattet.

Die Völkerwanderung und die Einfälle der Barbaren und später der Araber auf der Iberischen Halbinsel führten dazu, dass das Grab langsam in Vergessenheit geriet. Bis eben Anfang des 9. Jahrhunderts der besagte Einsiedler Pelagius und sein Bischof den seltsamen Lichterscheinungen auf dem »Campus Stellae«, Sternenfeld, auf den Grund gingen und das Grab wieder entdeckten. Was zum Kult des Apostels führte.

So zumindest behauptet die Überlieferung. Jedoch vermuten manche, dass darin zwar ein wahrer Kern steckt, die eigentliche Sachlage aber etwas anders lag. Es gibt nämlich noch einen Bericht aus dieser Zeit, der zwar einen Wallfahrtsort in Galicien erwähnt, jedoch lediglich von einigen Knochen des heiligen Jakobus spricht, die zusammen mit Partikeln vom Kreuz Christi und weiteren Reliquien Johannes des Täufers, der heiligen Petrus und Paulus sowie Johannes des Evangelisten verehrt würden. Nur stellte man fest, dass diese Aufzählung identisch ist mit der von Reliquien, die sich in einer Kirche im südspanischen Mérida befunden haben sollen. Mérida, das römische Emerita Augusta, war eine der wichtigsten römischen Städte auf der Iberischen Halbinsel. Gerade in den Städten hatte das Christentum schon in frühesten Zeiten am meisten Zulauf – entsprechend zahlreich und bedeutend waren die Reliquien. Mérida war sogar Erzbistum – bis es 1120 gerade von Santiago de Compostela abgelöst wurde.

Aus diesem Grund kann nicht ausgeschlossen werden, dass es sich tatsächlich um die identischen Reliquien handelt, die, wie zahlreiche andere Reliquien aus dem Süden Spaniens, von den Klerikern vor den heranrückenden Arabern nach Galicien in Sicherheit gebracht wurden. Und irgendwann zwischen 783 und 838 zum Mythos von Santiago führten. Wenn auch in etwas entstellter Form: nämlich, dass es sich um den kompletten Leichnam und nicht nur einige Reliquien handelte.

Aus den beiden Prämissen, dass in Santiago zwar seit mehr als einem Jahrtausend ein Grab verehrt wird, dieses aber lediglich laut einem päpstlichem Dekret jüngeren Datums mit unumstößlicher Gewissheit dem Apostel Jakobus zugeschrieben wird, haben manche Autoren die Frage abgeleitet, wer wohl sonst dort begraben sein könnte. Und sind dabei zu einem merkwürdigen Ergebnis gekommen.

Im Jahre des Herrn 385 wurde der Bischof von Avila, Priscilianus, von einem Gericht in Trier wegen Ketzerei zum Tode verurteilt. Schon ein Jahr zuvor, 384, hatte ein Konzil in Bordeaux ihn zum Ketzer erklärt; augenscheinlich ließ er sich dies nicht zur Warnung angedeihen und verharrte in seinem Irrglauben. Obwohl: So schlimm kann dieser nicht gewesen sein; zu seinen Verteidigern gehörte der heilige Martin von Tours (ca. 316–ca. 400), der Nationalheilige der Franken, dem mehr als dreieinhalbtausend Kirchen in Frankreich geweiht sind.

Bei genauerer Untersuchung erinnert die Legende des Priscilianus sehr an die des heiligen Jakobus: Seine Getreuen brachten seinen Leichnam nach der Hinrichtung in Sicherheit und bestatteten ihn an einem Ort im Nordwesten Spaniens, den sie bereits heimlich vorbereitet hatten. Und da sich sein direkter Einfluss nicht nur auf Spanien, sondern auch auf Südfrankreich erstreckt hatte, strömten seine Anhänger aus diesen Gegenden mehr oder weniger verstohlen zu seinem Grab. Einige siedeln dieses in der Gegend von Lugo[16] an, andere in Astorga oder Oseira. Die beiden erstgenannten Orte befinden sich direkt auf dem Jakobusweg, Oseira etwas südlich davon, dafür jedoch nur um die sechzig Kilometer von Santiago de Compostela selbst entfernt. Aber genauso wird die These diskutiert, das so genannte Grab des heiligen Jakobus sei in Wirklichkeit die letzte Ruhestätte des Ketzers Priscilianus. Kurz: Die Christenheit verehre seit mehr als tausend Jahren die Überreste und letzte Ruhestätte eines zum Tode verurteilten Ketzers. Diese These wurde erstmalig ausgerechnet von einem Prälaten angedeutet, Monsignore Duchesne: bereits im Jahre 1900.

Westgotischer Ritus versus römischer Ritus

Spanien, dem Vernehmen nach eine Bastion des Katholizismus, hat in Wirklichkeit eine Tradition der Unorthodoxie.

Angesichts der Tatsache, dass Spanien seit alters her zu den Bollwerken des Katholizismus gerechnet wird, mag dies erstaunen. Trug nicht ein spanisches Königspaar des ausgehenden 15. Jahrhunderts, dem wir bereits begegnet sind, nämlich Ferdinand von Aragón und Isabella von Kastilien, sogar den Beinamen »die Katholischen Könige«? Tat sich die Inquisition nicht gerade in Spanien durch ungezählte Autodafés hervor, öffentliche Ketzerverbrennungen? Herrschte in Spanien nicht noch bis in die jüngste Zeit, nämlich Ende des 20. Jahrhunderts, eine Symbiose von Kirche und Staat, die sogar als Nationalkatholizismus bezeichnet wird?

Nur zeugt gerade die Macht von Institutionen wie der Inquisition davon, dass Spanien eine Tradition der Unorthodoxie hat. Und diese Haltung zieht sich tatsächlich zurück bis in die ersten Jahrhunderte des Christentums. Kaum war Spanien missioniert und die Christenverfolgung beendet, machte der Kirche der Einfluss des Priscilianus zu schaffen. Die Westgoten, welche Spanien zwischen der Mitte des 5. und dem Einfall der Mauren Anfang des 8. Jahrhunderts beherrschten, waren zwar Christen, hingen aber bis 589 offiziell der arianischen Variante des Christentums an, die bereits beim ersten großen allgemeinen Kirchenkonzil von Nikäa 325 als ketzerisch verurteilt worden war. Die Arianer weigerten sich, die volle Göttlichkeit Jesu, seine völlige Gleichstellung mit dem Vater, anzuerkennen. Ihre Begründung: Ein Sohn entstehe naturgemäß nach dem Vater, die Benennung »Sohn Gottes« impliziere von vornherein eine Unterordnung.

Und die Bekehrung zu den Glaubenssätzen der Kirche von Rom im Jahre 589 war auch keinesfalls auf die Überzeugungskraft der katholischen Kirche zurückzuführen, sondern eine Entscheidung König Recareds, der seine westgotischen Untertanen pflichtschuldigst Folge leisteten. Vermutlich kam es ihm auf eine einheitliche Linie an: Die unterworfene iberische beziehungsweise römische Bevölkerung Spaniens war schon immer katholisch gewesen. Recared hoffte, die westgotische Führungsschicht, die schließlich in der Minderheit war, würde weniger als Fremdkörper empfunden werden, wenn sie die Religion der Besiegten übernommen hatte. 633 brachte der heilige Isidor beim Konzil von Toledo es auf den Nenner: »Rex, Gens, Patria« – ein König, ein Volk, ein Vaterland.[17] So hatte beim Einfall der Araber 711 die herrschende Klasse Spaniens nur wenig mehr als ein Jahrhundert »reguläres« Christentum hinter sich.

Den Mauren war es egal, welcher Variante des Christentums die besiegten Spanier anhingen, beziehungsweise ob sie Juden waren: Solange sie die ihnen auferlegte Sondersteuer bezahlten und sich unauffällig verhielten – Glockenklang zum Beispiel war verpönt –, durften sie ihre Religion ungehindert ausüben. Zumindest meistens. Es gab kaum Zwangsbekehrungen, außer in der Übergangsepoche, als die neu aus Nordafrika einrückenden Mauren unter der Almohaden-Dynastie ihre bereits in

Spanien ansässigen Glaubensbrüder unter der Almoraviden-Dynastie ablösten. Ein Christ oder Jude, der zum Islam übertrat, riskierte im Gegenteil die Anschuldigung, dies sei mit der Hoffnung auf materielle Vorteile verbunden.

Zur Zeit der Maurenherrschaft entwickelte sich in Spanien eine weitere ketzerische Strömung des Christentums: der so genannte Adoptionismus. Seine Anhänger bestritten zwar nicht, dass Jesus der Sohn Gottes war, nur fassten sie seine Sohnschaft als eine nicht schon immer vorhandene auf. Gott als Geist könne keinen Sohn zeugen. Wohl jedoch einen Menschen mit besonderer Eignung an Sohnes statt annehmen. Für diese Adoptionstheorie gab es zwar frühchristliche Vorbilder – der Ebionitismus und der dynamische Monarchianismus hatten bereits ähnliche Thesen vertreten – aber das Klima war im Spanien des 8. Jahrhunderts wesentlich günstiger. Den Moslems war diese Theorie hochwillkommen. Sie entsprach ihrem eigenen Weltbild, das Jesus keinesfalls zurückweist, sondern durchaus anerkennt: wenn auch nur als Propheten, dessen Lehren inzwischen durch einen weiteren, nämlich Mohammed (ca. 570–632), abgelöst wurden. 784 versuchte Bischof Elipand von Toledo den Adoptionismus offiziell einzuführen. Nach anfänglichen Erfolgen setzte sich jedoch wieder die katholische Seite durch, unter anderem dank der Bemühungen des Bischofs von Osma und des Mönches Beatus von Liébana. Wir haben ihn bereits kennen gelernt: Er machte sich auch um die Anerkennung von Jakobus als Apostel Spaniens verdient.

Und noch lange nach dem offiziellen Übertritt zum Katholizismus benützten die Spanier die westgotische Liturgie, genannt die mozarabische. Die römische Liturgie sollte sich erst 1078 durchsetzen – beziehungsweise von den Königen durchgesetzt werden, teilweise gegen den Willen des spanischen Klerus und des Volkes.

Wenn man der Legende glaubt, sogar gegen den Willen Gottes. Denn nachdem König Alfons VI. von Kastilien (1040 bis

1109) bei der Einführung des römischen Ritus auf Widerstand gestoßen war, sollte ein Gottesurteil in Form eines Zweikampfs den Ausschlag geben. Nur siegte, zum Leidwesen des Königs beziehungsweise seiner Berater aus Rom, der Repräsentant des westgotischen Ritus. Bei einem erneuten Gottesurteil wurden zwei Bücher mit der jeweiligen Liturgie ins Feuer geworfen. Es verbrannte ausgerechnet das katholische, während das westgotische sich unversehrt aus den Flammen erhoben habe. Eine abgemilderte Version dieser Legende lässt – realistischerweise – beide verbrennen. In einer dritten, idealistischen, werden beide von den Flammen verschont.

Schließlich blieb dem König nichts anderes übrig, als per Dekret die Einführung des römischen Ritus zu befehlen – was diesen Ritus nicht beliebter machte. Bezeichnenderweise haben sich die Rituale dieses mozarabischen Ritus bis heute in Spanien erhalten, also beinahe tausend Jahre lang.[18]

Über den Wahrheitsgehalt dieser Legende zu diskutieren ist müßig. Wichtig ist allein die Tatsache, dass sie entstehen konnte und sich bis heute erhalten hat. In einem solchen Klima ist auch die Verehrung eines Ketzergrabes nicht auszuschließen.

Vielleicht lag nicht einmal Absicht dahinter. Irrtümer passieren allenthalben. Verehrte die Christenheit schließlich nicht auch beinahe ein Jahrtausend lang das so genannte »saint suaire« von Cadouin, einen Konkurrenten des Grabtuches von Turin? Bis eine wissenschaftliche Untersuchung im Jahre 1933 bewies, dass das Tuch nicht nur aus dem 11. Jahrhundert stammte, sondern sogar eine Inschrift eingewoben war, welche Allah pries? Cadouin liegt übrigens gleichfalls auf dem Jakobusweg, auf einer Nebentrasse der »Via Lemovicensis«.

Vermutlich werden wir nie wissen, wer wirklich in Santiago begraben ist. Aber andererseits: Ist es so wichtig? Von Bedeutung scheint lediglich, dass sich beide Theorien über eine Tatsache einig sind: Am Ende des so genannten Jakobusweges befindet sich ein Grab.

Santiago – das Ende der Welt im äußersten Westen

Der Westen gilt seit alters her als die Region des Todes.
Hat die Faszination von Santiago de Compostela damit etwas
zu tun, dass es am westlichen Rande Europas liegt?

Allerdings, wie bereits festgestellt, haben die meisten Wallfahrtsorte der Christenheit mit der Verehrung der Reliquien von Heiligen und somit Gräbern zu tun.

Die berühmten »Canterbury Tales«, Canterbury-Geschichten, von Geoffrey Chaucer (ca. 1340–1400) beschreiben die Teilnehmer einer Wallfahrt nach Canterbury, dem bereits erwähnten Wallfahrtsort des Bischofs Thomas Becket. Sie zeugen davon, dass eine Wallfahrt nicht immer eine todernste Sache war, dass viele tatsächlich aus Lust am Neuen, um einmal aus ihrer gewohnten Umgebung herauszukommen, eine Wallfahrt unternahmen.

Nur waren solche lokalen Wallfahrten nicht mit denen nach Santiago de Compostela zu vergleichen. Der zeitliche Aufwand sowie die Strapazen hielten sich in Grenzen, es gab keine Sprachbarriere, man wusste in etwa, was einen erwartete.

Anders die Wallfahrt nach Santiago de Compostela. Selbst wenn man das Glück hatte, jemanden zu kennen, der die Reise bereits unternommen hatte, der einem wertvolle Ratschläge geben konnte, war sie ein Sprung ins Ungewisse.

Dennoch brachen jedes Jahr aus aller Herren Länder Menschen nach Santiago de Compostela auf. Wallfahrten nach Santiago waren zeitweise populärer als solche nach Rom.

Manche Autoren sehen einen Teil der Faszination von Santiago darin, dass es sich im äußersten Westen Europas befindet. Es gibt nicht nur in Frankreich ein Departement namens Finistère, sondern auch ein Cap Finisterre in Galicien. »Finis terrae«, das Ende der Welt – zumindest der damals bekannten«. Nur liegt das galicische Finisterre weit westlicher als das bretonische: Der 9. Längengrad, der dicht an Santiago vorbeiführt, berührt auch die Stadt Galway an der Westküste Irlands. Noch phantasievollere Autoren ziehen sogar eine Querverbindung zu dem untergegangenen Atlantis – laut Plato Spanien vorgelagert – und fragen sich, ob Santiago de Compostela wohl eine Etappe auf dem Weg dorthin war.

Schon Voragine gibt in seiner Jakobuslegende an, das Boot des Apostels habe den Weg nach Westen genommen, den die Seelen nach ihrem Ableben einschlagen würden. Der mythische König Artus soll genauso auf eine Insel im Westen entrückt worden sein. Bereits im Neolithikum assoziierten die Menschen den Westen mit dem Tod. Die erhaltenen Gräber sind so ausgerichtet, dass die Füße nach Osten weisen, der Kopf hingegen nach Westen. Dies hat zur Folge, dass der Blick des Toten sich nach Osten richtet, der aufgehenden Sonne entgegen. Anscheinend ist der Gedanke an ein Weiterleben nach dem Tod beziehungsweise eine wie auch immer geartete Auferstehung so alt wie die Menschheit selbst.

Im Westen vermuteten auch die alten Ägypter ihr Totenreich. Während die meisten ihrer Städte östlich des Niles lagen, also in der Richtung, wo ihr Sonnengott Amun Re sich allmorgendlich zu seiner Fahrt über das Firmament vorbereitete, waren die Ruhestätten der Toten am Westufer des Niles. Das gilt sowohl für das Tal der Könige als auch für die großen Pyramiden. Und die Stadt Abydos in Oberägypten, wo die alten Ägypter das Grab ihres Totengottes Osiris verehrten. Beziehungsweise den Ort, wo sein Kopf zeitweise aufbewahrt worden war. Denn auch Osiris wurde von den Toten auferweckt.

Das apokryphe Buch Henoch, eines der Bücher, welche die Kirche als nicht göttlich inspiriert zurückwies und deshalb nicht in den Kanon der Bibel aufnahm, sucht gleichfalls die Unterwelt, wo sich Himmel und Erde begegnen, im äußersten Westen.

Der Jakobusweg – warum gerade ein Landweg?

Böte sich für einen Wallfahrtsort am Rande des Meeres nicht die Anreise per Schiff an? Der Jakobusweg als Sinnbild der Lebensreise – Richtung Tod.

Dem Sprichwort nach führen alle Wege nach Rom. Aber anscheinend lange nicht alle nach Santiago de Compostela. Sonst gäbe es ja keinen Jakobusweg. Wie sich dieser herauskristallisierte, haben wir bereits besprochen. Jedoch sollten sich aus der speziellen geographischen Lage Santiagos, nämlich im äußersten Westen, weil am Rande des Atlantiks gelegen, eigentlich ganz andere Schlussfolgerungen ergeben haben.

Wäre es nicht wesentlich logischer gewesen, wenn ein großer Teil zumindest der ausländischen Pilger den Wasserweg gewählt hätte? Böte sich für einen Engländer nicht eine Fahrt entlang der französischen Küste an? Natürlich gab es englische Pilger, welche per Schiff nach Santander, La Coruña oder El Ferrol reisten. Der Weg zwischen La Coruña beziehungsweise El Ferrol und Santiago de Compostela wurde sogar »Camino Inglés«, der englische Weg, genannt. Jedoch wurde dieser erstmals 1425 beschrieben, also zu einem Zeitpunkt, als der Enthusiasmus für Wallfahrten bereits am Abflachen war. Auch scheinen bei weitem nicht alle Briten diese einfache Lösung vorgezogen zu haben. Sonst hätte es in Herrerías, im Landesinnern, weit vor Santiago gelegen, kein Hospital speziell für englische Pilger gegeben – es muss nicht das einzige seiner Art gewesen sein. Indizien weisen darauf hin, dass der Seeweg, wenn überhaupt, dann für den Rückweg gewählt wurde.

Man weiß auch, dass französische Schiffe, die Wein nach Irland transportierten, auf der Rückreise irische Pilger nach Frankreich brachten, wo sie eine der französischen Routen nach Santiago einschlugen.

Warum sammelten sich in Paris die Pilger am Turm Saint-Jacques, um gemeinsam loszumarschieren? Warum nicht per Schiff die Seine bis zu ihrer Mündung verfolgen und dann gemütlich die Küste entlangsegeln? Warum überquerte der Okzitanier mühsam die Pyrenäen, wenn er genauso gut bequem per Schiff die Iberische Halbinsel umrunden konnte? Natürlich drohten auf dem Meer die Seeräuber – aber ob man diesen oder den Wegelagerern auf dem Land in die Hände fiel, blieb sich gleich.

Ein Argument könnte die Buße sein. Wem als Kirchenstrafe eine Pilgerreise verordnet wurde, der durfte nicht darauf bedacht sein, das Schuhwerk zu schonen, sondern musste im Gegenteil die Strapazen suchen. Aber vor allem zur Blütezeit des Jakobusweges wurden die wenigsten Pilger zu ihrer Reise gezwungen. Abgesehen davon: Wenn der Seeweg für Rom und Jerusalem statthaft war, warum dann nicht für Santiago? Warum werden in ganz Europa gerade »Jakobuswege« ausgeschildert?

Interessant ist in diesem Zusammenhang der etymologische Ursprung der spanischen Ausdrücke für Pilger. Es gibt deren nämlich mehrere. Der gebräuchlichste ist »romero«. Inzwischen wird jede beliebige Wallfahrt und sogar ein Kirchweihfest zu Ehren eines bestimmten lokalen Heiligen als »romería« bezeichnet. Auch im übertragenen Sinne verwendet, begegnet man diesem Ausdruck: wenn an einem bestimmten Ort wahre Menschenmassen zusammenströmen. Zurückzuführen jedoch ist er auf die Pilger, welche die heilige Stadt Rom besucht hatten, zu »ROM-eros« geworden waren. Das Wort »palmero« (PALM-ero) hingegen war ursprünglich Pilgern vorbehalten, welche sich zur Erinnerung an ihre Wallfahrt nach Jerusalem einen Palmwedel mitgebracht hatten. Die französische Sprache übernahm diese Begriffe als »romieux« beziehungsweise »paulmiers«.[19]

Das Wort hingegen, das in zahlreichen anderen Sprachen für den Pilger allgemein verwendet wird – im Englischen

»pilgrim«, im Französischen »pèlerin«, im Italienischen »pellegrino« – war als spanischer »peregrino« der Pilger auf dem Jakobusweg. Das Wort leitet sich vom lateinischen »peregrinator« ab: jemand, der gerne reist, und zwar »per egre«, über den – ursprünglich – römischen Acker (ager romanus) hinaus, also Auslandsreisen liebt.

Der Jakobuspilger war also zum Pilger schlechthin geworden, für den das Reisen schon beinahe zum Selbstzweck geworden war. So wird auch ausschließlich er nicht nur mit speziellen Gesängen, Legenden und Mythen, sondern sogar mit einer besonderen Ausstattung in Verbindung gebracht: dem breitkrempigen Hut, der Umhängetasche, dem Stab mit der Kalebasse, seinem Mantel – denn woher kommt wohl der deutsche Ausdruck »Pelerine« für den weiten ärmellosen Umhang? Ganz zu schweigen von dem Wort »Pilger« selbst. Auf die Muscheln, die er sich als Abzeichen seiner erfolgreichen Pilgerfahrt für die Rückreise auf den Hut band, gehen wir später noch im Detail ein.

Es existiert eine Theorie, dass die merkwürdige Haltung der Menschen auf allen altägyptischen Grabgemälden – das Gesicht wird im Profil gezeigt, der Körper jedoch in Frontansicht – keinesfalls auf Schwierigkeiten der alten Ägypter mit dem perspektivischen Zeichnen zurückzuführen sei. Vielmehr solle damit ausgedrückt werden, dass der Mensch permanent in Bewegung sei, Richtung Tod. Von dem Gedanken an diesen seien die Ägypter geradezu besessen gewesen. Nicht umsonst verwandten die Pharaonen Jahrzehnte ihres Lebens auf die Ausschmückung ihres Grabes.

Die Bedeutung des unermüdlichen Fortschreitens als Symbol des Lebensweges manifestiert sich auch in den Labyrinthen, wie man sie früher in zahlreichen Kathedralen, speziell auf dem Jakobusweg in Frankreich, in den Bodenbelag integrierte. Diese waren tatsächlich das Sinnbild für eine Wallfahrt, wenn sie auch nicht Jakobusweg genannt wurden, sondern

»Reise nach Jerusalem«. Es kam darauf an, diesem Weg geduldig über alle seine Windungen bis zum Zentrum zu folgen – selbst wenn man theoretisch durch das Überschreiten der Linien mit einem einzigen Schritt dieses Zentrum erreichen könnte, wie zum Beispiel in Chartres, wo die Spur sich umgehend dem Mittelpunkt nähert, um dann wieder in die Außenbereiche zu führen.

Das Symbol der Pilgerreise wurde sogar von den protestantischen Predigern aufgenommen, zu einem Zeitpunkt, als die Reformation durch systematische Zerstörung der Heiligenschreine und wundertätigen Marienstatuen die Wallfahrten zum Erliegen gebracht hatte. Eines der bekanntesten protestantischen Erbauungsbücher ist John Bunyans (1628–1688) »Pilgerreise zur ewigen Seligkeit«. Es schildert nichts anderes als die mühselige Wanderung des Christenmenschen von der Stadt des Verderbens in das himmlische Jerusalem. Und dieser Christ wird als Pilger bezeichnet.

Kein Wunder also, dass gerade die Wallfahrt nach Santiago, wohl die längste und anstrengendste der Christenheit, zum Sinnbild der Pilgerreise an sich wurde. Und der Jakobusweg zum Pilgerweg schlechthin.

Das Opus Dei und der Jakobusweg

Der Mythos Jakobusweg ist nach wie vor aktuell. Verdankt das Opus Dei ihm einen Teil seines Erfolges?

Die ungebrochene Faszination des Jakobusweges und seinen archetypischen Charakter sehe ich persönlich noch durch einen weiteren und relativ modernen Hinweis bestätigt: den Erfolg des Opus Dei. Nur müssen wir zur Illustrierung dieser These kurz auf das Opus Dei eingehen, weil der Ausdruck nicht unbedingt für alle Leser ein Begriff ist. Es handelt sich um eine Organisation, bestehend aus Klerikern und Laien, die im Jahre 1928 von einem Priester namens José María Escriba gegründet wurde. Später sollte er sich in Josemaría Escrivá de Balaguer umbenennen lassen. Das Opus Dei arbeitet mit verschiedenen Organisationsebenen. Der innere Kreis seiner Mitglieder lebt in kleinen klosterähnlichen Gemeinschaften im Zölibat. Andere wohnen außerhalb und allein, haben jedoch gleichfalls sexuelle Enthaltsamkeit gelobt. Daneben hat das Opus natürlich auch eine große Anzahl verheirateter Mitglieder und Förderer.

Das Opus Dei wurde in Spanien gegründet, hat sich jedoch inzwischen auf der ganzen Welt verbreitet. Bekannt wurde das Opus speziell durch seine Studentenvereinigungen beziehungsweise seine eigenen Schulen und anderen Bildungsanstalten.

Das Opus Dei ist eine sehr kontroverse Organisation. Nicht nur für Menschen, die der Kirche gleichgültig oder gar feindlich gegenüberstehen und den äußerst konservativen Charakter des Opus mit Misstrauen beobachten. Das Opus hat genauso Kritiker innerhalb der Kirche. Sie anerkennen die Aura von Spiritualität, die das Opus umgibt, sind jedoch der Meinung, es schirme sich zu sehr ab. Manche vergleichen das Opus mit einer Geheimgesellschaft. Es sei nicht einsichtig, dass die Kirche Organisationen wie die der Freimaurer aufgrund der Geheimhaltungspflicht ihrer Mitglieder verurteile und in ihrem eigenen Schoße eine Organisation wie das Opus Dei nicht nur dulde, sondern fördere. Sie fühlen sich beim Opus Dei an die Compagnie du Saint Sacrement erinnert, die Kompanie des Heiligen Altarsakraments, eine im Frankreich des 17. Jahrhunderts agierende Organisation mit ähnlicher Struktur. Die Zeiten für diese Art von Geheimgesellschaften seien vorbei.

Kritiker sind der Meinung, dass die Privilegien, welche das Opus Dei genießt – es hat inzwischen den Status eines eigenständigen Bistums ohne territoriale Beschränkung –, gerade auf den mächtigen Einfluss des Opus innerhalb der Kirche zurückzuführen seien. Sie glauben, dass das Opus inzwischen so mit der Kirche verwachsen ist, dass sie nicht mehr getrennt werden können. Das Opus habe überall seine Hände im Spiel und sei maßgeblich für die Wahl von Johannes Paul II. zum Papst verantwortlich gewesen, der genau die konservative Politik des Opus verfolge. Diese Theorie sehen sie bestätigt dadurch, dass der Gründer des Opus Dei, der 1975 starb, in einer Rekordzeit von nur siebzehn Jahren beatifiziert worden sei. Das Opus kontert, dies sei schlicht eine Folge der Tatsache, dass das Leben von Josemaría Escrivá de Balaguer nun einmal so gut dokumentiert sei, dass alle Angaben, welche die für Selig- und Heiligsprechungen zuständige Kommission benötige, eben prompt geliefert worden seien. Die Gegner wiederum wundern sich, warum es in diesem Falle für Außenstehende so schwierig sei, Informationen vom und über das Opus zu erhalten, speziell, was die Person des Gründers angehe.

So viel zum Hintergrund des Opus Dei, zur Instruierung des Lesers. Allerdings vergisst man angesichts dieser Kontroversen gerne die Frage, wie es überhaupt dazu kommen konnte, dass das Opus Dei eine solche Machtfülle in seinen Händen vereinigt. Wie schaffte ein mittelloser Priester aus einer verarmten Kaufmannsfamilie es, eine solche Organisation aus dem Boden zu stampfen? Für einen Anhänger des Opus ist diese Frage leicht beantwortet: weil das Opus Dei eben das »Werk Gottes«, so die wörtliche Übersetzung des Ausdrucks, sei. Der »Padre«, Vater, wie das Opus Dei seinen Gründer nennt, habe aufgrund göttlicher Inspiration gehandelt. Natürlich musste auf dem »Werk Gottes« auch Gottes Segen ruhen.

Die Gegner des Opus Dei sehen eher einen Zusammenhang mit der besonderen politischen Lage in Spanien nach dem Bürgerkrieg (1936–1939). Der Kirche Spaniens, die eng mit dem Regime General Francos zusammenarbeitete, musste eine Organisation wie das Opus Dei tatsächlich als Geschenk des Himmels erscheinen. Bot sie nicht die besten Möglichkeiten, um ihre Ideologie zu verbreiten? Die Gegner Francos beziehungsweise des Opus Dei weisen darauf hin, dass der Einfluss des Opus nach dem Tod Francos 1975 zurückgegangen sei. Zumindest innerhalb Spaniens.

Ich enthalte mich der Stimme, wer Recht hat. Die Wege Gottes sind nun einmal unerforschlich, vielleicht brauchte die Kirche tatsächlich ein Instrument wie das Opus Dei. Aber ungeachtet dessen, ob die Gründung des Opus nun göttlich inspiriert war oder sein rasanter Aufstieg politisch gefördert wurde, ein Gedanke war genial: nämlich der des Gründers, sein wichtigstes literarisches Erzeugnis, vom Format und der Durchschlagskraft her mit der so genannten Mao-Bibel vergleichbar, ausgerechnet »Camino« zu nennen: der Weg. Dem Vernehmen nach bezieht sich dieser Titel auf die Aussage Jesu, er sei der Weg (Joh 14/6). Aber in Spanien, wo sich das Opus nun einmal entwickeln sollte, erweckt dieser Begriff unwillkürlich Assoziationen mit dem »Camino de Santiago«, dem Jakobusweg. Der Stil des »Camino«, ein beständiger Appell an die Ideale des christlichen Rittertums, tut ein Übriges. Genauso benützt das Opus das Motto der Templer als Gebetsformel: »Non nobis, Domine, non nobis, sed nomine tuo da gloriam« – nicht uns, o Herr, nicht uns, sondern Deinem Namen verleihe Ruhm. Das bedeutet, dass sich die Mitglieder des Opus als Angehörige eines elitären Ritterordens fühlen, was in Spanien immer auch eine Verbindung mit dem Jakobusweg impliziert, wo diese Ritterorden schließlich tätig waren. Auch die Unabhängigkeit vom örtlichen Bischof verbindet die Mitglieder des Opus mit den Tempelrittern. Diese hatten genau das gleiche Privileg: Sie waren allein dem Papst unterstellt.

Weitere Hinweise verstärken den Bezug zum Jakobusweg. So entstand »Camino«, zumindest die wichtigsten Teile, in Burgos: auf dem Jakobusweg. Eine sehr bekannte dem Opus gehörende Universität ist in Pamplona: auf dem Jakobusweg.

Die Doktorarbeit des Gründers Josemaría Escrivá de Balaguer trug den Titel »Die Äbtissin von Las Huelgas« – das Kloster »Las Huelgas« liegt gleichfalls auf dem Jakobusweg. Ich behaupte nicht, dass das Opus Dei seinen kometenhaften Aufstieg ausschließlich dem Jakobusweg verdankt. Aber ich bin davon überzeugt, dass dieser Mythos zumindest in den ersten Jahren eine wichtige Rolle spielte und das Opus ohne diesen zusätzlichen Auftrieb vielleicht nicht zu dem geworden wäre, was es nun einmal ist.

3 Die Heiligen des Weges

Die Jungfrau Maria und Jakobus

Die Verehrung des heiligen Jakobus und die der Jungfrau
Maria sind in Spanien untrennbar verbunden.

Wir haben bereits besprochen, dass die Verehrung des Apostels
Jakobus in Spanien nicht von der Verehrung der Jungfrau Maria
getrennt werden kann: Das wichtigste Heiligtum Spaniens, die
Madonna von Saragossa, ist mit der Legende um die Missionierung des heiligen Jakobus untrennbar verbunden. Die Bedeutung dieses Marienheiligtums manifestiert sich nicht nur über
die Verehrung der Gläubigen, sondern auch über das Datum,
an dem »Nuestra Señora del Pilar« gefeiert wird: am 12. Oktober. Denn dieser Festtag fällt mit dem spanischen Natio-
nalfeiertag »Hispanidad« zusammen. Dieser soll an die Entdeckung Amerikas durch Kolumbus am 12. Oktober 1492
erinnern und die kulturellen Gemeinsamkeiten der spanisch-
sprachigen Völker in Europa, Amerika und Asien – auch auf
den Philippinen wird Spanisch gesprochen – betonen.

Manche sehen diese innige Symbiose zwischen der Jungfrau
Maria und dem Apostel Jakobus sogar durch einen alten englischen Kinderreim bestätigt:

»Mary, Mary, quite contrary,
How does your garden grow?
With silver bells and cockle shells,
And pretty maids all in a row.«

In der Übersetzung lautet das Gedicht etwa wie folgt: Schmollende Maria, wie wächst es in deinem Garten? Mit Silberglocken und Muschelschalen und hübschen Mädchen, die sich in einer Reihe aufgestellt haben.

Die Sprachforscher weisen schon seit langem darauf hin, dass diese alten Kinderreime meist nicht aufs Geratewohl entstanden sind, sondern einen sehr realen Ursprung haben. Nur sind sie sich oft nicht einig, wo dieser Ursprung liegt. So führen einige das unschuldig klingende »Ring-a-ring o' roses, a pocket full of posies, A-tishoo! A-tishoo! We all fall down!« auf die Große Pest in London 1665 zurück: Der Ring von Rosen (ring of roses) beziehe sich auf den rötlichen Ausschlag, welcher die Krankheit ankündigte, die Blumensträuße (posies) hätten die Menschen sich unter die Nase gehalten, in der Hoffnung, damit den verzehrenden Gifthauch der Pest abzuwehren, was sie jedoch nur zum Niesen gebracht habe (Hatschi!). Der fatale Ausgang der Krankheit war unausweichlich: Alle fielen (tot) nieder.

Natürlich akzeptieren nicht alle Literaturhistoriker diese makabere Interpretation. Aber wenn sie auch umstritten ist: Das Thema an sich, Kinderreime, ist den Engländern so wichtig, dass sogar die Reihe der »Oxford Dictionaries« ihm einen ganzen Band gewidmet hat.

Genauso wenig herrscht Einigkeit über den Ursprung von »Mary, Mary, quite contrary«. Lange Zeit wurde die Titelfigur mit Maria Stuart (1542–1587) identifiziert, der schottischen Königin, die auf Befehl ihrer Widersacherin, Königin Elisabeth I. von England (1533–1603), geköpft wurde. Es handle sich um ein Spottgedicht auf die verwöhnte junge Königin von Schottland, die als Verlobte des französischen Thronfolgers in Frankreich aufgewachsen war und dort sogar ein Jahr als Königin geherrscht hatte. Aber als sie gerade achtzehn Jahre alt war, starb ihr Gatte, worauf sie in ihre schottische Heimat zurückkehrte. Da Schottland inzwischen unter dem Reformator John Knox (1505–1572) den Protestantismus in seiner strengsten Form angenommen hatte – John Knox gilt als noch puritanischer als der Schweizer Johannes Calvin (1509–1564) –, wurden die katholische Königin und ihr teils kontinentaler Hofstaat mit Misstrauen beobachtet. Die Silberglocken des Gedichtes sollen sich auf die katholische Messe und die papistischen Gewohnheiten der Königin beziehen, die Muschelschalen auf ein Kleid, das ihr einst ihr Gatte, der Dauphin, geschenkt hatte. Die hübschen Mädchen, die sich in einer Reihe aufgestellt hatten, spielten auf die engsten Hofdamen der jungen Königin an, die, wie sie selbst, den Namen Marie trugen.

Inzwischen neigen manche Autoren eher dazu, hinter der Mary des Gedichtes die Jungfrau Maria zu sehen, speziell aufgrund der Attribute, die ihr beigegeben werden. Die Silberglocken seien die des Klosters, die hübschen Mädchen die jungen Nonnen, die Muscheln das Attribut der Jakobuspilger.

Aber warum wird die Jungfrau Maria als »contrary«, widerborstig oder schmollend, bezeichnet? Nun, ganz einfach deshalb, weil das Gedicht zur Zeit der Auseinandersetzungen zwischen Reformation und Gegenreformation entstand, als es mit dem Garten der Jungfrau Maria eben nicht zum Besten stand, weil die sittsam in einer Reihe aufgestellten Nonnen keine Nachfolgerinnen mehr fanden. Die Frage sei also ironisch gemeint; es handle sich in der Tat um ein Spottlied aus der Zeit Maria Stuarts, daher auch die irrtümliche Zuordnung.

Ein Beweis, wenn man so will, für die Richtigkeit dieser Interpretation des Gedichtes ist, dass sie die Symbiose zwischen »Nuestra Señora del Pilar« und dem heiligen Jakobus auf die Jungfrau Maria generell und den Jakobuspilger beziehungsweise Jakobusweg allgemein erweitert. Denn eine solche Verbindung zwischen der Jungfrau Maria und dem Jakobusweg besteht tatsächlich. Es ist offensichtlich, dass eine Unzahl von Kirchen auf dem Jakobusweg der Jungfrau Maria geweiht sind. Sogar das ursprüngliche Heiligtum des Ortes, der später zu Santiago de Compostela werden sollte.

Die Gottesgebärerin wird zur Himmelskönigin

*Parallel mit der Entwicklung des Jakobusweges
nahm auch die Verehrung der Jungfrau Maria einen
ungeahnten Aufschwung.*

Die Überlieferung behauptet, es sei der heilige Bernhard von
Clairvaux (1090–1153) gewesen, welcher die Marienverehrung
einführte, speziell den Titel »Notre Dame«, Unsere Liebe Frau.
Wobei »Notre Dame« wesentlich poetischer klingt. Es
schwingt darin die Verehrung der Minnesänger für die Dame
ihres Herzens mit. Nur behauptet die Kirche, dass die Marienverehrung keinesfalls eines solchen Propagandisten bedurfte,
dass die Gläubigen der Muttergottes schon immer die gebüh-
rende Ehrerbietung erwiesen hätten. Jedoch ist auch diese Behauptung nicht unbestritten. Aus den ersten Jahrhunderten des
Christentums gibt es keine Zeugnisse der Marienverehrung.
Wenn es eine solche gab, wurde sie von der Verehrung der Märtyrer in den Hintergrund gedrängt.

Erst das Konzil von Ephesus im Jahre 431 beschäftigte sich
mit ihr: indem es sie zur Gottesgebärerin erklärte. Nur sollte
damit weniger ihre eigene Stellung als die Göttlichkeit ihres
Sohnes betont werden. Wie wir im Zusammenhang mit dem
Arianismus besprochen haben, war nämlich auch diese bei den
ersten Kirchenkonzilien noch umstritten.

Es war kein Zufall, dass diese Ernennung zur »Mutter Gottes« gerade in Ephesus stattgefunden hatte: Dort erhob sich in
der Antike der berühmte Tempel der Göttin Artemis, auch
Diana genannt, eines der sieben Weltwunder.[20] Dieser Tempel
wird sogar im Neuen Testament erwähnt (Apg 19/24).

Es ist offensichtlich, dass das Konzil 431 diesen Kult der
Diana von Ephesus für das Christentum vereinnahmen wollte:
indem es ihren Verehrern eine Alternative in Gestalt der Jungfrau Maria anbot.

Auch der Kult der ägyptischen Göttin Isis hatte sich nach der Eroberung Ägyptens durch das römische Imperium kurz vor Christi Geburt im gesamten Mittelmeerraum verbreitet. Bei manchen kultischen Darstellungen einer weiblichen Gestalt mit einem Knaben auf dem Schoß sind Archäologen auf die Untersuchung der genauen Umstände des Fundes angewiesen, um sich festlegen zu können, ob es sich um die Göttin Isis mit ihrem Sohn Horus oder die Jungfrau Maria mit dem Jesusknaben handelt. Ein typisches Beispiel für eine solche ägyptisch anmutende Madonna findet man auf der »Via Podiensis«: die überschlanke »Notre-Dame de Rocamadour«. Ihr eng anliegendes Gewand lässt die Konturen der Arme und des Körpers genau erkennen. Man fühlt sich wirklich an die Damen auf ägyptischen Wandmalereien erinnert.

Manche meinen sogar, dass verschiedene uralte Statuen der Jungfrau Maria tatsächlich ursprünglich die Göttin Isis oder eine gallische Muttergöttin darstellten und dann schlicht umbenannt wurden. So sei die originale Statue der Schwarzen Madonna von Le Puy, die während der Französischen Revolution verbrannt wurde, in Wirklichkeit eine Isis gewesen. Zumindest habe man bei der Gestaltung von mittelalterlichen Marienstatuen auf solche uralten lokalen Vorbilder zurückgegriffen, weil sie einfach beim Volk mehr Anklang fanden. In Spanien werden eine ganze Reihe von Marienstatuen verehrt, die der Legende nach aus der Zeit vor der Völkerwanderung oder zumindest vor 711 stammen. Sie seien vor heidnischen oder maurischen Einfällen in Erdhöhlen oder Baumstämmen versteckt und erst Jahrhunderte später wieder aufgefunden worden. Beziehungsweise hatten sich manifestiert: indem sie dafür sorgten, dass irgendwer auf ihr Versteck stieß. Zum Beispiel, weil ein Ochse immer an einer bestimmten Stelle scharrte oder sich sogar niederkniete. So lange, bis jemand der Sache auf den Grund ging.

Aber egal, ob nun der heilige Bernhard dahinter stand oder nicht, es ist offensichtlich, dass die Marienverehrung großen

Stils gerade zu dem Zeitpunkt aufkam, als der Jakobusweg populär wurde. Einige der bekanntesten und rätselhaftesten Kirchen des Jakobuswegs sind ihr geweiht:»Nuestra Señora de Roncesvalles«, eine der ältesten gotischen Kirchen Spaniens,»Santa María la Real« in Sangüesa, mit seinen viel diskutierten Skulpturen – wir gehen darauf noch genauer ein – und»Santa María de Eunate«, eine Kirche, die aufgrund ihrer oktogonalen Form mit den Templern assoziiert wird, um aus einer riesigen Auswahl nur einige wenige herauszugreifen.

Andere der Jungfrau Maria geweihte Kirchen auf dem Jakobusweg weisen auf bestimmte orthodoxe Facetten ihrer Verehrung hin:»Purificación«, die Reinigung – gemeint ist die, welcher sich die Jungfrau vierzig Tage nach der Geburt Jesu unterzog, also unserem Kalender nach am 2. Februar, Lichtmess. Der »Purificación« ist die Kirche von Gazolaz geweiht, etwas abseits des eigentlichen Jakobusweges gelegen, zwischen Pamplona und Puente la Reina. Die»Virgen de las Candelas«, die Jungfrau der Kerzen, der die Pilgerherberge von Santa Catalina de Somoza – zwischen Astorga und Rabanal del Camino – geweiht war, spielt ebenfalls auf das Lichtmessfest an. Der Name der»Virgen de la Esperanza«, der Jungfrau der Erwartung, hat mit der unmittelbar bevorstehenden Geburt Jesu zu tun. Hierzu gibt es ein eigenes Kirchenfest, am 18. Dezember. In Spanien wird die Jungfrau der Erwartung auch gerne als »Virgen de la O«, Jungfrau des Buchstabens O, bezeichnet, weil die liturgischen Gesänge dieser Zeit mit diesem Buchstaben beginnen. Bei uns größtenteils ignoriert, ist diese Jungfrau der Erwartung in Spanien noch recht populär. Sie ist die Patronin der Stadt Logroño. Weitere»Virgenes de la O« findet man in Estella, in der Kirche San Pedro de la Rúa, und in Santa Colomba de Somoza.[21]

»Nuestra Señora de Belén«, Unsere Liebe Frau von Bethlehem, der eine Kapelle in Belorado geweiht ist, hat ebenfalls Anklänge an das Weihnachtsfest. Der»Asunción«, der Himmelfahrt Mariens, sind unter anderem die Kirchen von Legarda, kurz vor Puente la Reina gelegen, von Villatuerta, kurz vor Estella, von Los Arcos und von Rabanal del Camino geweiht.[22] Bei anderen Kirchen ist nicht unmittelbar aus dem Namen ersichtlich, dass sie mit der Jungfrau Maria zu tun haben. »La Peregrina«, die Pilgerin, ist der Name einer Kirche in Sahagún, wo die Jungfrau in der traditionellen Pilgergewandung dargestellt wird, also mit Wanderstab, Kalebasse, Beutel und muschelbesetztem Schulterumhang. Beziehungsweise wurde: Die barocke Statue ist heute in einem Klostermuseum. Das ist im Übrigen ein Problem auf dem gesamten Jakobusweg beziehungsweise nicht nur auf dem Jakobusweg: dass der Besucher sich in einer leeren Kirche wiederfindet oder vor einer verschlossenen Tür steht. Vandalismus und Diebstähle machten diese Maßnahmen unumgänglich. Ich persönlich war sogar überrascht, in der doch etwas abgelegenen Kirche von Eunate einer schönen Marienstatue gegenüberzustehen. Bis ich erfuhr, dass es sich um eine Nachbildung handelt: Das Original sei verschwunden, vor nicht einmal allzu langer Zeit.

Diese Auswahl von Marienkirchen auf dem Jakobusweg soll demonstrieren, dass sich die Jungfrau Maria bisweilen hinter Bezeichnungen verbirgt, die für einen Ausländer nicht ohne weiteres mit ihr identifizierbar sind.

Die Apostel

Welchen Aposteln sind die Kirchen des Jakobusweges geweiht und warum? Welche Heiligen liebt das Volk und welche die Kirche?

Es gibt keine offizielle Statistik, wem wie viele Kirchen auf dem Jakobusweg geweiht sind – beziehungsweise waren. Und vermutlich wäre dies auch kein einfaches Unterfangen. Manche von ihnen sind völlig verschwunden, sodass man nur aufgrund von erhaltenen Dokumenten von ihrer Existenz weiß. Andere sind nur mehr Ruinen. Bei einigen ersetzt ein Neubau, eventuell mit einem anderen Schutzheiligen, die ursprüngliche Kirche. Bisweilen gelangt eine Kirche durch die Schließung einer nahe gelegenen Kapelle in den Besitz einer alten Statue eines beliebten Heiligen oder der Madonna, die prompt den ursprünglichen Patron der Kirche verdrängt.

Auch müsste man entscheiden, ob nur die großen Kirchen oder auch kleine Kapellen oder Klöster gezählt werden, ob die zu berücksichtigenden Kirchen direkt auf dem Weg liegen müssen oder auch etwas abseits liegen dürfen. Abgesehen davon entspricht der heute ausgeschilderte Jakobusweg keineswegs überall der mittelalterlichen Trasse.

Natürlich ist eine Reihe von Kirchen auch Jesus geweiht, gerne »el Salvador«, der Heiland, genannt. So die Kathedrale von Santo Domingo de la Calzada und das Kloster El Salvador von Leire. Auch die »Santa Cruz«, dem Heiligen Kreuz, geweihten Kirchen und Klöster spielen auf Jesus an, genauso wie die mit dem Namen »Santo Sepulcro«, Heiliges Grab, so die von Estella oder Torres del Río. Aber von der Anzahl her verschwinden diese dem Erlöser geweihten Kirchen hinter denen seiner Mutter.

Ähnliches gilt für alle anderen Heiligen, einschließlich des heiligen Jakobus. Selbstverständlich tragen verschiedene Kirchen seinen Namen, zum Beispiel in Puente la Reina oder Villafranca del Bierzo, um zwei bekannte zu nennen. Aber angesichts der Tatsache, dass der Jakobusweg eigentlich seine ureigene Angelegenheit sein sollte, gehen sie unter.

Eine der mächtigsten Madonnen auf dem Jakobusweg ist die »Virgen Blanca«, die Weiße Jungfrau der Kirche »Santa María la Blanca« in Villalcázar de Sirga.[23] So meinte zumindest König Alfons X. (1221–1284), genannt el Sabio, der Weise, König von Kastilien und León. Er scheint einer der radikalsten Marienverehrer gewesen zu sein. In einer von ihm verfassten Sammlung von Liedern sang er höchstpersönlich das Lob der Weißen Jungfrau: Sie habe Pilgern geholfen, die in Santiago de Compostela vergeblich um Heilung von ihren Gebrechen gebetet hatten.

In diesem Kapitel wollen wir generell untersuchen, wem die Kirchen des Jakobusweges geweiht sind. Diese Aufgabe hört sich schlimmer an, als sie ist. Denn wenn auch die Kirchen, welche den Jakobusweg säumen, sich bei der Suche nach zugkräftigen Reliquien gegenseitig den Rang streitig machten und gar nicht genug ansammeln konnten: Geweiht waren sie immer einem bestimmten Heiligen. Und wenn man die Heiligen, denen die Kirchen des Jakobusweges geweiht sind, genauer untersucht, stellt man eine gewisse Monotonie fest. Zumindest bei den Kirchen, die nicht einem der vielen – teilweise obskuren – lokalen Heiligen geweiht sind. Speziell in Bezug auf Letztere muss ich mich aus Platzgründen sowieso auf den Jakobusweg in Spanien beschränken.

Gleichzeitig möchte ich vorausschicken, dass ich natürlich eine gewisse Voreingenommenheit nicht ausschließen kann. Vielleicht sind mir ganz einfach bestimmte Heilige mehr aufgefallen als andere. Das gilt speziell für die Heiligen, deren Geschichte mir bereits bekannt war oder deren esoterischer Hintergrund bereits von anderen vor mir diskutiert wurde. Ich bin jedem Leser für weitere Hinweise auf seiner Meinung nach aussagekräftige Heilige dankbar.[24]

Ich persönlich hatte auf jeden Fall den Eindruck, als würde sich der Jakobusweg auf ganz bestimmte Heilige beschränken. Was angesichts der Vielzahl der Heiligen erstaunlich ist – wie bereits erwähnt, gehen gute Hagiographien von um die zehntausend anerkannten Heiligen und Seligen der katholischen Kirche aus. Um festzustellen, warum genau diese Heiligen für den Jakobusweg ausgewählt wurden, beziehungsweise wer sie ausgewählt haben könnte, müssen wir sie genauer untersuchen.

Beginnen wir mit den »Kollegen« des heiligen Jakobus, den Aposteln, und hier wiederum mit den Apostelfürsten, Petrus und Paulus. Petrus findet man mehrmals. Ihm ist zum Beispiel gleich zu Beginn des eigentlichen Jakobusweges in Spanien die Kathedrale von Jaca geweiht, genauso eine Kirche in Puente la Reina, die Kirche San Pedro de la Rúa in Estella und die Pfarrkirche in einem Ort mit dem evokativen Namen Terradillos de los Templarios.[25] Die am häufigsten zitierte Petruskirche des Jakobusweges ist erst in jüngster Zeit bekannt geworden: die von Portomarín. Als 1962 das alte Portomarín unter den Wassern des Belesar-Stausees verschwinden musste, trug man vorher einige historische Gebäude Stein für Stein ab, um sie an einer anderen Stelle wieder aufzubauen. Zu den auf diese Art geretteten Gebäuden gehört ein Teil der Petruskirche.

Daneben ist das festungsartige Kloster »San Pedro y San Pablo« bei Triacastela, also bereits kurz vor dem Ziel, Santiago de Compostela, Petrus und Paulus geweiht. Ansonsten scheint der heilige Paulus auf dem Jakobusweg durch Abwesenheit zu glänzen. Was eigentlich seltsam ist. Denn laut seinen Briefen scheint er Spanien sogar besucht zu haben (Röm 15/24). Zumindest äußerte er eine solche Absicht. Die Stadt Tarragona, wo er 63 n. Chr. gelandet sein soll, feierte 1963 das Jubiläum dieses Ereignisses. Vielleicht ist genau diese durchaus denkbare Reise des heiligen Paulus nach Spanien die Erklärung, warum er auf dem Jakobusweg ignoriert wird. Denn wenn man das Augenmerk zu sehr auf den heiligen Paulus oder einen von ihm gesandten Missionar in Spanien lenkt, gerät die Jakobustheorie wieder gefährlich ins Schwanken.

Verschiedene Indizien bestätigen diese Theorie. So sei das Kloster von Calvor, hinter Triacastela gelegen, dem heiligen Paulus und dem heiligen Stephan gemeinsam geweiht gewesen. Es wurde im 8. Jahrhundert gegründet, also vor der offiziellen Entdeckung des Jakobusgrabes. Das Kloster existiert nicht mehr, aber die noch bestehende Kirche ist nur mehr dem heiligen Stephan geweiht; den Apostelfürsten ließ man fallen.

Vermutlich sind aus dem gleichen Grund die so genannten »siete varones apostólicos«, die sieben apostolischen Männer, auf dem Jakobusweg nicht sehr präsent. Der Jakobuslegende nach handelt es sich um die engsten Jünger des Apostels. Ihre Namen werden üblicherweise als Cecilio, Indalecio, Torcuato, Tesifonte, Eufrasio, Hesiquio und Teodoro angegeben. Allerdings existiert noch eine wesentlich ältere Legende, der zufolge sieben Bischöfe unter dem Oberbefehl eines gewissen Torquatus von Acci von Rom ausgesandt wurden, um auf der Iberischen Halbinsel zu predigen. Dieser heilige Torquatus wurde nachgewiesenermaßen bereits im 9. Jahrhundert in Spanien verehrt. Nicht nur sein Name, auch der verschiedener seiner Kollegen, erinnert verdächtig an die Namen der sieben Jünger des Jakobus. Diese sieben Jünger des Apostels zu exponieren hätte Vergleiche mit den sieben von Rom entsandten Missionaren und unangenehme Fragen provozieren können. Zumal sich in der Geschichte der von Rom entsandten Missionare auch andere Komponenten der Jakobuslegende wiederholen. So taucht die Königin Lupa als römische Patrizierin Luparia auf.

Der heilige Markus ist gleichfalls sehr selten. Ein Kloster mit angeschlossenem Hospiz in León war ihm geweiht. Dieses Kloster war jedoch eine der wichtigsten Niederlassungen des Ordens von Santiago. Vielleicht gefiel seinen Erbauern die Symbolik, die in dieser Namensgebung liegt: Der Evangelist Markus wird gerne mit einem Löwen dargestellt, und »León« bedeutet »Löwe«. Wenn auch die Etymologie den Namen der Stadt auf die dort stationierte siebte römische Legion zurückführt.

Relativ häufig trifft man auf den Apostel Andreas. In der ihm geweihten Kirche von Ponferrada, neben der ehemaligen Templerburg gelegen, kann man im Übrigen ein Kreuz bewundern, das einst den Templern gehört haben soll. Die Präsenz des heiligen Andreas ist vermutlich darauf zurückzuführen, dass in der erwähnten Kirche San Pedro de la Rúa von Estella eine bedeutende Reliquie von ihm verehrt wird, die ihn zum Patron von Estella machte, gemeinsam mit »Nuestra Señora del Puy«. Diese Reliquie des heiligen Andreas habe einst ein griechischer Bischof, der gegen 1270 inkognito nach Santiago de Compostela pilgerte, mit sich geführt, um sie daselbst als Geschenk zu überreichen. Als er in Estella starb und begraben wurde – die Reliquie trug er nach wie vor auf dem Körper –, machte der heilige Andreas durch Lichterscheinungen auf sich aufmerksam. Man exhumierte den Pilger und entdeckte die Reliquie. Vielleicht hätte es nahe gelegen, diese Reliquie an ihren Bestimmungsort, nämlich nach Santiago, weiterzuleiten. Für die Stadt Estella war jedoch offensichtlich, dass der heilige Andreas hinfort in ihren Mauern zu verweilen wünschte: Sie behielt die Reliquie.

Dem heiligen Bartholomäus sind zum Beispiel Kirchen in Espinal, Sangüesa, Logroño und Astorga geweiht. Spanische Autoren mit esoterischem Anspruch interpretieren die Art, wie er zum Märtyrer wurde – der Legende nach wurde er lebendig enthäutet –, als Anspielung auf einen Einweihungsprozess. So wie die Schlange sich periodisch häute, müsse auch der Initiand sich seiner alten Haut entledigen, um neugeboren zu werden. Das Martyrium des heiligen Bartholomäus würde dies illustrieren, wenn auch auf recht radikale Art. Andere meinen, die Popularität des Heiligen sei schlicht auf einen bedeutsamen Sieg der Christen über die Mauren zurückzuführen, der im Jahre 1098 an seinem Namenstag, dem 24. Juli, bei Calasanz (heute Provinz Huesca) errungen worden sei.

Vielleicht ist die Anwesenheit des heiligen Bartholomäus auch dadurch bedingt, dass dieser Namenstag die so gennanten Hundstage[26] abschließt, die wärmste Zeit des Sommers, die durch den Festtag des heiligen Jakobus, den 25. Juli, eingeläutet werden. Offiziell beginnen diese Hundstage bereits etwas früher, am 23. oder 24. Juli. Aber alte Bauernregeln assoziieren sie mit dem heiligen Jakobus:»Wenn die Hundstage beginnen, stellt sich Sankt Jakobus ein und spannt die Pferde an.« Unerwarteterweise stieß ich auch auf den heiligen Thomas. Ihm ist die Kirche Santo Tomás de las Ollas bei Ponferrada geweiht. Jedoch war dies die einzige, die ich finden konnte. Vielleicht ist er, der als der große Zweifler in das Evangelium einging (Joh 20/24-28), kein wünschenswertes Vorbild. Ansonsten fielen mir keine Apostel auf.

Das hat vermutlich mit der Funktion der Heiligen im Mittelalter zu tun. Sie galten als Mittler zwischen Himmel und Erde. Sie waren an beiden Orten präsent: durch die Seele im Himmel und durch ihre Reliquien auf der Erde. Wer ihre Reliquien verehrte, dem ließen sie ihre Wohltaten durch Weiterleitung seiner Fürbitten angedeihen. Nur hatte die Heiligkeit einer Person für die Kirche wenig mit der Verehrung zu tun, die das Volk ihr entgegenbrachte. Die beim Volk beliebtesten Heiligen waren nicht die großen Theoretiker, welche die Dogmen des Christentums erarbeitet hatten, sondern diejenigen, von denen man sich Hilfe in alltäglichen Anliegen versprach. Nicht umsonst kristallisierten sich die so genannten vierzehn Nothelfer heraus. Zu diesen gehört der bereits erwähnte heilige Ägidius von Saint-Gilles – Gilles ist nichts anderes als sein französischer Name. Er wird gerne mit einem Reh dargestellt und ist ein spezieller Patron der Hirten. Aber auch bei anderen Anliegen wird er angerufen, von Krebs bis zur Unfruchtbarkeit.

Der heilige Erasmus wurde gegen Bauchgrimmen angerufen und der heilige Pantaleon gegen Kopfschmerzen, um nur zwei weitere von diesen Nothelfern herauszugreifen. Ihre besondere Funktion hatte oft mit der Art ihres Todes zu tun – beziehungsweise mit einer Fehlinterpretation volkstümlicher Darstellungen. So sei der heilige Erasmus ursprünglich der Patron der Seeleute gewesen. Nur sahen fromme Betrachter, die sich mit der Seefahrt nicht auskannten, die Ankerwinde, mit der er dargestellt wurde, als eine Art Haspel, mit der ihm seine Gedärme aus dem Leib gedreht wurden. Logisch, dass ein solcher Märtyrer wusste, wie schlimm Bauchweh sein konnte. Der heilige Pantaleon verdankt sein Ehrenamt gleichfalls der Art seines Martyriums: Ihm seien die Hände auf den Kopf genagelt worden.

Wer Zahnweh hatte, rief die in solchen Fällen bewährte heilige Apollonia an, von der die Legende behauptet, dass ihre Peiniger ihr die Zähne ausrissen, als sie sich weigerte, Christus abzuschwören. Von ihr erwartete man mehr Verständnis als von jemandem wie dem heiligen Athanasius (295–373), welcher sich im Kampf gegen die ketzerischen Arianer hervorgetan hatte. Oder dem heiligen Hieronymus (341–420), auch wenn dessen Bibelübersetzung in die lateinische Sprache noch heute gültig ist.

Die Heiligen des Volkes

Welche beliebten Volksheiligen findet man auch auf dem Jakobusweg und warum? Warum versucht die Kirche seit dem Zweiten Vatikanischen Konzil, die Verehrung gerade von solchen Heiligen zu unterbinden?

Natürlich setzte die Vorliebe des Volkes sich bei der Namensgebung der großen Kirchen und Kathedralen kaum durch. So ist die Basilika von León dem bereits erwähnten heiligen Isidor von Sevilla geweiht, der im 7. Jahrhundert lebte und dessen Reliquien 1063 nach León überführt wurden, obwohl seine offizielle Heiligsprechung erst 1598 erfolgte. Sein Namenstag ist der 4. April. Isidor von Sevilla trägt den Beinamen »der Schulmeister des Mittelalters«. Aber volkstümliche Verehrung genoss er bestenfalls als Lokalheiliger, weil man sich auf seine körperliche Nähe verließ.

Eine weitere typische Wahl der Kirchenhierarchie sind die Kirchen zu Ehren des heiligen Stephan, auf Spanisch »Esteban«, gefeiert am 26. Dezember. Nach ihm sind, unter anderem, ein ganzer Stadtteil von Burgos und eine Kirche beziehungsweise ein Hospital in Astorga benannt. Für die Kirche liegt seine Bedeutung darin, dass er Jesus persönlich kannte und der erste Märtyrer der Christenheit wurde (Apg 7/57-8/1). Er wird deshalb Erzmärtyrer genannt. Dem Volk sagte er im Prinzip nicht viel. Die Berufe, zu deren Patron er gemacht wurde, so die der Steinmetzen, Zimmerleute und Kutscher, haben sich jeweils noch eine Reihe von anderen Schutzheiligen auserkoren.

Die volkstümliche Verehrung manifestiert sich eher in den kleinen Kapellen, in Spanien »ermitas« genannt, welche auch den Jakobusweg säumen. Wobei manche Namen von im Mittelalter populären Heiligen heute noch ein Begriff sind, ohne dass sie von der Kirche besonders geehrt werden. Einige von ihnen wurden sogar 1969 im Zuge der Reformmaßnahmen nach dem Zweiten Vatikanischen Konzil, als die Kirche das Verzeichnis ihrer Heiligen etwas bereinigte, aus dem Kalender gestrichen. Bei anderen wird die Verehrung nur mehr auf lokaler Ebene geduldet.

Eine dieser populären Heiligen ist die heilige Luzia, gefeiert am 13. Dezember. Sie habe sich selbst die Augen herausgerissen, da deren Schönheit einen heidnischen Anbeter betört hatte. Mit dem Effekt, dass sie zur Patronin der Augenkranken wurde. Sie sei im Jahre 304 als Märtyrerin gestorben. Nur halten inzwischen selbst fromme Hagiographen ihre Biographie für eine Legende. Der heiligen Luzia ist eine inzwischen verfallene romanische Kapelle von Berdún geweiht, hinter Jaca gelegen, bezeichnenderweise etwas abseits. Eine ihr geweihte Kapelle vor Sangüesa ist nicht mehr erhalten. Sie wurde, wie viele andere, als billiger Steinbruch verwertet. Im Kreuzgang des

Klosters »Santa María la Real« von Nájera findet man eine Statue von ihr, in der typischen Haltung: auf einem Tablett ihre zwei Augen präsentierend. Auch die heilige Barbara ist nach wie vor beliebt. Bis 1969 wurde sie am 4. Dezember gefeiert – sie gehört zu den Heiligen, die 1969 »abgeschafft« wurden. Eine ihr geweihte Kapelle steht auf dem Hügel, auf dem sich einst die Burg Monreal erhob.[27] Monreal, obwohl nur ein kleines Dorf, ist eine Art Knotenpunkt kurz vor Puente la Reina. Der Pilger auf dem »Camino Aragonés« konnte überlegen, ob er direkt nach Puente la Reina oder über Pamplona wandern wollte. Die heilige Barbara gehört zu den zahlreichen Heiligen, welche vor einem jähen Tod bewahren sollen, für die Menschen des Mittelalters ein Alptraum. Weil ein unerwarteter Tod bedeutete, ohne Empfang der Sterbesakramente vor das Antlitz Gottes treten zu müssen. Aus diesem Grund wurde sie später speziell zur Schutzpatronin der Artillerie. Der spanische Ausdruck für Pulverkammer, speziell auf alten Schiffen, lautet im Spanischen »santabárbara«. Auch die Köche, die schließlich gleichfalls mit Feuer zu tun haben, empfahlen sich ihr. Daneben sollte sie vor Blitzschlag und, analog hierzu, Fieberanfällen schützen.

Die eigentliche Pfarrkirche von Monreal ist dem heiligen Martin geweiht, als Reichsheiliger der Franken weitaus universeller. Wenn er auch inzwischen sein Patrozinium in Monreal mit der Jungfrau Maria teilt – ein weiteres Beispiel, wie sich die Benennung einer Kirche ändern kann. Der heilige Martin ist generell mit dem Jakobusweg eng verbunden: Schließlich beginnt die »Via Turonensis« an seinem Reliquienschrein in Tours. Die bekannteste ihm geweihte Kirche des Jakobusweges befindet sich in Frómista. Vielleicht wurde sie erst in jüngster Zeit so bekannt, weil sie inzwischen so kontrovers ist. Manche meinen nämlich, die Restaurateure, welche sich Ende des 19. Jahrhunderts intensiv der Kirche annahmen, seien in ihrem Eifer etwas zu weit gegangen.

Ein weiterer Liebling des Volkes war beziehungsweise ist der heilige Christophorus, auf Spanisch »Cristóbal«, gleichfalls ein Nothelfer, der Patron der Reisenden. Aber nicht nur das verbindet ihn eng mit dem Jakobusweg. Auf der einen Seite liegt sein wichtigster Kultort direkt auf der »Via Tolosana«: Saint-Christaud. Auf der anderen werden Reliquien von ihm in der Kathedrale von Santiago de Compostela verehrt – wie im Übrigen auch Reliquien der heiligen Luzia und der heiligen Barbara. Damit nicht genug, fällt sein Namenstag beinahe mit dem des Apostels Jakobus zusammen. Wenn er auch in den verschiedenen Ländern an unterschiedlichen Tagen gefeiert wird: in Spanien am 10. Juli, in Deutschland am 24. Juli, in Frankreich sogar am 25., also am Namenstag des heiligen Jakobus selbst. In Spanien sind dem heiligen Christophorus, neben vielen kleinen Wegekapellen, eine Kapelle und Brücke bei Jaca sowie eine Seitenkapelle der Kathedrale von Jaca geweiht. Im Mittelalter war ihm auch das Benediktinerkloster von Ibeas de Juarros geweiht, hinter San Juan de Ortega, ebenso ein Kloster in Tardajos del Camino, hinter Burgos gelegen. Die Verehrung des freundlichen Riesen, welcher der Legende nach einst den Jesusknaben auf seiner Schulter über das Wasser trug, ist seit 1969 auf die lokale Ebene beschränkt. Zumindest theoretisch. Seine ungebrochene Popularität unter katholischen Autofahrern ist auf die Überlieferung zurückzuführen, dass er jeden, der sein Bild erblicke, an diesem Tag vor einem plötzlichen Tod bewahre. Insofern hat er eine ähnliche Funktion wie die heilige Barbara. Nur aufgrund der zunehmenden »Spezialisierung« auch unter den Heiligen wurde er zum besonderen Patron der Reisenden beziehungsweise Autofahrer.

Erstaunen mag die Anwesenheit des heiligen Nikolaus auf dem Jakobusweg auslösen. Denn das Nikolausfest wird in Spanien nicht wie bei uns gefeiert. Dennoch sind, unter anderem, ein Stadtteil von Jaca, ein Dorf (San Nicolás del Real Camino), ein Tor in Estella und Kirchen in Belorado, Burgos und Villafranca del Bierzo nach ihm benannt, ebenso wie die zweite vor dem Stausee von Portomarín gerettete Kirche. Wenn auch deren früherer Patron, soweit ich feststellen konnte, der heilige Johannes war, weil die Kirche früher dem Johanniterorden gehörte.

Was hat dieser mehr als legendäre frühchristliche Bischof aus Myra – er starb ca. 350 –, dessen Kult erst mit den Kreuzzügen aus dem Nahen Osten importiert wurde, mit dem Jakobusweg zu tun? Auf der einen Seite zeugt diese Verehrung davon, dass der heilige Nikolaus generell ein sehr populärer Heiliger war, obwohl oder vielleicht weil das, was wir über ihn wissen, so mythenhaft anmutet. Denn während die Gebeine der meisten Heiligen erst nach ihrem Tode begannen, Wunder zu wirken, werden dem heiligen Nikolaus eine Reihe von unglaublichen Wundern schon zu Lebzeiten zugeschrieben, bis zu Totenerweckungen. Seine Reliquien, 1087 von italienischen Kaufleuten nach Bari überführt, scheiden heute noch eine Flüssigkeit aus, die als wunderwirksam gilt. Auf der anderen Seite ist der heilige Nikolaus tatsächlich auf dem Jakobusweg in Gestalt einer einzelnen Reliquie präsent. Denn genau zu dem Zeitpunkt, als der Kult des heiligen Nikolaus populär zu werden begann, brachte ein Mann namens Juan de Ortega (ca. 1080–1150) Reliquien von ihm aus dem Heiligen Land mit und errichtete diesen auf dem Jakobusweg eine Kapelle. Juan de Ortega war überzeugt, diesen Reliquien die Rettung aus Seenot zu verdanken. Da er den Rest seines Lebens dem Ausbau der Infrastruktur des Jakobusweges widmete und selbst als Heiliger galt, verbreitete sich mit seinem eigenen Ruhm auch die Verehrung des heiligen Nikolaus.

Der heilige Laurentius, bei uns Lorenz genannt – nach ihm sind Kirchen in Pamplona und Sahagún und sogar ein ganzer Stadtteil von Burgos benannt –, hat sogar eine noch innigere Beziehung zu Spanien: Seine Heimatstadt sei Huesca gewesen, kurz vor Jaca und somit am offiziellen Beginn des Jakobusweges gelegen. Er sei in Rom zum Märtyrer geworden, wahrscheinlich am 10. August 258 unter Kaiser Valerian, eventuell auch erst später, während der großen Verfolgung unter Diokletian, also 303. Der offiziellen Legende nach hatte ihm Papst Sixtus aufgetragen, sich um die Schätze der Kirche zu kümmern. Was er auch tat: indem er sie unter den Armen verteilte und damit den Zorn des Kaisers auf sich zog. Die spanischen Heiligenlegenden warten noch mit einem zusätzlichen Detail auf. Lorenz habe vor seinem Tod eine der wichtigsten Reliquien der Christenheit in Sicherheit gebracht, in seine spanische Heimatstadt Huesca: den Kelch des letzten Abendmahls. Dieser Kelch gelangte auf verschiedenen Umwegen im 15. Jahrhundert nach Valencia, wo er heute noch verehrt wird. Wir kommen auf dieses Gefäß noch in einem anderen Zusammenhang zurück: Weil es von manchen mit dem Heiligen Gral identifiziert wird. Einen Beweis für seine Authentizität gibt es natürlich nicht, aber Experten datieren den Becher an sich, inzwischen gefasst in ein kelchähnliches Gestell, tatsächlich zurück in die Zeit Jesu und sind auch der Meinung, er sei im Nahen Osten entstanden. Interessant ist im Zusammenhang mit dem Jakobusweg weiterhin, dass der Namenstag des heiligen Lorenz, der 10. August, genau zwischen dem des heiligen Bartholomäus und dem des heiligen Jakobus liegt, also mitten in den Hundstagen. Der Volksmund bezeichnet die Sternschnuppen, die man in den klaren Sommernächten besonders gut sieht, als Laurentiustränen. Wer weiß, vielleicht sind es solche Sternschnuppen, die zur Entdeckung des Jakobusgrabes geführt haben.

Wer sich mit den christlichen Heiligen näher befasst, stellt bald fest, dass man die bekanntesten an bestimmten Emblemen erkennt. Den heiligen Andreas an dem bekannten X-förmigen Andreaskreuz, die heilige Apollonia an einer Zange mit einem Zahn, die heilige Barbara an einem Turm, die heilige Luzia an den beiden Augen auf einem Teller, um nur einige zu nennen.

Das Emblem des heiligen Lorenz ist ein Bratrost, auf dem er, dem Vernehmen nach, langsam vom Leben zum Tode gebracht wurde. Die Legende behauptet, er habe dieses Martyrium mit so stoischem Gleichmut ertragen, dass er irgendwann bat, man möge ihn wenden, auf der einen Seite sei er jetzt gut durchgebraten.

Die heilige Katharina von Alexandrien, nach der, unter anderem, das Dorf Santa Catalina de Somoza und eine Kirche in Cirauqui benannt sind, führt ein Rad und ein Schwert mit sich. Zu ihren Lebzeiten soll sie fünfzig heidnische Philosophen gleichzeitig widerlegt haben, weshalb sie zur Patronin der Gelehrsamkeit wurde. Aber was hat sie als solche mitten auf dem Jakobusweg verloren? Zwei Erklärungen bieten sich an. Einerseits gehört sie zu den vierzehn Nothelfern. Sie wird bei starken Kopfschmerzen angerufen. Vielleicht aufgrund des Kopfzerbrechens, das sie den heidnischen Philosophen bereitet haben muss. Denn getötet wurde sie letztendlich mit einem Schwert, nachdem das Rad, auf dem sie gerädert werden sollte, dank eines himmlischen Eingriffs zerbrach. Eine zweite Erklärung, die mir persönlich nicht nur einleuchtet, sondern sich geradezu aufdrängt, ist der Einfluss des Ordens der Tempelritter, einer der bereits besprochenen militärischen Orden. Die Templer waren auch beziehungsweise in erster Linie im Heiligen Land tätig, und die Reliquien der heiligen Katharina werden in einem Kloster auf dem Berg Sinai gehütet. Dort hatten Einsiedler nämlich ihren unversehrten Leichnam gefunden. Natürlich war jedem klar, wie er dorthin gelangt war: Engel hatten ihn unmittelbar nach ihrem Tod im Jahre 310 dort niedergelegt.

Jedoch ist diese örtliche Übereinstimmung nicht der einzige Punkt, welcher die heilige Katharina mit den Templern verbindet. Denn es gab nur drei weibliche Heilige, deren Festtage in allen Templerkomtureien feierlich begangen wurden. So schrieb es sogar die Regel vor. Die erste war die Jungfrau Maria, der die Templer höchste Verehrung zollten. Sie feierten alle

Marienfeste, also Lichtmess (2. Februar), Mariä Verkündigung (25. März), Mariä Himmelfahrt (25. August) und Mariä Geburt (8. September). Die zweite weibliche Heilige, deren Namenstag, den 25. November, alle Templer feierten, war die heilige Katharina.

Und sowohl Santa Catalina de Somoza als auch Cirauqui befinden sich ganz in der Nähe einer großen Templerkomturei auf dem Jakobusweg, nämlich Ponferrada und Puente la Reina.

Die Sünderin und der Wiedergeborene

Was hat die heilige Maria Magdalena, die Patronin der bekehrten Sünderinnen, mit der Lepra zu tun?

In dieser These, dass nämlich die Templer für die Namensgebung der nach der heiligen Katharina benannten Orte beziehungsweise Kirchen auf dem Jakobusweg verantwortlich sind, sehe ich mich dadurch bestärkt, dass man genau auf dem Jakobusweg auch laufend auf die dritte weibliche Heilige stößt, welche die Templer verehrten: die heilige Maria Magdalena. Ihr Namenstag ist der 22. Juli. Das größte Bauwerk, das ihr auf dem Jakobusweg geweiht ist, haben wir bereits erwähnt: die Kathedrale von Vézelay. Genau dort predigte der heilige Bernhard von Clairvaux, den viele für den geistigen Vater der Ordensregel der Tempelritter halten, im Jahre 1146 seinen flammenden Aufruf zum zweiten Kreuzzug. Vézelay gilt, wir haben es bereits besprochen, als Ausgangspunkt der »Via Lemovicensis«. Etwas nördlich von Vézelay, auf einem Zubringer zur »Via Lemovicensis«, liegt die Stadt Troyes, der Ort, wo 1128 das eigens einberufene Konzil stattfand, das den Orden der Tempelritter offiziell bestätigte. Die älteste Kirche von Troyes, aus der Zeit der Templer stammend, ist gleichfalls der heiligen Maria Magdalena geweiht. Auf dem spanischen Jakobusweg ist ihr, unter anderem, die Pfarrkirche von Enériz geweiht, gleichfalls nicht allzu weit von Puente la Reina und seiner Templerkomturei entfernt – auch wenn der derzeitige Bau relativ neu ist. Und die nach ihr benannte Brücke in Pamplona betrachten manche als verkleinertes Pendant der bekannten Pilgerbrücke von Puente la Reina selbst, welche der Stadt ihren Namen gab.[28]

Jedoch ist der heiligen Maria Magdalena auch das Leprosenhospital von Zubiri geweiht, auf dem Weg zwischen Viscarret und Pamplona gelegen. Was auf den ersten Blick erstaunen mag. Denn, wie bereits angedeutet, das Mittelalter hatte für jedes Anliegen und jedes Handwerk bestimmte Heilige. Und diese Zuständigkeit stand immer in einem wie auch immer gearteten Zusammenhang mit dem jeweiligen Heiligen selbst, zum Beispiel seinem Beruf – was den heiligen Joseph zum Patron der Zimmerleute machte – oder der Art seines Martyriums. Diese Analogie ging so weit, dass man den heiligen Bartholomäus, aufgrund der Tatsache, dass er lebendig enthäutet worden war, zum Patron der Gerber machte, für unser Verständnis ein reichlich makaberer Gedanke.

Bei der heiligen Maria Magdalena war ihr Beruf beziehungsweise ihre Bekehrung maßgebend: Sie gilt als die Patronin der bekehrten Sünderinnen, sprich Prostituierten. Denn zumindest die Hagiographie der Westkirche identifiziert die namenlose Sünderin, die im Lukasevangelium die Füße des Herrn salbte (Lk 7/37), mit Maria, der Schwester des Lazarus und der Martha (Lk 10/39, Joh 11/1) und Maria von Magdala, welche Jesus von der Besessenheit heilte (Mk 16/9, Lk 8/2). Vermutlich in Anlehnung an Johannes, der die Salbende tatsächlich als die Schwester von Lazarus und Martha identifiziert, sie jedoch nicht als Sünderin bezeichnet (Joh 11/2 und 12/3). Genauso wenig wie Matthäus und Markus, die lediglich von einer Frau sprechen, sie aber nicht namentlich nennen (Mt 26/7, Mk 14/3).

Abgesehen davon scheint dem heiligen Lukas selbst, also dem Einzigen, der die Salbende als Sünderin bezeichnet, die Schwester des Lazarus beziehungsweise der Martha wohl bekannt gewesen zu sein, sonst würde er sie ja nicht an anderer Stelle namentlich erwähnen (Lk 10/39). Es ist also nicht ganz einsichtig, warum er in Vers siebenunddreißig des siebten Kapitels eine unbekannte Sünderin beschreiben sollte, wenn sich hinter ihr Maria Magdalena verbirgt.

Wie es auch immer zu dieser Identifizierung kam, in der Westkirche wurde die heilige Maria Magdalena zur Patronin der Prostituierten. In der Vergangenheit waren Heime für gefallene Mädchen nach ihr benannt. Warum also auf dem Jakobusweg ausgerechnet ein Leprosenhospital? Hatten die Aussätzigen schließlich nicht ihren eigenen Patron, den heiligen Lazarus des Gleichnisses (Lk 16/20)? Dieser, zu Lebzeiten arm und verachtet und von Geschwüren geplagt, erntete nach seinem Tod den himmlischen Lohn, während der Reiche, von dessen Brosamen er sich zu ernähren pflegte, in der Hölle schmachtete. Es waren seine Geschwüre und Schrunden, welche ihn als geeigneten Patron der Aussätzigen erscheinen ließen. Und als Namensgeber der Häuser, in denen sie gepflegt wurden: den Lazaretten. Das heißt, zum eigentlichen Patron. Denn irgendwie, vermutlich bedingt durch seine Namensgleichheit, vermischte sich sein Ruf mit dem des zweiten Lazarus', den das Neue Testament kennt: den soeben erwähnten Bruder der heiligen Maria Magdalena.

Allerdings hat die Verbindung des heiligen Lazarus mit den Aussätzigen noch einen tieferen Sinn. Die Lepra war nämlich mehr als eine Krankheit. Wer als Leprakranker erkannt worden war, galt als lebender Toter. Um das zu begreifen, braucht man nur das Wort »Aussatz« zu untersuchen. Der Kranke wurde »ausgesetzt«, aus der Gemeinschaft der Lebenden ausgestoßen. Bisweilen wurde eine Art Scheinbegräbnis veranstaltet und in seiner Anwesenheit eine Totenmesse gelesen. Und auch der heilige Lazarus war bereits tot gewesen, als ihn Jesus wieder erweckte (Joh 11/44).

Über den Bruder kam dann auch die Schwester ins Spiel. So war ein weiteres Leprosenhospital, in Miranda de Ebro, auf dem sekundären Jakobusweg von Bayonne nach Burgos gelegen, allen beiden geweiht, dem heiligen Lazarus und der heiligen Maria Magdalena. Auch an anderer Stelle tauchen die Geschwister gemeinsam auf. In Sarria, zwischen Triacastela und Portomarín, war ein Kloster der Magdalena und eine Kapelle dem heiligen Lazarus geweiht.

Eigentlich steckt auch hinter der Assoziation der heiligen Maria Magdalena mit den Aussätzigen eine gewisse Symbolik. Schließlich waren die Prostituierten gleichfalls von der Gesellschaft Ausgestoßene.

Ein Problem: die Namensvettern

Die Suche nach dem Schutzheiligen einer Kirche
und den Gründen für ihre Benennung gleicht bisweilen
einem Detektivspiel.

Eigentlich ist es seltsam, dass der heilige Lazarus der Parabel überhaupt Eingang in die Heiligenlegenden fand. Denn Jesus benützt seinen Namen ja lediglich in einem Gleichnis. Hätte sich nicht Hiob, die Gestalt aus dem gleichnamigen Buch des Alten Testaments, besser als Patron der Aussätzigen geeignet? Obwohl sich bei beiden die Frage aufwirft, wie der jeweilige Namenstag, der 20. Mai für Hiob und der 21. Juni für Lazarus, wohl bestimmt wurde. Zugegeben: Die gleiche Frage könnte man auch in Bezug auf den anderen Lazarus, also den Bruder der Maria Magdalena, stellen. Denn seine legendäre Missionierung in Südfrankreich ist vermutlich lediglich auf eine Verwechslung mit einem dritten Lazarus zurückzuführen, der tatsächlich einer der ersten Bischöfe von Aix-en-Provence war. Dennoch: In unserem Zusammenhang, nämlich dem Jakobusweg, ist die Präsenz des Bruders der Maria Magdalena sehr sinnig. Sein Namenstag ist nämlich der 29. Juli, also nur vier Tage nach dem des heiligen Jakobus. Maria Magdalena hingegen wird am 22. Juli gefeiert, also kurz vor Jakobus. Das Geschwisterpaar scheint den Apostel von Santiago würdig umrahmen zu wollen.

Einem ähnlichen Problem, nämlich der Frage, welchem Heiligen mit einem bestimmten Namen eine Kirche geweiht ist, steht man übrigens bei vielen Kirchen gegenüber. Ist eine bestimmte Johanneskirche nun dem Täufer oder dem Evangelisten geweiht? Wobei man noch Glück hat, dass es in der Regel einer von diesen beiden ist, dem eine Johanneskirche geweiht ist. Denn insgesamt führen hagiographische Lexika über zweihundert Selige und Heilige mit dem Namen Johannes auf. Einen davon, Juan de Ortega, haben wir bereits als Baumeister des Jakobusweges kennen gelernt.

Genauso wird üblicherweise wohl eine Kirche, die dem heiligen Franziskus geweiht ist, Franz von Assisi zum Patron haben. Dieser besuchte im Übrigen auch Santiago de Compostela, was sich im Anekdotenschatz mancher Orte niedergeschlagen hat. In Rocaforte bei Sangüesa gründete er das erste Franziskanerkloster auf spanischem Boden.

Aber gerade auf dem Jakobusweg befindet sich der Geburtsort eines weiteren heiligen Franziskus. Francisco Xavier (1506–1552), ein Gefährte des heiligen Ignatius von Loyola (1491–1556), des Gründers des Jesuitenordens, wurde auf der Burg Xavier bei Sangüesa geboren.

Der gleiche Fall liegt beim heiligen Dominik, auf Spanisch Domingo, vor. Denn der bekannteste Heilige dieses Namens, Domingo Guzmán (ca. 1170–1221), der Gründer des Dominikanerordens, war Spanier. Er wurde in Kastilien geboren, wenn er auch im italienischen Bologna begraben liegt. Aber auf dem Jakobusweg wird hauptsächlich ein anderer Dominik, genannt Santo Domingo de la Calzada, verehrt. Er kümmerte sich, gleich wie Juan de Ortega, um den Ausbau des Jakobusweges. Wir gehen auf ihn noch im Detail ein.

Eigentlich würde man auf dem Jakobusweg erwarten, daß eine Kirche, die einem heiligen Pelagius, also Pelayo, geweiht ist, den Entdecker des Jakobusweges zum Patron hat. Speziell die in Santiago de Compostela selbst. Das ist dem Vernehmen nach nicht der Fall. Dieser Eremit wurde anscheinend nicht heilig gesprochen. Dafür gibt es zwei andere spanische Heilige mit Namen Pelagius, beide im 10. Jahrhundert von den Sarazenen hingerichtet. Ein weiterer populärer heiliger Pelagius des Mittelalters war ein Kind, das Ende des 3. Jahrhunderts in Istrien zum Märtyrer wurde.

In Rabé de las Calzadas, Sarria und Palas del Rey findet man Kirchen, die einer Heiligen namens Marina geweiht sind. In gängigen deutschen Heiligenlegenden liest man üblicherweise nur, dass dies der Name ist, unter dem die heilige Margaretha, eine Märtyrerin des 4. Jahrhunderts, in Griechenland verehrt wird. Sie zählte im Übrigen zu den vierzehn Nothelfern – bis sie 1969 aus dem Heiligenkalender gestrichen wurde. Ihr Namenstag wurde am 20. Juli gefeiert, also kurz vor dem des heiligen Jakobus. Nur gibt es daneben noch eine lokale, also galicische Heilige, die tatsächlich den Namen Marina trug.

Und auch wenn zahlreiche Kirchen auf dem Jakobusweg dem – französischen – heiligen Martin von Tours geweiht sind: Galicien hat seinen eigenen heiligen Martin, Martin von Braga, einen Missionar des 6. Jahrhunderts, gefeiert am 20. März.

Eine weitere Quelle für Irrtümer sind unterschiedliche Namensgebungen in verschiedenen Ländern. So kommt man nicht ohne weiteres darauf, den Schutzheiligen von Burgos, den heiligen Lesmes, unter dem Suchwort »Adelmo« oder sogar

»Aleaume« zu suchen. Aber just so heißt er in französischen hagiographischen Lexika.

Man muss also bisweilen genau nachforschen, um festzustellen, wer der Patron einer bestimmten Kirche ist. Manchmal kann man rekonstruieren. Dass die Kirche von Santo Tomás de las Ollas dem Apostel Thomas geweiht ist und nicht dem Kirchenlehrer Thomas von Aquin oder einem der beiden spanischen Heiligen namens Thomas ergibt sich aus dem Alter der Kirche: Sie stammt aus der Zeit der Westgoten, als der Apostel Thomas tatsächlich der einzig mögliche Patron war. Trotzdem erliegt man oft genug einem Irrtum: Weil die vor Ort Befragten es selbst nicht so genau wissen. Dennoch ist es ein äußerst interessanter Zeitvertreib, nicht nur auf dem Jakobusweg, in alten Kirchen und Kapellen zu untersuchen, wen die Statuen oder farbigen Glasfenster darstellen und wem eine Kirche geweiht ist oder zumindest geweiht sein könnte – und vor allem warum.

Die Thaumaturgen

Die Grundlage für den Heiligenkult war die Hoffnung auf Hilfe bei bestimmten Anliegen, speziell auf Heilung von Gebrechen. Eine ständige Bedrohung: Aussatz und Antoniusfeuer.

Pilger hatten unterschiedliche Beweggründe, warum sie zu einer Wallfahrt aufbrachen. Den einen war die Wallfahrt als Kirchenstrafe auferlegt worden, andere nahmen sie freiwillig auf sich. Wieder andere wurden dafür bezahlt. Man ging tatsächlich davon aus, dass der spirituelle Gewinn des Besuchs von solchen heiligen Stätten durch Hinterlegung des vereinbarten Preises auf den Käufer überging, speziell dann, wenn der Verkäufer diesem die Souvenirs seiner Reise aushändigte. Diese

Vorstellung zog sich bis in die höchsten Kreise. Laut einer normannischen Chronik habe Wilhelm der Eroberer darauf bestanden, 1066 bei der Schlacht von Hastings ein Pferd zu besteigen, das einem anderen Ritter auf seiner Reise nach Santiago de Compostela als Reittier gedient hatte.

Manche Pilger hatten einen ganz persönlichen Vertrag mit dem Himmel geschlossen und gelobt, die Wallfahrt zu unternehmen, falls ihnen ein bestimmtes Anliegen gewährt würde, zum Beispiel die Errettung aus großer Gefahr oder das Überstehen einer Krankheit, sei es die eigene oder die eines Familienangehörigen. Verschiedene waren auch bereit, die Wallfahrt als eine Art Vorschuss zu unternehmen, in der Hoffnung, am Ziel von einem bestimmten Gebrechen geheilt zu werden, weil sie dort das Fluidum des Heiligen mit dem ganzen Körper aufnehmen konnten.

Diese Sehnsucht nach Heilung schlug sich gleichfalls in den Heiligen nieder, denen Kirchen und Kapellen entlang des Jakobusweges geweiht sind. Der heilige Lazarus, den wir im vorigen Kapitel angesprochen haben, ist dabei nicht unbedingt ein Sonderfall. Vermutlich hofften zwar nur die wenigsten Aussätzigen auf Heilung und die meisten eher auf einen guten Tod, mit anschließendem Begräbnis an einem Wallfahrtsort. Selbst wenn die Krankheit zum Stillstand kommen sollte, was bisweilen vorkam: Die Verstümmelungen, welche die Lepra mit sich brachte, stempelten auch die wenigen Geheilten weiterhin als »Ausgesetzte« ab. Nun war die Lepra erst mit den Kreuzzügen aus dem Orient eingeschleppt worden, war also in Europa eine neue Krankheit. Was natürlich dazu führte, dass aus Angst vor ihr auch andere Hautkrankheiten und Ausschläge irrtümlich als Lepra diagnostiziert wurden, was die »Aussetzung« der bedauernswerten Patienten zur Folge hatte. Für sie gab es jedoch tatsächlich Heilungschancen. Genauso hoffte man vermutlich, durch die Verehrung zum Beispiel des heiligen Lazarus vom Aussatz verschont zu bleiben: In Estella war ihm eine, soweit ich feststellen konnte, ganz normale Pilgerherberge geweiht. Obwohl man vorsichtig sein sollte. Wie bereits in einem anderen Zusammenhang angedeutet, ist es angesichts des gemeinsamen etymologischen Ursprungs schwierig, zwischen einem mittelalterlichen Hospital und einem Hospiz zu unterscheiden.

Die Hoffnung auf Heilung, Schmerzlinderung oder Bewahrung vor Krankheit manifestiert sich nicht nur in der Verehrung von Heiligen, deren Martyrium eine bestimmte Assoziation nahe legte, die Heiligenlegenden kennen sogar heilige Ärzte, so die heiligen Kosmas und Damian, die gemeinsam am 26. September gefeiert werden. Sie werden bei Epidemien angerufen und wurden gleichzeitig zu den Schutzheiligen all derjenigen, welche mit der Heilkunst zu tun haben, von den Ärzten über die Apotheker bis zu den Badern, welche im Mittelalter oft genug chirurgische Eingriffe vornahmen.

Die Reliquien von Kosmas und Damian befinden sich in der ihnen geweihten Kirche in Rom. 1924 fand man bei Grabungen tatsächlich zwei Holzsärge mit Gebeinen, welche als die ihren gelten. Ihre Verehrung im Orient kann bis ins 5. Jahrhundert zurückverfolgt werden und verbreitete sich ab dem 7. auch in Europa. Erstaunlicherweise weiß man weder, wann sie gelebt haben, noch, wie sie zu Märtyrern wurden. Dafür waren Geschichten über Wunderheilungen, welche die beiden heiligen Ärzte bewirkt hatten, im Umlauf. Auf dem Jakobusweg ist ihnen die Pfarrkirche von Astráin geweiht, zwischen Pamplona und Puente la Reina gelegen. Ihre Kapelle bei Sangüesa gehört zu den vielen, die inzwischen dem Erdboden gleichgemacht wurden.

Daneben gab es auch heilige Ärzte, die sich spezialisiert hatten – ein sehr moderner Gedanke. So der heilige Blasius, der Legende nach ein Arzt, der später zum Bischof von Sebaste ernannt wurde und im Jahre 316 den Märtyrertod erlitt. Er soll durch ein Wunder einen kleinen Jungen errettet haben, der an einer Fischgräte zu ersticken drohte. Ein spezieller Segen an seinem Festtag, dem 3. Februar, soll heute noch das Jahr über vor Halsleiden schützen. Das nach ihm benannte L'Hôpital-Saint-Blaise, genau zwischen Ostabat und der »Via Tolosana«, bot sich als Station für Pilger an, welche kurz vor Überschreiten der Pyrenäen von der »Via Tolosana« auf die »Via Turonensis« wechseln wollten – beziehungsweise umgekehrt. Auf der spanischen Seite des Jakobusweges sind beziehungsweise waren ihm, unter anderem, Kapellen in Los Arcos und Columbrianos sowie ein Pilgerhospital in Larrasoaña, kurz vor Pamplona, geweiht.

Neben dem Aussatz kannte das Mittelalter noch eine weitere weit verbreitete Krankheit mit ähnlichen Symptomen, die auch auf ähnliche Weise behandelt wurde, nämlich durch Pflege in speziellen Krankenhäusern, von Angehörigen eines eigens dafür gegründeten Ordens: den Antonitern. Diese Krankheit war das so genannte Antoniusfeuer. Die daran Erkrankten litten unter Krämpfen und Gewebebrand, ihre Gliedmaßen starben allmählich ab. Damals wurde dieses Antoniusfeuer als eine Art Lepra oder sogar als Besessenheit betrachtet. Heute hingegen weiß man, dass es sich auf einen Getreidepilz zurückführen lässt, der unter anderem ein LSD-ähnliches Alkaloid enthält. Aus diesem Grund wollen manche spanische Autoren nicht ausschließen, dass die Krankheit nicht immer auf Unachtsamkeit zurückzuführen war. Sie gehen vielmehr davon aus, dass einige bewusst mit dem befallenen Getreide als Droge experimentiert hatten.

Zu seiner Hochblüte verwaltete der Antoniterorden insgesamt über dreihundertfünfzig Hospitäler. Das bekannteste auf dem Jakobusweg ist heute noch das von Castrojeriz[29]. Selbst als Ruine ist es noch beeindruckend. Benannt wurde der Antoniterorden nach dem heiligen Antonius dem Großen (ca. 251–356), einem Einsiedler, der sich in die ägyptische Wüste zurückgezogen hatte, jedoch nicht lange allein blieb, weil sich ihm eine ganze Reihe Anhänger anschlossen. Das typische Abzeichen des heiligen Antonius, woran man ihn auf den künstlerischen Darstellungen erkennt und auch von den um die fünfzig anderen Heiligen und Seligen gleichen Namens unterscheiden kann, speziell dem heiligen Antonius von Padua, ist ein T-förmiges Kreuz, das so genannte Tau-Kreuz. Die Angehörigen des Antoniterordens wiederum erkannte man an diesem Tau-Kreuz auf ihren Mänteln. Der Antoniterorden, der sich um die an Antoniusfeuer Erkrankten kümmerte, hatte jedoch nichts mit der Mönchssiedlung des heiligen Antonius zu tun. Der Gründer war ein französischer Adeliger, dessen Sohn überraschend und spontan von dieser Krankheit geheilt wurde und dies auf den wundertätigen Einfluss der Reliquien des heiligen Antonius in Saint-Didier de la Motthe in der Dauphiné zurückführte. Das war 1095. 1218 erkannte Papst Honorius III. den Antoniterorden offiziell an. Seine Satzungen lehnten sich jedoch weniger an die der üblichen Mönchsorden an; sie orientierten sich vielmehr an den militärischen Orden. Was spanische Esoteriker veranlasste, nach Verbindungen zwischen den Antonitern und den Templern zu suchen. Dieser militärische Einfluss blieb so stark, dass der Antoniterorden 1777, als es darum ging, ihn in einen der bestehenden Orden zu integrieren, mit den Maltesern vereinigt wurde, einem der wenigen noch heute existierenden Ritterorden der Kreuzzüge.

Wenn alle Thaumaturgen ihre Hilfe versagt hatten und das Ende des Pilgers unabwendbar schien, war es Zeit, sich an den Erzengel Michael zu wenden. Er wird volkstümlich gerne mit einer Waage dargestellt: Weil ihm nach dem Ableben des Menschen die Aufgabe obliegt, seine Seele zu wiegen und, wenn das Ergebnis positiv ausfällt, diese in den Himmel zu geleiten. Auch nach ihm sind nicht wenige Kirchen und Kapellen auf dem Jakobusweg benannt, die ersten schon in den Pyrenäen. Ihm sind sowohl San Miguel el Viejo, auf Französisch Saint-Michel-le-Vieux, und die Kirche von Castiello de Jaca, zwischen Somport und Jaca, geweiht. Weitere bekannte Michaelsheiligtümer findet man in Cizur Menor, hinter Pamplona, in Estella und in San Miguel de Escalada. Der heilige Michael hatte allerdings, für das mittelalterliche Verständnis, ein Manko: Da er ein Engel war, gab keine Reliquien von ihm. Obwohl findige Köpfe dem dadurch abzuhelfen suchten, dass sie mit Federn hausieren gingen, welche der heilige Michael verloren hatte.

Die obskuren Heiligen

Heilige, die außerhalb eines relativ begrenzten geographischen Bezirks völlig unbekannt sind. Übliches Kennzeichen: Sie stehen hinter seltsamen lokalen Bräuchen.

Daneben kennt der Jakobusweg noch einige Heilige, die im deutschen Sprachraum kaum ein Begriff sind. Entweder weil sie so alt sind – einige stammen noch aus der Zeit der Westgoten – oder weil ihre Verehrung sich auf eine bestimmte Lokalität beschränkt.

Vermutlich würden spanische Prälaten dagegen protestieren, dass ich dieses Kapitel der obskuren Heiligen mit einem Heiligen beginne, der für sie keinesfalls obskur ist. Es handelt sich um einen früheren Abt des Benediktinerklosters von »Santa María la Real« von Irache bei Nájera. Er wirkte in der zweiten Hälfte des 11. Jahrhunderts und machte das Kloster zum Brennpunkt des religiösen Lebens von Navarra. So wurde er zum Patron des Jakobusweges in Navarra. Aber wem ist dieser heilige Veremundus ein Begriff? Zumindest ist der Name so selten, dass man ihn in den üblichen hagiographischen Lexika nicht auf Anhieb findet. Klöster können generell mit Heiligen aufwarten, die ansonsten völlig unbekannt sind. Wer hätte je von den heiligen Babil, Nunilo und Alodia gehört, deren Reliquien im Kloster Leire aufbewahrt werden? Und doch gilt der heilige Babil in Sangüesa als mächtiger Fürsprecher bei rheumatischen Erkrankungen.

Dafür findet man in detaillierten Hagiographien gleich drei Heilige namens Fructuosus, nur sind außerhalb Spaniens alle drei gleich unbekannt. Der bedeutendste, auch für den Jakobusweg, ist ein westgotischer Heiliger, der im 7. Jahrhundert gelebt hat, eine spanische Version des heiligen Antonius. Er zog sich in die Einsamkeit zwischen Astorga und Ponferrada zurück, nur blieb auch er nicht lange allein. Der Ruf seiner Heiligkeit lockte zahlreiche Anhänger an, sodass er schließlich eine mönchische Regel ausarbeiten musste, jahrhundertelang, bis sich der Einfluss von Cluny bemerkbar machte, die in Spanien verbindliche.

Bisweilen stehen wir auch hier dem bereits angesprochenen Problem gegenüber, dass nämlich aus dem Namen nicht immer hervorgeht, um welchen Heiligen es sich handelt. Neben dem heiligen Juan de Ortega stößt man auf dem Jakobusweg noch auf einen weiteren Heiligen namens Johannes: Juan de Atarés. Obwohl er nicht unter diesem Namen bekannt wurde, sondern durch das ihm geweihte Kloster: San Juan de la Peña. Dieses Kloster, in der Nähe von Jaca und somit am Beginn des Jakobusweges gelegen, verblüfft noch den modernen Besucher durch seine phänomenale Anlage. Die Erbauer integrierten es in eine überhängende Felswand. San Juan de la Peña ist heute noch ein viel besuchter Ort, obwohl es etwas abseits des eigentlichen Jakobusweges liegt.

Auf dem Weg nach San Juan de la Peña lohnt sich der Halt in Santa Cruz de la Serós. Der kleine Ort hat zwei Kirchen. Die kleinere und ältere ist einem Heiligen namens Caprasius geweiht und war früher die Pfarrkirche. Aber nachdem das dortige Nonnenkloster nach Jaca verlegt worden war, übernahm die Gemeinde die wesentlich größere ehemalige Klosterkirche, der heiligen Maria geweiht.

Nach einem heiligen Caprasius sind auf dem Jakobusweg auch Höhlen bei Belorado benannt. Sehr detaillierte Heiligenlegenden führen zwei Heilige dieses Namens auf: einen Abt von Lérins, gestorben um 430 und gefeiert am 1. Juni, und einen noch früheren Märtyrer, der während der Christenverfolgung durch Diokletian im Jahre 303 umkam. Sein Namenstag ist der 20. Oktober. Vermutlich ist in Santa Cruz de la Serós Letzterer gemeint. Zumindest wird dieser heilige Caprasius auch im »Codex Calixtinus« erwähnt. Auch wenn Santa Cruz de la Serós »seinen« Caprasius schon am 20. September feiert.

In Jaca selbst werden in der Kathedrale – die eigentlich dem heiligen Petrus geweiht ist – die Reliquien einer Heiligen namens Orosia verehrt. Nicht nur ihr Name, sondern auch ihre Geschichte erinnert an die der heiligen Ursula.[30] Die heilige Ursula, gefeiert am 21. Oktober, sei eine bretonische Prinzessin gewesen, die im Jahre 304 zusammen mit den elftausend Jungfrauen, die sie begleiteten, in Köln von den Hunnen ermordet wurde. Interessanterweise geschah dies auf dem Rückweg von einer Wallfahrt, wenn auch nicht nach Santiago de Compostela, sondern nach Rom. Das Recht, diese Wallfahrt zu unternehmen, hatte sie zur Bedingung für ihre Zustimmung zur Vermählung mit einem heidnischen englischen Königssohn gemacht. Die heilige Orosia war gleichfalls eine ausländische Königstochter, die einem Prinzen, wenn auch einem spanischen, versprochen war. Auch sie befand sich auf dem Weg zu ihrer Hochzeit, als sie und ihr Gefolge von den Mauren überfallen wurden. Da sie deren Anführer nicht zu Willen war, zerstückelte er sie. Als ihren Namenstag begeht man den 25. Juni, als passende Vorbereitung auf das Fest des heiligen Petrus selbst, am 29. Juni. Dadurch, dass sie genau vier Wochen vor dem heiligen Jakobus gefeiert wird, fügt sie sich sehr gut in den Jakobusweg ein. Aber selbst in sehr detaillierten hagiographischen Lexika sucht man ihren Namen vergebens.

In Jaca galt sie bis in die jüngste Zeit als bewährte Helferin gegen Besessenheit – oder was man dafür hielt. Die Kranken wurden an ihrem Namenstag durch die Stadt geführt und dann eine Nacht in der Kirche eingesperrt.

Vielleicht ließen sich die Verehrer der heiligen Orosia vom Martyrium des heiligen Hadrian inspirieren, dem eine Kirche in der Nähe von Jaca geweiht ist, San Adrián de Sasabe. Auch ihm wurden erst die Gliedmaßen, dann der Kopf abgeschlagen. Diese Kapelle von Sasabe liegt heute völlig abseits, war jedoch einst Bischofssitz.

Der heilige Hadrian, gefeiert am 8. September, gehört zu den Heiligen, die uns auf dem gesamten Jakobusweg begleiten. Am Ortsrand von Sangüesa ist ihm eine Kapelle geweiht, die früher ein Hospiz für Pilger war: San Adrían de Vadoluengo. Sogar mit Galicien selbst steht er in Verbindung. Dort soll er, wie weiland der heilige Patrick in Irland, die Schlangen vertrieben haben. Warum diese Tat ausgerechnet ihm, einem römischen Soldaten, zugeschrieben wird, wissen wir nicht. Die von einem spanischen Autor mit esoterischem Hintergrund vorgebrachte reichlich makabere Erklärung lautet, zwischen ihm und den Schlangen habe ein gewisser Sympathiezauber gewirkt: Da ihm bei seinem Martyrium alle Gliedmaßen abgehauen wurden, ähnelte er auf gewisse Weise den Schlangen, den einzigen Tieren, die keine Extremitäten besitzen. Insofern würde er das »Schlangenthema«, das schon der heilige Bartholomäus anklingen ließ, wieder aufgreifen.

Am Gründonnerstag feiert der Ort Obanos, zwischen Eunate und Puente la Reina gelegen, einen lokalen Heiligen namens Guillén (Wilhelm) in einer wahrhaft heidnisch anmutenden Zeremonie. Man gießt Wasser und Wein durch eine eigens angebrachte Öffnung des silbernen Gefäßes, in dem die Schädelreliquie des Heiligen aufbewahrt wird, und fasst die Flüssigkeit unten wieder. Sie wird in Flaschen abgefüllt, welche die Verehrer des Heiligen dann nach Hause tragen, um ihre heilbringende Wirkung das Jahr über zu nutzen. Sie schreiben ihr ähnliche Eigenschaften wie zum Beispiel dem Wasser von Lourdes zu.

Ein ganz ähnlicher Brauch sei in Triacastela üblich gewesen. Dort pflegte man Getreidekörner durch die Hand des heiligen Mamed rieseln zu lassen, nach dem ein Dorf hinter Triacastela benannt ist: San Mamed del Camino. Dies sollte das Gedeihen des Getreides garantieren.

Im Zusammenhang mit der heiligen Maria Magdalena sind wir bereits auf einen Ort namens Zubiri zwischen Viscarret und Pamplona gestoßen: weil ihr das dortige Leprosenhospital geweiht ist. Nur hat dieser Ort noch eine zweite Heilige mit einer seltsamen Funktion aufzuweisen: die heilige Quiteria. Die Überlieferung behauptet, ihre Reliquien ruhten im Pfeiler einer Brücke aus dem Mittelalter. Und diesen Reliquien wurde die wunderbare Eigenschaft zugeschrieben, das Vieh vor der Tollwut zu bewahren. Aus diesem Grund pflegten die Bauern der Umgebung ihre Tiere dreimal um diesen Pfeiler zu treiben. Wider Erwarten findet sich eine Heilige dieses Namens sogar in einem hagiographischen Lexikon. Ihr Namenstag ist am 22. Mai, nur scheint niemand zu wissen, wann sie genau lebte. Auch rühmt sich eigentlich die kleine Stadt Aire-sur-Adour, auf der französischen »Via Podiensis«, deren Reliquien zu besitzen. Ohne sich in Details zu ergehen, meint das in diesem Fall konsultierte hagiographische Lexikon, der Bericht über ihr Leben sei unglaubwürdig. Es scheint sich also um ein Konglomerat aus seltsamen lokalen Überlieferungen, vermutlich aus heidnischer Zeit, zu handeln.

Das Benediktinerkloster San Zoílo hinter Carrión de los Condes wurde gegründet, um die Reliquien des gleichnamigen Heiligen und seiner neunzehn Gefährten zu beherbergen. Dieser heilige Zoílo wird am 27. Juni gefeiert und sei während der Christenverfolgung unter Kaiser Diokletian gegen 301 zum Märtyrer geworden, in Córdoba. Seine historische Existenz ist umstritten. Dennoch sei die Ortsbezeichnung Sansol, kurz vor Torres del Río, gleichfalls auf seinen Namen zurückzuführen.

Der Name der Stadt Sahagún leite sich ebenfalls von einem Heiligen ab: San Facundo, der zusammen mit seinem Gefährten Primitivo um das Jahr 300 dort den Märtyrertod erlitten habe. Als in Sahagún ein großes Benediktinerkloster errichtet wurde, bot es sich an, dieses den beiden lokalen Heiligen zu weihen. Ihr Namenstag ist der 27. November.

Die Stadt Belorado feiert einen Heiligen namens Vitores als ihren Schutzpatron. Die volkstümlichen Darstellungen zeigen ihn mit seinem eigenen Kopf unter dem Arm. Es habe sich um einen Prediger gehandelt, dem von den Mauren der Kopf abgeschlagen wurde, der aber dennoch drei Tage und drei Nächte lang weiter kämpfte und das Wort Gottes verkündete. Unter »Vitores« konnte ich keinen entsprechenden Heiligen lokalisieren. Vielleicht ist er identisch mit dem am 26. August gefeierten heiligen Viktor, der tatsächlich im 9. oder 10. Jahrhundert unter den Mauren zum Märtyrer wurde. So behauptet zumindest ein Bericht aus dem 15. Jahrhundert. Jedoch ist das konsultierte hagiographische Lexikon der Ansicht, dass hierbei eventuell ein frühchristlicher Märtyrer aus Nordafrika den Bedürfnissen der spanischen Reconquista angepasst wurde. Dieses hagiographische Lexikon ist im Übrigen keinesfalls ein kirchenfeindliches Produkt: Es wurde von Benediktinermönchen zusammengestellt. Im nahe gelegenen Bañares, etwas abseits des Jakobusweges, wird ein noch unbekannterer Heiliger namens Formerio verehrt.

Schließlich trifft man entlang des Jakobusweges noch auf Spuren der Verehrung eines sehr obskuren Heiligen namens Tirso, den man in den gängigen hagiographischen Lexika meist vergebens sucht. Ihm sind unter anderem Kirchen in Sahagún, in Oviedo und in Palas del Rey geweiht. Der Überlieferung nach quälten seine Peiniger diesen Märtyrer jahrelang mit allen erdenklichen Foltermethoden. Sie schleppten ihn hierzu von

Stadt zu Stadt. Verständlich, dass sich dieser wandernde Märtyrer als Patron von Städten auf dem Jakobusweg anbot. Obwohl spanische Esoteriker der Meinung sind, dass dieses Martyrium in verschlüsselter Form einen Einweihungsprozess schildere. Aber auf diesen Punkt gehen wir später noch ein.

Ein weiterer unbekannter, aber nichtsdestotrotz interessanter Heiliger, Pedro González, wurde auf dem Jakobusweg geboren, in Astorga. Das Leben dieses Dominikanermönches scheint relativ gut dokumentiert zu sein; er habe zwischen 1190 und 1246 gelebt. Obwohl eigentlich keine Namensähnlichkeit besteht – es sei denn, wir akzeptieren, dass er in Wirklichkeit Pedro González Telmo hieß –, wird er mit dem geheimnisvollen Sankt Elmo identifiziert, nach dem die Lichterscheinungen auf den Masten der Schiffe als Elmsfeuer bezeichnet werden. Vielleicht ist dies darauf zurückzuführen, dass er in Galicien unter Seeleuten gepredigt haben soll.

Wie gesagt, dieses Sammelsurium von teils obskuren, teils archaischen lokalen Heiligen auf dem Jakobusweg ist lediglich eine rein persönliche Auswahl. Vermutlich findet man bei näherer Betrachtung beziehungsweise beim Anlegen von anderen Schwerpunkten noch weitere, die auf ihre Art genauso seltsam sind.

Natürlich gibt es auch in anderen Teilen Spaniens unorthodoxe Heilige, die nach der Christianisierung als ideologische Begründung für seltsame lokale Bräuche herhalten mussten. Genauso wie in den übrigen Ländern der Christenheit. Nur ist der springende Punkt, dass die dortigen Gebräuche sich tatsächlich auf einen bestimmten Ort beschränkten. Das Brauchtum auf dem Jakobusweg hingegen hatte die Möglichkeit zur Ausbreitung. Die meisten Heiligen wurden sogar, bewusst oder unbewusst, während der wärmeren Monate des Jahres gefeiert, also wenn vermehrt Pilger unterwegs waren. Vielleicht war der Jakobusweg sogar eine Inspirationsquelle für solche Gebräuche, welche die Pilger dann »exportierten«.

So ist der heilige Leonhard, einer der vierzehn Nothelfer, in Süddeutschland und Österreich noch heute sehr beliebt, in erster Linie ein Patron der Pferde. Aber obwohl es sich um einen Heiligen des 6. Jahrhunderts handelt, verbreitete sich seine Verehrung außerhalb Frankreichs nicht vor dem 11. Jahrhundert. Richtig populär wurde er erst im 15. Jahrhundert. Seine Reliquien wurden in Saint-Léonard-de-Noblat bei Limoges verehrt. Gelangte sein Kult also über deutsche Pilger auf der »Via Lemovicensis« nach Deutschland?

Auch der umgekehrte Fall ist vorstellbar: dass Pilger lokale Bräuche des Jakobusweges beeinflussten, weil sie ein Element mitbrachten, das sich gut einfügte.

So geht man davon aus, dass die Verehrung der heiligen Maria Magdalena sich von Vézelay aus über die »Via Lemovicensis« auf dem übrigen Jakobusweg verbreitete. Und dass die vielen spanischen Madonnenstatuen, die nach französischen benannt sind – zum Beispiel Le Puy oder Rocamadour – gleichfalls von französischen Pilgern »importiert« wurden.

Das seltsame Kreuz in der »Iglesia del Crucifijo« von Puente la Reina hingegen sei ein Geschenk deutscher Pilger aus dem Rheinland. In der Basilika »Sancta Maria im Kapitol« in Köln befindet sich nämlich ein ähnliches. Ein drittes war in einer Seitenkapelle der Kathedrale von Perpignan – bis es seiner Besonderheit beraubt wurde: der seltsamen Querbalken, welche nicht im rechten Winkel vom senkrechten Pfahl abstanden, sondern Ypsilon-förmig nach oben ragten.

Die Geschichte des Abtes Virila vom Kloster Leire, der verzweifelt mit dem Konzept von Gottes Ewigkeit rang, wird auch über einen Mönch des ebenfalls auf dem Jakobusweg gelegenen Klosters Samos erzählt. Sie ist jedoch auch außerhalb des eigentlichen Jakobusweges bekannt. In Deutschland wird ein entsprechendes Erlebnis dem Abt Erpho des Klosters Siegburg zugeschrieben. Die Protagonisten waren jeweils Mönche, die eines Tages in einen Zustand der Verzückung gerieten, der für sie nur wenige Minuten, für den Rest der Schöpfung aber Jahrhunderte dauerte. Manche halten diese Legenden für eine mittelalterliche Vorwegnahme der Relativitätstheorie.

Die Metamorphose

Wenn lokales Brauchtum zur vorgeblichen Ehrung eines Heiligen auszuufern droht, greift die Kirche ein und lässt die allzu heidnischen Facetten verschwinden.

Das beste Beispiel für eine solche wechselseitige Beeinflussung auf dem Jakobusweg finden wir zwischen den Städten Amiens, Toulouse und Pamplona. Der Schutzpatron von Pamplona ist ein Heiliger namens Firmin. Obwohl sein eigentlicher Namenstag der 25. September wäre – und somit akkurat zwei Monate nach dem des heiligen Jakobus –, wird er in Pamplona am 7. Juli gefeiert, also, vermutlich absichtlich, zu einem Zeitpunkt, an dem wesentlich mehr Pilger zu erwarten sind als im September. Im September kann es in Pamplona, dicht an den Pyrenäen gelegen, bereits empfindlich kühl sein. Am 7. Juli hingegen bietet sich Pamplona als ideale Zwischenstation auf dem Weg nach Santiago zum Fest des heiligen Jakobus am 25. Juli an.

Zu diesem Firminsfest von Pamplona gehört ein Spektakel, das mit schöner Regelmäßigkeit in den spanischen Medien auftaucht. Nicht nur als folkloristisches Ereignis ersten Ranges, sondern weil es dort immer wieder Unfälle gibt, auch mit tödlichem Ausgang. Diese spielen sich ab, wenn die Stiere für die Corrida, den traditionellen Stierkampf, durch die Straßen der Stadt getrieben werden und junge Männer, als eine Art Mutprobe, vor den verstörten Tieren herlaufen und oft genug niedergetrampelt werden.

Basilika »Nuestra Señora del ilar« in Saragossa.

Pilger stehen Schlange,
n die Säule von Saragossa
ı küssen.

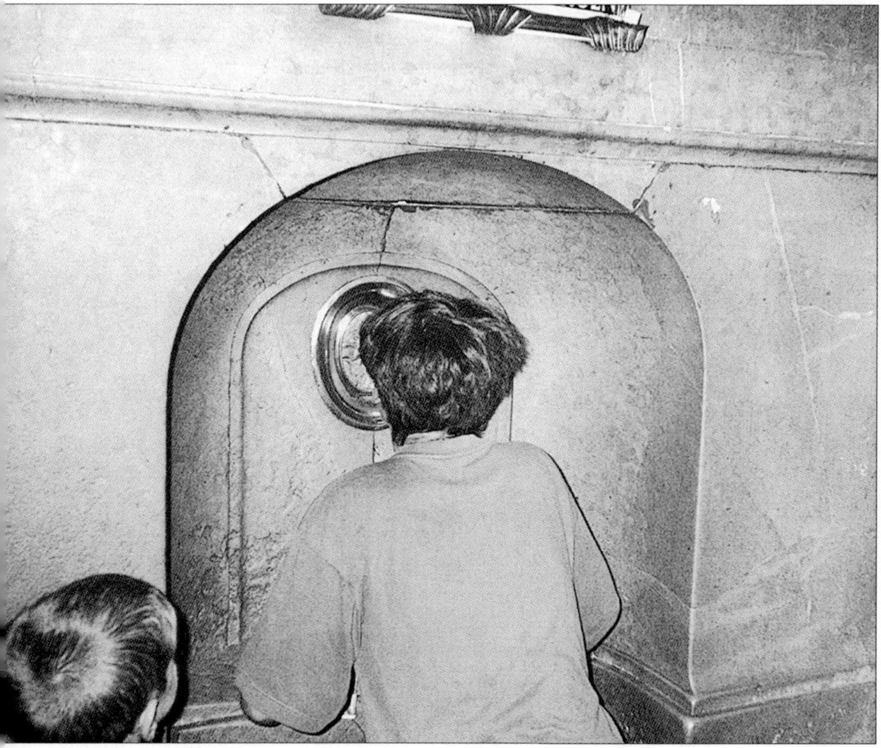

10 Kreuzgang des Klosters San Juan de la Peña, in den überhängenden Felsen integriert.

11 Kirche »San Caprasio« in Santa Cruz de la Serós.

San Adrián de Sasabe, einst
ischofssitz.

Runder Grabstein in Olcoz

Ganz ähnliche Grabsteine auf
m Templerfriedhof von La Cou-
rtoirade, auf einem Zubringer der
'ia Tolosana«.

15 Portal der Kirche von Eunate. Die Reliefs auf dem obersten Bogen entspreche
denen von Olcoz – nur sind sie spiegelbildlich angeordnet.

16 Portal von Olcoz.

Niemand scheint so recht zu wissen, wie es in Pamplona zur Verehrung des heiligen Firmin oder Fermín kam. Er soll zwar dort geboren sein, wirkte jedoch hauptsächlich in Frankreich, wo er auch starb und in der Kathedrale von Amiens begraben wurde. Vermutlich lebte er im 4. Jahrhundert. Erst Ende des 12. Jahrhunderts sandte der Bischof von Amiens einige Reliquien des Heiligen an dessen Heimatstadt Pamplona, denen im 16. Jahrhundert schubweise weitere folgten. Im 17. Jahrhundert wurde er offiziell kanonisiert und zum Schutzheiligen Pamplonas ernannt.

Seine Verehrung hat den ursprünglichen Patron Pamplonas, den heiligen Sernin, völlig in den Hintergrund gedrängt. Sernin, ein Bischof von Toulouse, soll den heiligen Firmin bekehrt haben. Einer Legende nach wurde er gegen 257 zum Märtyrer, einer anderen nach gehörte er zu den siebzig Jüngern Jesu, was jedoch seine Bekehrung des heiligen Firmin zeitlich in Frage stellt. Genauso bleibt ungeklärt, warum der heilige Sernin als Bischof von Toulouse in Spanien predigte und später der in Spanien geborene heilige Firmin in Frankreich missionierte. Er sei schließlich der erste Bischof von Amiens gewesen.

Aber irgendein Zusammenhang zwischen den beiden muss existiert haben. Das, was sich während des Firminfestes in Pamplona abspielt, hat weder etwas mit dem Leben Firmins noch mit seinem Tod zu tun. Der heilige Firmin sei relativ friedlich im Gefängnis gestorben. Ob er eines natürlichen Todes starb oder ermordet wurde, wissen wir nicht. Anders der heilige Sernin. Als er sich weigerte, den Göttern zu opfern, band ihn die empörte Menschenmenge just hinter einen Stier, der geopfert werden sollte, und trieb diesen so lange durch die Stadt, bis der Heilige zu Tode geschleift worden war. Weist das Firminsfest von Pamplona nicht verblüffende Parallelen zu dieser Geschichte auf?

Dass es noch einen zweiten heiligen Firmin gab, gefeiert am 1. September, der als dritter Bischof von Amiens gilt, macht die

Sache noch verwirrender. Ganz zu schweigen davon, dass der heilige Sernin eigentlich Saturnin hieß und es eine ganze Reihe von frühchristlichen Heiligen dieses Namens gab, von denen drei, darunter »unser« Saturnin-Sernin, am 29. November gefeiert werden.

Und genau hier können wir einhaken. Erstens bei dem Namen Saturnin an sich, zweitens bei diesem Datum, dem 29. November. Denn all diese Saturnins – oder Saturnine? – waren nach dem Gott Saturn benannt. Und eines der beliebtesten Volksfeste im alten Rom waren die ihm geweihten Saturnalien, eine Art Karneval mit Orgien und Rollentausch zwischen Herren und Sklaven. Sie wurden Anfang Dezember gefeiert; ihr Beginn fällt also ziemlich genau mit dem Namenstag der drei heiligen Saturnins zusammen. Die römischen Legionen sorgten dafür, dass sich die Saturnalien im gesamten Imperium verbreiteten. Und sie gingen mit dem Erstarken des Christentums keinesfalls unter. Mit dem 313 verkündeten Edikt von Mailand verbot Kaiser Konstantin lediglich die Verfolgung monotheistischer Religionen und stellte das Christentum den anderen Religionen des Reiches gleich. Erst Ende des 4. Jahrhunderts wurde es endgültig zur Staatsreligion erhoben.

Was natürlich die Beliebtheit der heidnischen Festlichkeiten nicht automatisch schmälerte. Ein beliebtes Mittel, diesen, wenn nicht den Garaus zu machen, so doch wenigstens ihren heidnischen Hintergrund zu nehmen, war, ein solches Fest einem christlichen Heiligen zu unterstellen. Wer eignete sich im Falle der Saturnalien besser als ein Heiliger namens Saturnin, zeitgleich gefeiert?

Das erklärt auf der einen Seite, wie ausgerechnet ein Heiliger namens Saturnin zum Patron der Kathedrale von Toulouse werden konnte. Beziehungsweise warum dieser Saturnin irgendwann in das weniger suggestive Sernin umgewandelt wurde. In Pamplona führte man die spanische Version von Sernin ein: Cernin. Nur war das anstößige Spektakel mit den Stieren anscheinend nicht totzukriegen. Weshalb man früher oder später zumindest den heiligen Saturnin-Cernin in den Hintergrund drängte; durch einen Heiligen mit ähnlich klingendem Namen ersetzte, der zudem noch eine legendäre Verbindung mit Cernin hat: Firmin. Da dieser Wechsel nicht abrupt, sondern allmählich vonstatten ging, empfand das Volk ihn auch nicht als schmerzlich.

Das würde alle Facetten dieser seltsamen Symbiose erklären.

4   Der Jakobusweg –
Stufen einer Einweihung?

Die Baumeister des Weges

*Die Infrastruktur des Jakobusweges machte schon sehr früh
umfangreiche Baumaßnahmen erforderlich.*

Es ist offensichtlich, dass sich auf dem Jakobusweg jahrhundertelang zumindest sporadisch wesentlich mehr Menschen
aufhielten, als in den Landstrichen, die er durchzieht, wohnten.
Das führte naturgemäß schon sehr früh dazu, dass dort mehr
Gebäude aller Art errichtet wurden, als für den Bedarf der
dort Ansässigen eigentlich nötig gewesen wären. Wobei schon
die Zahl der ständigen Anwohner auf dem Jakobusweg über-
durchschnittlich hoch war. Schließlich hatten sich dort eine
ganze Reihe von Händlern niedergelassen, angelockt durch
diese frühe Form des Tourismus. Dies gilt speziell für den
Jakobusweg in Spanien, wo sich die aus aller Welt angereisten
Pilger konzentrierten. Und am meisten für den so genannten »Camino Francés«, den französischen Weg, ab Puente la
Reina.

Dieser vermehrte Bedarf an Gebäuden bezog sich nicht nur
auf Häuser, Hospize und Hospitäler, sondern auch auf sakrale
Bauwerke, also Kapellen, Kirchen und Kathedralen. Schließlich war der Jakobusweg ja eine religiöse Angelegenheit. Die
Gotteshäuser mussten großzügig angelegt beziehungsweise in
großer Anzahl vorhanden sein.

Diese Anhäufung von sakralen Bauten auf dem Jakobusweg
und die relative räumliche Nähe erleichtert die Untersuchung,

welche Kirchen stilistisch miteinander in Verbindung stehen, wo eventuell der gleiche Baumeister gewaltet hat beziehungsweise zumindest seine Schüler entsandte. Die meisten von ihnen sind jedoch relativ anonym geblieben. Von manchen kennt man zumindest den Vornamen. Schon Aimery Picaud nennt in seinem »Codex Calixtinus« zwei von ihnen, die am Bau der Kathedrale von Santiago de Compostela selbst mitgewirkt haben: Bernhard den Alten, den er als genial bezeichnet, und einen gewissen Robert. Den berühmtesten Baumeister von Santiago konnte Aimery Picaud jedoch noch nicht kennen: Er wirkte erst nach seiner Zeit. Dieser Baumeister war Meister Matthäus, der durch seine Tätigkeit 1168–1188 in der Kathedrale von Santiago de Compostela weltberühmt werden sollte. Es heißt, er habe sich an der Rückseite des Pfeilers im »Pórtico de la Gloria« selbst dargestellt. Daneben sollen jedoch noch zwei weitere Meister an der mittelalterlichen Kathedrale mitgewirkt haben. Wenn auch der heutige Aspekt der Kathedrale eher vom Barock bestimmt ist: Es gibt noch genügend romanische und gotische Überreste.

Die – inzwischen zerstörte – Brücke von Portomarín stamme von einem gewissen Pedro el Peregrino, Peter dem Pilger. Ein Meister Stephan war in der Basilika »San Isidoro« von León tätig. Ein Meister Leodegarius verewigte sich am Portal der Kirche »Santa María la Real« in Sangüesa, genauso wie ein anonymer Meister, den man nur als Meister von San Juan de la Peña kennt. Auch vom Meister von Jaca kennt man nicht einmal den Vornamen.

Juan de Colonia, Johann aus Köln, wird der Kreuzgang von »Santa María la Real« in Sasamón zugeschrieben, genauso wie das Grabmal von Juan de Ortega. Ein gewisser Meister Garsión habe an der »el Salvador«, eine dem Heiland geweihten Kathedrale von Santo Domingo de la Calzada mitgewirkt.

Und damit wären wir bei den berühmtesten Baumeistern des Jakobusweges angelangt: Santo Domingo de la Calzada und

San Juan de Ortega. An dem Beisatz »Santo« beziehungsweise »San« ersieht man, dass beide als heilig gelten. Auf diese beiden müssen wir genauer eingehen.

Santo Domingo de la Calzada

Der Heilige mit der Sichel und dem weißen Hahn: Symbole für Tod und Auferstehung.

Beginnen wir chronologisch, mit dem etwas älteren Domingo. Obwohl man anscheinend seine biographischen Daten kennt – er soll von 1019 bis 1109 gelebt haben, sein Namenstag ist der 12. Mai –, mutet sein Leben reichlich mythologisch an. Es heißt, er sei der Spross einer adeligen Familie in Viloria bei Belorado gewesen.[31] Und dennoch hätten sich die Klöster von Valvanera und San Millán de la Cogolla geweigert, ihn aufzunehmen. So machte er sich selbstständig und weihte sich der Aufgabe, den Jakobusweg auszubauen. Er begann mit der Restaurierung einer Kapelle. Dann begegnete er dem heiligen Gregorius von Ostia, endlich jemand, der seine Qualitäten zu würdigen wusste und ihm, so heißt es, beinahe über Nacht Lesen, Schreiben und Rechnen beibrachte und ihn dann Mathematik und die Baukunst lehrte. Wiederum verwundert, dass er als Adeliger nicht einmal in die Grundbegriffe dieser Künste eingeweiht war.

Als ihn dann noch König Alfons VI. von Kastilien (1040 bis 1109) mit Geld und Ländereien unterstützte, konnte er sich seiner Aufgabe, der Ausgestaltung des Jakobusweges, mit vermehrten Kräften widmen, speziell in der Nähe der Stadt, die seinen Namen tragen sollte: Santo Domingo de la Calzada. Die ursprüngliche Kirche dort sei unter seiner Leitung entstanden. Nur wurde sie schon bald darauf erweitert und umgestaltet, zum ersten Mal unter dem bereits erwähnten Meister Garsión gegen 1158, vermutlich noch mehr, als Santo Domingo 1227

Bischofssitz wurde. Noch weitergehende Umbaumaßnahmen im Barock veränderten ihren Charakter dann völlig.

Auch das Grabmal des heiligen Dominik stammt aus dem Barock. Ursprünglich sei er auf eigenen Wunsch vor seiner Kirche bestattet worden, sodass die Pilger über sein Grab schreiten mussten, um in das Heiligtum zu gelangen. Wollte er auf diese Art bis in die Ewigkeit die Verbindung mit dem Weg, dem er sein Leben geweiht hatte, nicht verlieren? Wörtlich übersetzt bedeutet sein Name schließlich nichts anderes als »der heilige Dominik des (Jakobus-)Weges«. Bedingt durch spätere Baumaßnahmen an der Kirche befindet sich das Grab inzwischen in ihrem Inneren, wenn auch dicht hinter dem Hauptportal.

Erhalten habe sich jedoch bis zum heutigen Tag die Sichel, mit welcher der heilige Domingo in rasender Geschwindigkeit ganze Wälder abgeholzt haben soll, um den Pilgern den Weg zu ebnen. Nun könnte sich natürlich der unbedarfte Besucher der Kirche beziehungsweise Leser dieses Buches fragen, warum der Heilige hierfür gerade eine Sichel verwendete und nicht eine Axt. Die Legende erklärt die Sichel damit, dass der heilige Domingo, die Sache des Allerhöchsten vertretend, über ungeheure Körperkräfte verfügte. Der misstrauische moderne Mensch glaubt vielleicht eher, dass es sich weniger um Wälder als um Dornenranken und Gestrüpp handelte.

Der noch misstrauischere moderne Mensch sucht hinter den Sinn des Symbols zu kommen. Denn diese Sichel war das typische Emblem des Gottes Saturn. Diese Assoziation wird noch verstärkt durch den Vornamen des heiligen Domingo selbst. Domingo leitet sich vom lateinischen »Dominus« ab, der Herr, und ist gleichzeitig der spanische Ausdruck für den Sonntag, also den Tag des Herrn. Nur ist erst seit dem 4. Jahrhundert der Sonntag der Tag des Herrn. Vorher war es der Samstag, der jüdische Sabbat. Und dieser Samstag ist dem Gott Saturn geweiht, wie am englischen »Saturday« noch nachvollziehbar.

Wäre dies der einzige Hinweis auf Saturn, könnten wir ihn ignorieren. Bedeutung gewinnt er erst durch die anderen unterschwelligen Anspielungen des Jakobusweges auf Saturn: das an das Martyrium des heiligen Saturnin erinnernde Firminsfest von Pamplona und die dem heiligen Sernin-Saturnin geweihte Kathedrale von Toulouse. Und die Tatsache, dass nicht nur der Namenstag dieses heiligen Saturnin, sondern auch der von zwei weiteren Heiligen gleichen Namens zu einem Zeitpunkt gefeiert wird, welcher mit dem Beginn der römischen Saturnalien zusammenfiel.

Jedoch erweckt der Saturn nicht nur positive Assoziationen wie die Saturnalien. Wenn er auch das für ihn typische Symbol der Sichel der Zeit verdankt, als er als Gott der Landwirtschaft und Herr des Goldenen Zeitalters[32] verehrt wurde: Später wurde er zum Gott des Todes. Analog hierzu galt der nach ihm benannte Planet lange Zeit als der letzte unseres Systems, die äußerste Grenze: bis ins Jahr 1781, als der Planet Uranus entdeckt wurde. Das Attribut des Saturn, die eigentlich unschuldige Sichel, wurde zum Symbol des Todes. Der Sensenmann, das Gerippe mit Sense und Stundenglas, ist letztendlich nichts anderes als eine Darstellung des Saturn. Sinnigerweise wird die Sichel von Santo Domingo ausgerechnet am Grab des Heiligen aufbewahrt.

Nur befindet sich gegenüber diesem Grabmal ein Symbol für die Auferstehung, eines der Wahrzeichen des Jakobusweges, der berühmte »Gallinero«: ein in die Wand eingelassener Hühnerstall, von der Kirche her einsehbar. Und in diesem Hühnerstall werden bis zum heutigen Tage ein weißes Huhn und ein weißer Hahn gehalten. Nicht nur, dass der Hahn an sich ein Symbol des Morgens und somit der Auferstehung ist – wir gehen darauf noch genauer ein –, die Legende, welche das Vorhandensein dieses Hühnerstalls erklärt, ist noch konkreter.

Ein junger Mann, der in Begleitung seiner Eltern nach Santiago de Compostela pilgerte, wurde unschuldig zum Tode verurteilt und gehenkt. Seine tief betrübten Eltern setzen ihre Wanderung dennoch fort. Auf dem Rückweg begibt sich die Mutter zum Galgen, an dem ihr Sohn nach wie vor hängt, um Abschied zu nehmen. Und findet ihn lebend vor: Der heilige Dominik habe ihn vor dem Tode bewahrt. Die Mutter stürzt daraufhin in das Haus des Richters, der sich eben zum Essen niedersetzen will, und erzählt ihm das Vorgefallene. Und verlangt, ihren Sohn umgehend vom Galgen zu lösen: Würde der Heilige einen Schuldigen retten? Der Richter hält sie für hysterisch: Eher würde das gebratene Geflügel auf seinem Teller wieder zum Leben erwachen als der gehenkte Jüngling. Der Himmel nimmt die Herausforderung an: Der Hahn und die Henne werden lebendig, schneeweißes Gefieder bedeckt sie. Der Jüngling wurde seinen überglücklichen Eltern zurückgegeben.

Dieses Wunder war in verschiedenen Versionen im Umlauf, aber die eigentlichen Protagonisten waren meist der Hahn und die Henne.[33] Der Beweis, dass dieses Wunder tatsächlich stattgefunden hatte, bestand für den frommen Pilger in dem Hühnerpaar, das zur Erinnerung in der Kathedrale gehalten wird. Es galt als Glück bringend, eine der weißen Federn zu erhaschen. Vielleicht ist das einer der Gründe, dass der Hahn und die Henne alle drei Wochen ausgetauscht werden. So heißt es zumindest.

San Juan de Ortega

Ein Eremit als Patron der Fruchtbarkeit.
Das Sonnenwunder an Mariä Verkündigung.

Dieser schwierige Abschnitt des Jakobusweges scheint noch einen weiteren heiligmäßigen Baumeister herausgefordert zu haben. Kaum fünfzig Kilometer von Santo Domingo de la Calzada entfernt, stößt man auf das Grab des heiligen Juan de Ortega (ca. 1080–ca. 1150 / 1163). Sein eigentlicher Name war Juan Velázquez, einer anderen Version zufolge Juan de Quintanaortuño, Ortega leite sich von »ortiga«, der Brennnessel, ab, die anscheinend in dieser Gegend weit verbreitet war. Hier hätte also das Symbol des heiligen Dominik, die Sense, durchaus seine Berechtigung. Dass wir dieses Symbol bei San Juan de Ortega eben nicht finden, stützt die These, dass die real vorhandene Sichel von Santo Domingo für den Eingeweihten lediglich symbolischen Charakter haben darf.

Obwohl Juan de Ortega nur wenig später als Domingo lebte beziehungsweise sogar sein Zeitgenosse war, ist sein Leben wesentlich besser dokumentiert. So heißt es zumindest. Nur ist es angesichts der Tatsache, dass anscheinend nicht einmal genau bekannt ist, in welchem Jahr er starb – die Zahlen schwanken zwischen 1150 und 1163 –, doch erstaunlich, dass man weiß, wann man ihn zu feiern hat: am 2. Juni.

Wir sind ihm auch bereits begegnet: Er soll aus dem Heiligen Land die Reliquie des heiligen Nikolaus von Myra mitgebracht haben, für die er dann die erste Kapelle erbaute. Es folgten ein Hospiz für Pilger und ein Kloster.

Die dem heiligen Juan de Ortega geweihte Kirche weist eine interessante architektonische Besonderheit auf. Eine kleines Fenster lässt einen Sonnenstrahl so einfallen, dass er genau auf ein Relief trifft, das die Szene von Mariä Verkündigung darstellt. Allerdings nur zweimal im Jahr: jeweils etwa um die Tagundnachtgleiche, um fünf Uhr nachmittags.[34] Von Bedeutung ist eigentlich nur der erste Termin, da er mit dem Fest Mariä Verkündigung am 25. März zusammenfällt.

Eine solche Besonderheit weisen auch zahlreiche neolithische Bauwerke auf: dass ein Sonnenstrahl entweder zur Tagundnachtgleiche oder zur Zeit der Sommer- oder Wintersonnenwende in die so genannte Grabkammer fällt. Eines der bekanntesten Beispiele hierfür ist der neolithische Erdhügel von

Newgrange in Irland (County Meath). Newgrange sieht von außen aus wie ein runder Hügel, besteht aber innen aus einem langen Gang, der in eine Art Kammer führt. Die Anlage sei um die fünftausend Jahre alt. Über dem Eingang befindet sich eine Öffnung, welche das einfallende Licht so bündelt, dass der Strahl zur Zeit der Wintersonnwende bis in die innere Kammer fällt.

Vielleicht war es aufgrund der Tatsache, dass dieses »Sonnenwunder« ausgerechnet die Szene von Mariä Verkündigung beleuchtet, also den Moment, in dem ein Engel der Jungfrau Maria mitteilt, dass sie Mutter werden soll, dass der heilige Juan von Ortega zum Patron der unfruchtbaren Frauen wurde beziehungsweise diesen helfen soll. Ein Besuch an seinem Grabe habe auch in hoffnungslosen Fällen Erfolg gezeigt.

Sogar die bereits mehrfach erwähnte Königin Isabella von Kastilien (1451–1504) habe sich zum heiligen Juan von Ortega begeben, um die Geburt eines männlichen Erben für die Throne von Kastilien und Aragón zu erflehen. Um ihrem Wunsch mehr Nachdruck zu verleihen und die Distanz zu den Reliquien des Heiligen zu verringern, ließ sie sogar das Grab öffnen. Damit handelte sie in Übereinstimmung mit der Logik ihrer Zeit. Denn, wie bereits mehrmals angedeutet, je näher man dem Heiligen kam, desto sicherer konnte man sein, dass das Anliegen Erhörung fand. Nur dadurch lässt sich das Phänomen der Pilgerreisen überhaupt erklären.

Der Wunsch der Königin sollte sich erfüllen. Der sehnlich erwartete männliche Erbe stellte sich prompt ein. Leider starb er noch vor seinen Eltern. Auch mit ihren anderen Kindern war Isabella wenig Glück beschieden. Erbin von Kastilien wurde schließlich ihre Tochter Johanna (1479–1555), welcher die Geschichte den Beinamen »die Wahnsinnige« gab. Zum Glück für die spanische Krone hatte sie mehrere gesunde Kinder zur Welt gebracht. Ihr Sohn Karl V. (1500–1558) erbte schließlich Aragón und Kastilien – und Burgund und Österreich. Eine weitere Tochter Isabellas, Katharina (1485–1536), war nach England verheiratet worden. Die Tatsache, dass auch sie keinen lebensfähigen männlichen Thronfolger gebar, führte zu ihrer Verstoßung. Und zur Gründung der anglikanischen Staatskirche: Ihr Gemahl war der berüchtigte Heinrich VIII. (1491–1547).

Man könnte daran philosophische Betrachtungen knüpfen, dass es nicht immer gut ist, wenn man einen Gefallen vom Himmel erzwingen will. Nur würde das zu weit führen. Interessant für unser Thema ist lediglich, dass die Überlieferung behauptet, beim Öffnen des Grabes habe sich ein Schwarm weißer Bienen erhoben: die Seelen der Ungeborenen. Davon waren zumindest die Gläubigen überzeugt. Die weniger Gläubigen mögen sich schon damals gefragt haben, ob sich in der Kirche nicht schlicht ein Bienenstock eingenistet hatte. Und wer sich für Symbolik interessiert, sucht sowieso nach dem Hintergrund für diese Legende.

Es ist nämlich erwiesen, dass die Verbindung von Bienen und Gräbern tatsächlich uralt ist. Auf antiken Särgen finden sich immer wieder Darstellungen von Bienen. Sie waren das Symbol der Unsterblichkeit. Nicht umsonst sollten Nektar und Ambrosia, welche den griechischen Göttern ewige Jugend verliehen, Honig enthalten. Das Christentum hat die Symbolik der Bienen übernommen. Die drei Wintermonate, in denen die Aktivitäten der Bienen ruhen, wurden mit den drei Nächten verglichen, die Jesus laut den Evangelien begraben sein würde (Mt 12/40, 16/4). Dass es in Wirklichkeit nicht drei Nächte, sondern nur eineinhalb waren, steht auf einem anderen Blatt.

Zusammenfassend lässt sich sagen, dass die Überlieferung, was sich beim Besuch Königin Isabellas am Grab von Juan de Ortega abspielte, den gleichen Symbolgehalt hat wie die Legende über Tod und Auferstehung des Pilgers von Santo Domingo de la Calzada. In beiden Fällen geht es um das Weiterleben nach dem Tod. Einmal manifestierte es sich in Auferstehung, einmal in Unsterblichkeit.

Dass es sich bei dieser Übereinstimmung nicht um einen Zufall handelt, ersehen wir daraus, dass sich bei Benavente, also kurz vor der Vereinigung des so genannten mozarabischen Jakobusweges mit dem französischen Weg in Astorga, noch ein weiteres »Sonnenwunder« erhalten hat, das einen direkten Bezug zur Auferstehung herstellt. In der Kirche des Klosters »Santa Marta de Tera«, benannt nach einer frühchristlichen Märtyrerin aus Astorga, beleuchtet ein Sonnenstrahl zum Zeitpunkt der Tagundnachtgleiche die Seele der heiligen Martha, als wolle er ihr den Weg zur Unsterblichkeit weisen.

Architekten als Mysterienpriester?

Versuchten die Baumeister des Jakobusweges den Besuchern der Kirchen einen privaten Weg zur Gottheit zu öffnen?

Es gibt Leute, die sagen, der Jakobusweg sei weit älter als die Wallfahrt zum Grab des Apostels, sogar älter als das Christentum. Die einen sind der Überzeugung, dass der Jakobusweg entlang von bestimmten tellurischen Strömungen verläuft. Ihr Beweis: die Anhäufung von Megalithbauten beziehungsweise westgotischen Sakralbauten speziell in dieser Gegend, um den 42. Breitengrad herum. Andere, wie bereits erwähnt, assoziieren Santiago de Compostela mit einem Einschiffungshafen zum untergegangenen Atlantis.

Verschiedene spanische Autoren sind der festen Überzeugung, dass der Jakobusweg für den bewussten Pilger etwas darstellt, das mit der Einweihung in die antiken Mysterien verglichen werden kann. Diese Autoren glauben, dass die alten Baumeister bisweilen über den Auftrag der Kirche, ein Gebäude zur Verherrlichung Gottes zu schaffen, hinausgingen. Die romanischen und gotischen Kathedralen zeugten zwar in ihrer

Großartigkeit vom Schönheitssinn ihrer weltlichen und kirchlichen Auftraggeber – und nicht zuletzt von der Opferbereitschaft der Gläubigen –, hätten jedoch noch einen weiteren Zweck: in geometrischen Formen die Essenz des Göttlichen zu erfassen und so dem Gläubigen den Zugang zu diesem zu ermöglichen. Ein Bauwerk, das in Einklang mit den Gesetzmäßigkeiten des Universums errichtet worden war, musste auf den Beter eine bestimmte Wirkung ausüben.

Die weit reichenden Kenntnisse der alten Baumeister manifestieren sich sogar auf der rein physischen Ebene. So habe man im 19. Jahrhundert während der Renovierung der Kathedrale »Notre-Dame« von Paris erstaunt festgestellt, dass die gesamte Kathedrale zu vibrieren beginnt, wenn man mit dem Hammer bestimmte Steine anschlägt.

Wenn die mittelalterlichen Baumeister tatsächlich versucht haben sollten, die Grenzen der Orthodoxie zu sprengen, sind sie wirklich die Vorläufer der modernen Freimaurerlogen, in denen dem Einzuweihenden über die Symbolik des Steinmetzhandwerks und der Architektur bestimmte ewige Erkenntnisse vermittelt werden sollen.

Damit hätten die Baumeister der alten Kathedralen auf eine gewisse Art und Weise die Aufgaben der Priester und Mönche, die in diesen Kathedralen wirken sollten, vorweggenommen, was nicht im Sinne der Kirche sein konnte. Der einzelne Gläubige sollte über die Gnadenmittel der Kirche, Liturgie und Sakramente, das Heil erlangen, nicht auf eigene Faust danach suchen. Deshalb ist die Kirche auch Mystikern gegenüber sehr misstrauisch.

Untersuchen wir diese Thesen. Welche Möglichkeiten standen den mittelalterlichen Baumeistern offen, um auf die späteren Besucher eines Bauwerkes einzuwirken?

Der wichtigste Punkt war wohl die Wahl eines geeigneten Ortes. Analog zu der Umfunktionierung heidnischer Götter in christliche Heilige wurden auch die heidnischen Tempel beziehungsweise zumindest der Ort, an dem sie standen, von den christlichen Missionaren übernommen. Davon zeugt ein Schreiben von Papst Gregor dem Großen an den heiligen Augustinus von Canterbury, den er Ende des 6. Jahrhunderts nach England gesandt hatte, um dort zu missionieren: Er solle die Götzentempel nicht zerstören, sondern neu weihen.

Jedoch standen diese heidnischen Tempel keinesfalls an beliebiger Stelle, sondern an »Orten der Kraft«: Orten, an denen die tellurischen Strömungen positive Wirkungen hatten. Die bekannteste Untersuchung hierüber ist die über den Verlauf der Wasserader unter der Kathedrale von Chartres. Und das in bestimmten Kreisen meistdiskutierte Beispiel auf dem Jakobusweg ist die dem heiligen Jakobus geweihte Kirche in Villafranca del Bierzo, etwa einhundertsiebzig Kilometer vor Santiago de Compostela gelegen. Dort soll sich, links vor den Stufen zum halbkreisförmigen Altarraum, eine Stelle befinden, die merkwürdige Eigenschaften aufweist. Oder, besser gesagt, eine unerklärliche Kraft besitzen soll. Spanische Autoren schwören, dass die meisten Pilger, die den Jakobusweg zu Fuß zurücklegen, also so kurz vor dem Ziel bereits eine gewisse Sensibilität für die Erdströmungen mitbringen, unwillkürlich an dieser Stelle niederknien – und nach einer kurzen Zeit der Sammlung den Ort wesentlich erholter wieder verlassen, als es unter normalen Umständen nach einer nur kurzen Ruhepause der Fall sein sollte.[35]

Das zweite Mittel zur Steigerung der Wirkung sakraler Bauwerke war die Geometrie, die Proportionen des Bauwerks. Wenn auch die verschiedenen Stilrichtungen diese auf unterschiedliche Weise gestalteten. Esoteriker sehen die steil aufragenden Pfeiler der gotischen Kirchen als einen Versuch, Himmel und Erde zu verbinden, die romanischen Kirchen hingegen als Symbol des Mutterschoßes. Speziell die Portale von romanischen Kirchen scheinen ihnen Recht geben zu wollen. Sie bestehen nämlich in der Regel aus mehreren übereinander liegenden wulstigen Rundbögen, die sich zu verengen scheinen, wie der Eingang zum Uterus. Manche suchen und finden auch einen tiefen Sinn hinter dem Grundriss einer Kirche. Ihnen fiel auf, dass eine ganze Reihe von Grundrissen die Form eines Schlüssels oder Schlüsselloches haben, auf dem Jakobusweg zum Beispiel die Kathedralen von Jaca und León sowie die Kirche Santo Tomás de las Ollas. Genauso sehen sie hinter Rund- oder Oktogon-Kirchen den Einfluss der Templer, so in Torres del Río oder Eunate, auch wenn er dokumentarisch nicht bewiesen ist. Denn es ist nun einmal eine Tatsache, dass die wenigen erhaltenen originalen Templerkirchen rund beziehungsweise oktogonal sind, so die in Laon in Nordfrankreich und die in London. Auch zeichnet sich in einer achteckigen Kirche, bedingt durch die steinernen Verstrebungen, an der Decke immer das berühmte Tatzenkreuz der Templer ab. Ein sehr gutes Beispiel ist Eunate. Genauso ist nachweisbar, dass die Johanniter, die Erben der Templer, oft genug umgehend die originale Templerkirche abreißen ließen, so die von Temple in Schottland und die von Garway im englischen Herefordshire. In Garway stieß man erst im 20. Jahrhundert auf die Fundamente der Templerkirche: Sie war rund.

Hinter solchen Überlegungen steht natürlich der Gedanke, dass die Templer Esoteriker waren und als solche wohl wussten, was sie taten. Zugegeben: Die These, dass die Templer tatsächlich mehr waren als nur ein Orden von mönchischen Rittern, wird nicht von allen akzeptiert.

Nur vermögen auch die Kritiker der Esoterik die seltsame Form zum Beispiel von Eunate nicht zu erklären. Denn das Oktogon, das ihr Grundriss darstellt, ist unregelmäßig. Als ob es darum ginge, diese Tatsache noch zu betonen, ist die Kapelle von einer Art Kreuzgang umgeben, der diesen Unregelmäßigkeiten nicht folgt, sondern eigene Unregelmäßigkeiten aufweist. Eine plausible Erklärung hierfür gibt es nicht. Der Kreuzgang hat keinerlei praktischen Wert. Sein Dach fehlt und war allem Anschein nach auch nie vorgesehen. Das einzige Ergebnis ist, dass der Betrachter stutzt und sich wundert. Und vermutlich ist genau das der Zweck der Sache.

Oder aber uns fehlen Indizien, zum Beispiel, weil Teile des Bauwerks inzwischen fehlen. So ist auch der so genannte gotische Saal in der Festung Quéribus in den französischen Pyrenäen unregelmäßig. Die einzelnen Gewölbe laufen in einem Pfeiler zusammen, der jedoch nicht im Zentrum des Raumes steht. Der optische Effekt: Der Saal wirkt wesentlich größer, als er ist. Hier hat die Unregelmäßigkeit tatsächlich einen praktischen Sinn.

Die fröhlichen Verdammten

Unorthodoxe Statuen und Reliefs auf dem Jakobusweg schockieren und provozieren.

Die dritte Möglichkeit der Einflussnahme lag in der künstlerischen Ausgestaltung des Bauwerks, der Portale, der Statuen, der Säulen.

Das vierte Werkzeug derjenigen, welche den Jakobusweg »erfanden«, ist eng mit dem dritten verknüpft: Mythen und Legenden. Auf der einen Seite konnten sich bestehende Legenden in den Statuen niederschlagen. Auf der anderen hatten die Steinmetzen oder ihre Auftraggeber die Möglichkeit, neue Legenden zu erschaffen, indem sie Statuen oder Reliefs so gestalteten, dass einfach eine Erklärung dafür gefunden werden musste.

Eines der markantesten Beispiele für eine etwas ausgefallene Statue liegt auf einem der Zubringer des Jakobusweges, etwa dreißig Kilometer südlich von Nájera: die Madonna des Klosters »Nuestra Señora de Valvanera«. Sie ist die Patronin von La

Rioja, dem berühmten Weinanbaugebiet Spaniens, das der Jakobusweg durchquert. Der seltsame Aspekt der Madonnenstatue besteht in der Haltung des Jesusknaben, den sie auf dem Schoß trägt. Von der Madonna aus gesehen, hat er den Blick nach rechts gerichtet, wo er dem Betrachter mit erhobener rechter Hand eine Stelle in einem offenen Buch erklärt, das er in der linken Hand hält. Seine beiden Füße jedoch weisen in die Gegenrichtung – eine völlig unmögliche Körperhaltung. Natürlich hat die Legende hierfür eine Erklärung. Diese Verrenkung sei dadurch bedingt, dass sich einst ein Liebespaar in der Kirche direkt vor ihm der Fleischeslust hingab. Um nicht Zeuge dieses unwürdigen Schauspiels zu werden, habe die Gestalt Gesicht und Oberkörper abgewandt.

Esoteriker haben eine andere Erklärung für dieses Phänomen. Die Haltung des Kindes sei darauf zurückzuführen, dass die ursprüngliche Mutterfigur beziehungsweise das Vorbild, nach dem sie geschaffen wurde, zwei Kinder auf ihrem Schoß hatte, die einander den Rücken zuwandten. Diese Figur habe entweder die Göttin Leto, auch Latona genannt, mit den Zwillingen Apollo und Diana dargestellt, oder aber eine Begleiterin der Göttin Vesta namens Tellus Mater, welche auf einem römischen Relief gleichfalls mit zwei Kindern auf dem Schoß abgebildet sei. Diese Statue, an der das Volk hing, sei bearbeitet worden, damit sie die Jungfrau Maria darstellen könne. Nur sei beim Entfernen eines der Kinder etwas schief gelaufen, wenn nicht sogar Absicht dahinter lag. Auf jeden Fall seien von dem einen Kind Kopf und Oberkörper, von dem anderen hingegen die Beine belassen worden, was natürlich zu einer völlig unnatürlichen Haltung führte. Valvanera heiße nichts anderes als Tal der Venus und sei ein alter Kultplatz einer vorchristlichen Göttin.

Ein Aspekt scheint diese Erklärung bestätigen zu wollen: Es existieren tatsächlich mehrere Geschichten aus der Antike, welche einen ganz ähnlichen Fall schildern: dass nämlich eine

Gottheit erleben musste, wie ein Liebespaar ihren Tempel entweihte. Atalante und Melainon wurden wegen dieses Frevels von der erbosten Gottheit in Löwen verwandelt. Medusa, deren scheußliches Schlangenhaupt später sprichwörtlich wurde, war ursprünglich eine wunderschöne Frau: bis die Göttin Artemis sie mit dem Gott Poseidon schäkernd in ihrem Tempel entdeckte. Als sich sogar eine ihrer Priesterinnen, Komaitho, in ihrem Tempel vergisst, bestraft die erboste Göttin das gesamte Land durch Seuchen und Hungersnot. Bis das Volk ihr die Schuldigen zum Opfer bringt. Auch in diesen Fällen ist es immer eine Statue, die reagiert, wenn auch auf andere Weise als in Valvanera.

Genauso fiel anscheinend schon recht früh Betrachtern auf, dass die Madonnenstatue auf der Fassade der Kirche »Santa María de Rocamador« von Estella den Jesusknaben auf dem rechten Arm trägt, anstatt, wie eigentlich üblich, auf dem Schoß oder dem linken. Diese Art der Darstellung hat sich ganz einfach deshalb eingebürgert, weil die meisten Menschen Rechtshänder sind. Eine Mutter, die Rechtshänderin ist, hält ihr Kind in der Regel auf dem linken Arm, damit sie den rechten frei hat, zum Beispiel, um es zu füttern. Diese »unnatürliche« Haltung der Madonna von Rocamador verlangte also eine Erklärung. Sie war auch bald gefunden: Ein zu Unrecht Verurteilter habe die Madonna zum Zeugen seiner Unschuld angerufen, die Madonnenstatue änderte daraufhin ihre Haltung. Auch die Christusstatue der Abtei Saint-Savin, auf einer Nebenroute des Jakobusweges in Frankreich, soll ihren Kopf erst dann zustimmend auf die Brust geneigt haben, als sie von einem jungen Mädchen zum Zeugen für ein nicht eingehaltenes Eheversprechen gemacht worden war.

Ein weiteres sehr gutes Beispiel für unorthodoxe Statuen und Reliefs findet man am Südportal der Kirche »Santa María la Real« von Sangüesa. Das beginnt mit einer Abbildung der zwölf Apostel in Gesellschaft der Jungfrau Maria, wobei der

116

heilige Jakobus den heiligen Petrus vom Ehrenplatz zu ihrer Rechten verdrängt hat. Diese Anordnung betont zwar die Sonderstellung des heiligen Jakobus in Bezug auf die Jungfrau Maria auf dem Jakobusweg, ist jedoch reichlich ungewöhnlich. Nur ist das nicht der einzige seltsame Aspekt des Portals. Denn auf der Darstellung des Jüngsten Gerichts scheinen die Verdammten, erkennbar daran, dass sie, im Gegensatz zu den Seligen, nackt sind, fröhlich den Weg zur Hölle anzutreten.

Die Rollenzuweisung »gut« und »böse« scheint auf diesem Portal generell etwas willkürlich zu sein. Und das nicht nur bei Figuren, bei denen man ein Fernglas zur Hilfe nehmen muss, um sie genau zu erkennen. Rechts und links des Eingangs stehen nämlich je drei lebensgroße Statuen. Links, von außen gesehen, drei Frauen, die mit den drei Marien identifiziert werden: Maria Salome, der Jungfrau Maria und Maria Magdalena. Sie haben unbestreitbar ihren Platz in der Jakobuslegende: Maria Salome als seine Mutter, die Jungfrau Maria als Patronin zahlreicher Kirchen auf dem Jakobusweg. Dass Maria Magdalena gleichfalls massiv präsent ist, haben wir bereits besprochen. Obwohl man sich auch fragt, ob es tatsächlich statthaft ist, die »Sünderin« an die Seite der Madonna zu stellen, wenn auch das Dogma von der Unbefleckten Empfängnis, dass nämlich die Jungfrau Maria sogar ohne Erbsünde empfangen wurde, erst 1854 verkündet wurde.

Der merkwürdigste Aspekt befindet sich jedoch auf der rechten Seite des Portals. Dort sind nämlich die Apostelfürsten Petrus und Paulus verewigt. Der Symmetrie halber mussten sie durch eine dritte Figur ergänzt werden. Und diese dritte Figur ist ausgerechnet Judas. Nicht Judas Thaddäus, sondern der Mann, der Jesus verraten hatte (Mt 26/21 ff, Mk 14/10 ff, Lk 22/21 ff, Joh 13/21 ff). Als ob sie jeden Zweifel ausschalten wollte, stellt die Figur Judas nach seinem Selbstmord dar, also gehenkt. Denn auf diese Weise habe er sich selbst gerichtet (Mt 27/5).

Auf den ersten Blick wirkt diese Figur etwas schockierend. Aber bei weiterem Nachdenken ist sie von einer bestechenden Logik. Denn das gesamte ideologische Gerüst der Kirche, als deren Zentrum das Grab von Petrus und Paulus in Rom gilt, basiert auf dem Opfertod Christi. Und dieser wäre ohne den Verrat des Judas nicht möglich. Das gibt Jesus selbst zu (Mt 18/7, Mk 14/21, Lk 17/1, Lk 22/22, Joh 13/18). Nur hat dieser Gedankengang bereits gnostische und somit ketzerische Anklänge. So vertraten die Kainiten, eine frühchristlich-gnostische Sekte, genau diesen Standpunkt, dass wir dem Judas Dankbarkeit schulden.

Das sind bekannte Beispiele dafür, wie die Gestalter des Jakobusweges auf die Geisteshaltung der Pilger einwirken konnten. Bisweilen jedoch, wie wir gleich sehen werden, wurden die Baumeister selbst zum Brennpunkt für Legenden.

Die Brückenbauer

Brücken, ein äußerst ambivalentes Symbol. Die Rivalität zwischen Rom und Santiago de Compostela: bisweilen im Hintergrund schwelend, bisweilen offen ausbrechend.

Wir haben besprochen, dass der Jakobusweg in Spanien nicht nur eine Reihe von Baumeistern auch aus anderen Ländern beschäftigte, sondern auch zwei Baumeister hervorbrachte, die reichlich legendäre Anklänge haben. Ihr Leben war so von Mythen durchzogen, dass die Kirche sie schließlich als Heilige vereinnahmt hat. Es ist die Rede von Santo Domingo de la Calzada und San Juan de Ortega.

Zu den seltsamsten Aspekten dieser beiden heiligen Baumeister gehört die auf den ersten Blick unschuldig wirkende Tatsache, dass sie speziell als Brückenbauer zu einem Begriff

geworden sind. Die bekannteste dem heiligen Domingo zugeschriebene Brücke ist die am Ortsausgang von Santo Domingo
de la Calzada selbst. Juan de Ortega soll die berühmten Brücken von Belorado und Nájera, ebenso die weniger bekannten
von Cubo und Agés erbaut haben. An der Reparatur der so genannten Steinernen Brücke (Puente de Piedra) von Logroño
hätten sie beide mitgewirkt.[36]

Angesichts der abergläubischen Einstellung Brücken gegenüber verwundert es beinahe, dass diese Brücken auf ganz »normale« Art erbaut worden seien.

Denn es gibt unendlich viele Brücken, bei denen der Legende nach der Teufel selbst seine Hand im Spiel hatte. Meist bot
er seine Hilfe an, wenn aus irgendeinem Grund der Bau einer
Brücke sehr rasch, über Nacht, gefordert war. Aber die Legenden um solche Teufelsbrücken haben immer ein glückliches
Ende. Denn letztendlich wird der Teufel um seinen Lohn ge-
prellt. Wenn er die Seele des ersten Lebewesens verlangt, das die
Brücke überquert, locken die gewitzten Auftraggeber einen
Hund oder eine Katze über die Brücke. Oder sie sorgen dafür,
dass der Hahn zu krähen beginnt, bevor der Teufel den letzten
Stein gesetzt hat, wodurch er den verlangten Lohn verwirkt. So
habe die Brücke von Valentré bei Cahors, auf der »Via Podiensis«, teuflischen Ursprung. Einige Brücken nehmen bereits
vom Namen her Bezug auf den Teufel, so die Teufelsbrücke,
»Puente del Diablo«, von Liédana. Oder der »Puente del Diablo« von Bilbao, auf dem Küstenweg nach Santiago de Compostela gelegen.

Brücken haben also letztendlich positiven Charakter, selbst
wenn sie vom Teufel selbst erbaut wurden. Der Zweck scheint
die Mittel zu heiligen. So ist es nicht weiter verwunderlich, dass
der Papst unter seinen Titeln auch die Bezeichnung »Pontifex
maximus« führt, oberster Brückenbauer. Diesen Titel trägt er
jedoch erst seit dem 5. Jahrhundert; vorher war er den römischen Kaisern und noch früher den Oberpriestern der alten

Götter vorbehalten. Sogar die offizielle Bezeichnung für die Amtszeit eines Papstes, das Pontifikat, leitet sich von diesem Begriff ab. Der Papst begründet damit seinen Anspruch, als Vertreter Jesu Christi auf Erden und Nachfolger des Apostels Petrus das Bindeglied, die Brücke, zwischen Gott und den Menschen zu sein.

Es ist nicht so, dass die beiden namentlich bekannten Brückenbauer des Jakobusweges, San Juan de Ortega und Santo Domingo de la Calzada, dem Papst diesen Titel streitig gemacht hätten. Nur liest man selbst in orthodoxen Reiseführern, dass die herausragende Stellung von Santiago de Compostela in der Gunst des christlichen Abendlandes zeitweise in Rom Beunruhigung auslöste.

Wir haben besprochen, dass Papst Innozenz I. 416 entschieden bestritt, dass es in Italien, Gallien, Spanien, Afrika, Sizilien und anderen Mittelmeerinseln eine Kirche gebe, deren erster Bischof nicht von Rom eingesetzt worden sei. Das blieb viele Jahrhunderte lang die offizielle Haltung Roms. 1049 hatte das Konzil von Reims den Bischof von Santiago de Compostela sogar exkommuniziert, weil er darauf bestand, dass sein Bischofssitz ein apostolischer sei; schließlich sei er von einem Apostel gegründet worden. Rom war empört: Die Bezeichnung »apostolischer Sitz« gebühre ausschließlich dem Bistum Rom. Abgesehen davon hatte der Bischof von Santiago de Compostela bereits dadurch Missfallen erregt, dass er seinen Sitz im Jahre 900 eigenmächtig von Iria Flavia nach Santiago de Compostela verlegt hatte. Bezeichnend ist auch ein Schreiben von Papst Gregor VII. (Pontifikat 1073–1085), mit dem er die spanischen Könige und Bischöfe aufgefordert hatte, den mozarabischen Ritus aufzugeben. Er erwähnt mit keiner Silbe den heiligen Jakobus oder Santiago de Compostela. Ganz im Gegenteil, er beruft sich ausschließlich auf den Besuch des heiligen Paulus in Spanien und die von Rom ausgesandten sieben Bischöfe.

Kurz darauf erfolgte der Umschwung. 1095 sanktionierte Papst Urban II. nachträglich die Verlegung des Bischofssitzes von Iria Flavia nach Santiago de Compostela – beinahe zweihundert Jahre, nachdem dieser Umzug stattgefunden hatte. Etwas später, um 1120, machte der Papst Santiago sogar zum Erzbistum, zum Zentrum der Kirche Spaniens, eine Funktion, welche vorher Mérida innegehabt hatte. Diego Gelmírez, der erste Erzbischof von Santiago, soll es dank seines persönlichen Einflusses sogar geschafft haben, Papst Calixtus II. die Anerkennung Santiago de Compostelas als apostolischer Sitz abzuringen. Auf diese Bezeichnung legt Santiago großen Wert. Sie ist noch heute ausdrücklich auf der so genannten »Credencial de llegada«, der offiziellen Bestätigung der Ankunft eines Pilgers in Santiago de Compostela, vermerkt.

Diese Anerkennung der Sonderstellung Santiago de Compostelas mag angesichts der vorangegangenen Scharmützel erstaunen. Nur war sie effektiv nicht zu vermeiden. Es war lediglich die Anerkennung des Status quo. Mérida lag sowieso im Süden Spaniens, im Einflussgebiet der Mauren. Es war unumgänglich, eine unabhängige Metropole im Norden zu suchen. Wen außer Santiago konnte Rom wählen?

Letztendlich war die nachträgliche Anerkennung der Sonderstellung Santiagos durch Rom eine Flucht nach vorn. Denn die Ehrungen und Vergünstigungen, welche Rom schließlich auf Santiago de Compostela herabregnen ließ, implizierten von neuem, dass es in der Macht des Bischofs von Rom stand, solche Vergünstigungen zu gewähren, dass Rom also trotz allem höher stand als Santiago.

Ein weiterer Punkt, in dem sich diese Rivalität äußert, ist das so genannte Heilige Jahr. Eigentlich stammt es aus dem Alten Testament (Lev 25/10, Num 36/4). Bei den Juden war jedes fünfzigste Jahr ein Jubeljahr, in dem die Erde brach blieb, gepfändetes Eigentum zurückgegeben werden musste und Sklaven befreit wurden. Laut römischen Quellen wurde das erste christliche Jubeljahr im Jahre 1300 durch Papst Urban VIII. ausgerufen. Wer in diesem Jahr Rom besuchte und bestimmte Voraussetzungen erfüllte, sollte einen vollkommenen Ablass erhalten. Das bedeutet, dass die bereits einem Priester gebeichteten und von diesem vergebenen Sünden keine Strafe im Fegefeuer mehr nach sich zogen. Das war im Übrigen der ursprünglich einzige Sinn der viel geschmähten Ablässe. In Santiago kann das Jubeljahr bis ins Jahr 1428 zurückverfolgt werden. Jedoch behauptet die Überlieferung eisern, es sei bereits 1120 zum ersten Mal gefeiert worden – die angegebenen Jahreszahlen schwanken zwischen 1119 und 1122. Auch scheint es keinesfalls gesichert, dass das römische Heilige Jahr tatsächlich schon im Jahr 1300 eingeführt wurde. Laut anderen Quellen wurde es nämlich erst 1475 ausgerufen. Für diese Zahl spricht, dass die Päpste zwischen 1309 und 1377 gar nicht in Rom residierten, sondern in Avignon, und es demzufolge in diesem Zeitraum gar kein römisches Jubeljahr gegeben haben konnte, so dass das Ereignis des Jahres 1300 eine einmalige Angelegenheit gewesen wäre.

Während das Heilige Jahr in Rom inzwischen alle fünfundzwanzig Jahre stattfindet, wird das Jubeljahr von Santiago de Compostela immer dann ausgerufen, wenn das Fest des Apostels Jakobus, also der 25. Juli, auf einen Sonntag fällt. Auf die tiefe Symbolik, die dahinter liegt, gehen wir noch ein.

Wenn die Tradition Recht hat, lässt sich das Heilige Jahr von Santiago zurückführen bis in die Zeit von Juan de Ortega, dem zweiten großen Brückenbauer auf dem Jakobusweg. Zumindest dieser schlüpfte also doch in die Rolle eines zweiten Pontifex maximus, wenn auch vermutlich unbewusst und ungewollt.

Natürlich wurden nach seinem Tod noch weitere Brücken auf dem Jakobusweg errichtet. Aber Berühmtheit sollten ihre Erbauer nicht mehr erlangen.

Die Brückenbrüder

Die Brückenbrüder – eine unbekannte Größe,
mit Anklängen an Tempelritter und Freimaurer.

Oder aber jemand sorgte dafür, dass die Bäume nicht in den Himmel wuchsen. Denn es muss sogar eine Vereinigung von Brückenbauern gegeben haben, die den bezeichnenden lateinischen Namen »Fratres pontifices« trugen. »Pontifices« ist nichts anderes als der Plural von »Pontifex«. Im Deutschen ist diese Vereinigung als die der Brückenbrüder bekannt, beziehungsweise unbekannt. Denn man findet kaum Informationen darüber.

Urkundlich erwähnt worden seien sie zum ersten Mal im Jahre 1189. Gegründet jedoch wurden sie, so besagt die Überlieferung, 1178 von einem jungen Hirten aus Avignon. Er behauptete während einer Sonnenfinsternis von Gott dazu auserkoren worden zu sein, eine Brücke über die Rhône zu konstruieren. Dieser Bau sei, mit Hilfe gleich mehrerer Wunder, tatsächlich realisiert worden. Zumindest wird die Brücke, die auf diese Weise entstanden sein soll, heute noch dort gezeigt: die Brücke Saint-Bénézet, benannt nach ihrem Erbauer. Der junge Hirte hieß nämlich Benedikt Bénézet und wurde nach seinem Tod 1184 gleichfalls heilig gesprochen – sein Namenstag ist der 14. April –, wie seine Kollegen auf dem Jakobusweg in Spanien. Denn auch Avignon liegt auf dem Jakobusweg, zumindest auf einem wichtigen Zubringer. Avignon ist sogar der Knotenpunkt, wo sich ein Weg aus dem Norden, dem Lauf der Rhône folgend, mit einem zweiten aus dem Osten, von Turin her kommend, vereinigt.

Die Aufgabe der Brückenbrüder bestand im Bau und der Erhaltung von Brücken und Hospizen von Pilgern. Gehen wir also davon aus, dass die Brückenbrüder auch auf dem weiteren Jakobusweg mitmischten.

Zu seinen Blütezeiten habe es sich um einen richtiggehenden Orden mit militärischem Einschlag gehandelt, unterteilt in Ritter, Mönche und Arbeiter, der irgendwann jedoch degeneriert sei. Papst Pius II. habe sich schließlich veranlasst gesehen, den Orden zu verbieten. Sein Pontifikat war 1458 bis 1464; in diesem Zeitraum muss also die Aufhebung stattgefunden haben. Zahlreiche seiner Mitglieder hätten sich dann den Johannitern, einem anderen militärischen Orden, angeschlossen.

Interessant ist jedoch, dass der Vorwurf, der den Brückenbrüdern gemacht wurde – ihr Reichtum habe die Disziplin erschlaffen lassen –, und ihr Untergang an einen anderen Orden erinnern, der gleichfalls aufgrund von solchen Vorwürfen mittels apostolischer Vollmacht aufgehoben worden war: den der Tempelritter. Die Kampagne gegen die Templer hatte in Frankreich im Jahre 1307 begonnen, als der französische König Philipp der Schöne in einer Nacht-und-Nebel-Aktion die Templer in Frankreich verhaften ließ und gleichzeitig eine Verleumdungskampagne gegen sie startete. Beim Konzil von Vienne hob Papst Klemens V. den Orden 1312 auf, der letzte Großmeister, Jacques de Molay, wurde 1314 in Paris als Ketzer verbrannt.[37]

Verschiedene Autoren haben bereits Verbindungen zwischen den Templern und den Freimaurern gezogen. Eigentlich würden sich die Brückenbrüder als ideales Bindeglied anbieten. Hatten sie schließlich nicht auch militärischen Charakter? Sollen sie nicht als Abzeichen die Darstellung einer Spitzhacke auf der Brust getragen haben?

Obwohl: Auf der Iberischen Halbinsel lebten die Templer sowieso weiter. Regionale Konzile hatten sie für unschuldig erklärt. In Portugal übernahmen sie in geschlossener Formation den eigens für sie gegründeten Christusorden. In Aragón ließen sie als der ebenfalls neu gegründete Orden von Montesa grüßen. Die Güter der Templer wurden unter diesen Orden und den bereits bestehenden Orden von Calatrava und Santiago beziehungsweise den international tätigen Johannitern verteilt.

Den gleichen Johannitern, welche später den Brückenbrüdern Aufnahme gewähren sollten.

Selbstverständlich hatten auch die Johanniter verschiedene Niederlassungen auf dem Jakobusweg. Unter anderem in einem Ort namens Hospital de Orbigo. Das Wahrzeichen dieses Ortes ist eine Brücke, nach der sogar ein Teil des Ortes benannt ist: Puente de Orbigo.

Wobei Menschen mit Sinn für Symbolik die Brücke von Orbigo bereits aufgrund ihrer Form schätzen: Sie stelle ein ideales Sinnbild der Pilgerfahrt und des menschlichen Lebens an sich dar. Weil man ihren genauen Verlauf nur dann erkennen kann, wenn man sie aus der Ferne betrachtet. Hat man einmal den ersten Schritt gemacht, sieht man ihr anderes Ende nicht mehr.

1601 ließ der indische Mogul Akbar der Große über dem Eingang der Moschee von Fathpur-Sikri bei Delhi einen Spruch anbringen, der ihm sehr bedeutsam erschien: Die Welt sei eine Brücke, man solle sie überschreiten, sich jedoch nicht auf ihr niederlassen wollen. Jedoch schrieb der Mogul, also ein Moslem, diesen Spruch Jesus zu, obwohl er nicht wörtlich in den kanonischen Evangelien erscheint. Es sieht so aus, als sei er auch den Architekten des Jakobusweges bekannt gewesen.

Die Brücke von Orbigo

Genau einhundertzwanzig Jahre nach dem Tod
des letzten Großmeisters der Tempelritter auf dem
Scheiterhaufen veranstaltet ein spanischer
Edelmann ein ungewöhnliches Ritterturnier.

Genau auf beziehungsweise bei dieser Brücke von Orbigo sollte sich im Jahre 1434 ein seltsames Ereignis abspielen. Zumindest ein für das 15. Jahrhundert seltsames Ereignis: ein Ritterturnier. Natürlich gab es im ausgehenden Mittelalter noch Ritterturniere, jedoch waren sie meist auf besondere Anlässe wie königliche oder fürstliche Hochzeiten beschränkt. Ansonsten waren sie einfach nicht mehr zeitgemäß und mit zu hohen Kosten verbunden.

Der Veranstalter dieses Ritterturniers von Hospital de Orbigo war ein Privatmann, Don Suero de Quiñones, der sich eigens einen Teil seiner Erbschaft auszahlen ließ, um diesen Anachronismus überhaupt organisieren zu können. Nicht nur, dass dieses Turnier direkt auf dem Jakobusweg stattfand, ein bestimmter Gegenstand in der Kathedrale von Santiago de Compostela lege sogar bis zum heutigen Tag davon Zeugnis ab. Denn das Halsband, welches die Reliquienbüste zwar nicht von Jakobus dem Älteren, dafür aber von Jakobus dem Jüngeren um den Hals trägt, sei ihr einst von Don Suero umgelegt worden.

Und das, obwohl dieses Band für Don Suero das Sinnbild der Fessel der Liebe darstellte, welche ihn an eine Dame schmiedete, aus deren Fängen er sich gerade durch das Turnier zu befreien suchte.[38] Abgesehen davon war die Kirche seinerzeit dem Unternehmen generell sehr ablehnend gegenübergestanden. Einem Ritter aus Aragón, der dabei umkam, verweigerte sie sogar das christliche Begräbnis. Natürlich beschränkte sich diese Missbilligung nicht auf den »Paso Honroso«, wie Don Suero sein Unternehmen nannte: Die Kirche lehnte solche Turniere damals generell ab. Nur drückte sie üblicherweise beide Augen zu, wenn es doch Tote gab. Andernfalls hätte sie 1559 König Heinrich II. von Frankreich das christliche Begräbnis verweigern müssen. Dieser kam nämlich gleichfalls bei einem Turnier um.

Der »Paso Honroso« fand in einem Jubeljahr statt, also in einem Jahr, in dem sich aufgrund des besonderen Ablasses mehr Pilger als sonst nach Santiago de Compostela aufmachen würden. Gleichzeitig hatte Don Suero selbst durch eine Werbekampagne dafür gesorgt, dass ganz Europa von seinem »Paso

Honroso« erfuhr. Das Turnier war demzufolge ein internationales Ereignis; es wurde von einem deutschen Ritter eröffnet.

Allerdings fragt man sich, was wohl die Autoritäten in Santiago de Compostela darüber dachten. Das Turnier spielte sich nämlich ausgerechnet zwischen dem 10. Juli und dem 9. August ab. Die zeitliche Mitte und somit der Höhepunkt war also der 25. Juli, das Fest des heiligen Jakobus, auch wenn an diesem Tag keine Kampfeshandlungen stattfanden. Zu Ehren des Apostels – sollte man eigentlich denken. Nur: Dieser wurde in Santiago de Compostela verehrt, gute dreihundert Kilometer westlich von Orbigo. Sowohl die kämpfenden Ritter als auch ihre begeisterten Zuschauer konnten das Jakobusfest entweder am Schauplatz des »Paso Honroso« oder in Compostela feiern. Und jeder Pilger, der bei der Brücke von Orbigo verweilte, weil er sich dieses ungewöhnliche Spektakel nicht entgehen lassen wollte, fehlte in Compostela!

Und wenn sich die Turnierteilnehmer auch anschließend als fromme Pilger nach Compostela begaben: Aufgrund ihrer Aktivitäten muss es dort um den 25. Juli herum relativ ruhig zugegangen sein.

Don Suero hatte die Bedingungen des Turniers in seiner kollektiven Herausforderung ganz Europas in genau zweiundzwanzig Artikeln niedergelegt. In Orbigo selbst standen den Teilnehmern zweiundzwanzig große Zelte zur Verfügung. Diese Zahl, zweiundzwanzig, entspricht genau der Anzahl der Großmeister des Templerordens, zumindest, wenn man der Überlieferung glaubt. Denn wer genau zu diesen zweiundzwanzig gehörte, das ist in einigen Fällen umstritten. Angesichts dieser Unsicherheit ist es erstaunlich, dass diese Zahl Zweiundzwanzig überhaupt in den Raum gestellt wurde.

Schade, dass sich Don Suero für die Planung des »Paso Honroso« nicht acht, sondern neun Gefährten angeschlossen hatten: Die Gründer des Templerordens waren genau zu neunt. Natürlich könnte man fragen, ob Don Suero diese Anklänge an die Templer tatsächlich geplant hatte. Schließlich entspricht die Zahl Zweiundzwanzig auch genau der Anzahl der Buchstaben des hebräischen Alphabets und der Anzahl der so genannten Großen Arkana der Tarotkarten. Vielleicht hat sie für das kollektive Unbewusste eine bestimmte Bedeutung und manifestiert sich deshalb immer wieder. So listet der »Codex Calixtinus« genau zweiundzwanzig Wunder auf, welche dem heiligen Jakobus zugeschrieben wurden.

Abgesehen davon: Wenn Don Suero sich tatsächlich auf die Templer beziehen wollte, warum veranstaltete er dann sein Turnier nicht in einer ehemaligen Templerkomturei? In der Antwort auf genau diese Frage sehe ich persönlich ein weiteres Indiz dafür, dass Don Suero sich der Hinweise auf die Tempelritter eventuell sehr wohl bewusst war. Denn über die Wahl des Ortes konnte er gleich mehrere Hinweise auf die Templer platzieren. Auf der einen Seite über die Anwesenheit der Johanniter, Konkurrenten und Erben der Templer. Mehr noch, man geht sogar davon aus, dass nicht wenige unter den Templern nach dem Verbot ihres Ordens dort Zuflucht gefunden hatten. Genauso hat jedoch der Name des Schauplatzes, die Brücke von Orbigo, suggestive Anklänge an gleich zwei große Templerkomtureien auf dem Jakobusweg, nämlich Puente la Reina und Ponferrada. Beide tragen das Wort »Brücke« in ihrem Namen. Und wenn man den Weg der Reliquienbüste von Jakobus dem Jüngeren, der Don Suero sein Halsband umlegen ließ, zurückverfolgt, stößt man wieder auf die Templer. Diese Büste stammte nämlich aus Carrión de los Condes, manche vermuten, aus einer dortigen Templerkomturei.

Ehrlich gesagt, vielleicht wären mir diese Hinweise gar nicht aufgefallen, wenn ich nicht in den Schriften der Rosenkreuzer[39] über bestimmte Daten gestolpert wäre. Diese haben nämlich die Handlung ihres 1616 veröffentlichten Romans »Die chymische Hochzeit des Christian Rosencreutz« auf das Jahr 1459 gelegt – ein Jahr nach dem Tod Don Sueros. Wieder diese knappe

Verfehlung um genau eins. Noch bedeutsamer erschien mir die Bedeutung der Zahl Einhundertzwanzig bei den Rosenkreuzern: Nach genau einhundertzwanzig Jahren werde sich ein Tor öffnen. Und im Jahre 1434, als der »Paso Honroso« stattfand, waren genau einhundertzwanzig Jahre seit dem Tod des letzten Großmeisters der Templer auf dem Scheiterhaufen vergangen.

Damit nicht genug, war laut den Schriften der Rosenkreuzer der legendäre Christian Rosencreutz ein Deutscher, der Spanien bereist hatte. Ein weiterer Deutscher in Spanien sollte den »Paso Honroso« eröffnen. Da die Schriften der Rosenkreuzer erst Anfang des 17. Jahrhunderts verfasst wurden, hatten sie die Möglichkeit, solche Anspielungen bewusst dort einzubauen. Wenn es nicht das Schicksal selbst ist, welches für solche Übereinstimmungen sorgt.

Die Compagnons

Wer sind die Compagnons? Erben der Brückenbrüder?
Vorläufer der Freimaurer? Oder ihre Epigonen?

Manche Autoren assoziieren die Brückenbrüder mit den so genannten Compagnonnages, den französischen Handwerkerverbindungen. Diese Compagnonnages haben sowieso eine Art Hybridstellung: Niemand weiß so recht, wo er sie unterzubringen hat.

Die einzigen Compagnonnages, die heute in Frankreich noch Bedeutung haben, sind die der Steinmetzen: Ihnen ist die Renovierung der alten Kathedralen anvertraut. Es lag nahe, nach einem Zusammenhang mit dem Freimaurertum zu suchen. Allerdings streiten sich die Geister, wie diese Beziehung geartet ist. Die einen meinen, Freimaurerlogen und Compagnonnages seien schlicht das Ergebnis der Trennung von Kopf- und Handarbeit. Andere vertreten den Standpunkt, die Logen der

Baumeister seien älter. Die Gesellen hätten sich ausgeschlossen gefühlt und daraufhin eigene Vereinigungen gegründet: die Compagnonnages. Compagnon bedeutet schließlich nichts anderes als Geselle. Wieder andere drehen die Sachlage um: Die Compagnons seien die Vorläufer der Freimaurer, ihre Rituale hätten eine längere Tradition. Vertreter dieser beiden Richtungen gehen zumindest von einem recht hohen Alter der Compagnonnages aus.

Ihre Gegner verweisen darauf, dass die Compagnonnages sich keinesfalls auf die Steinmetzen, nicht einmal auf das Bauhandwerk beschränken. Sie sehen die eigentlichen Compagnonnages als eine Erfindung des 19. Jahrhunderts, in dem sie schließlich bekannt wurden. Sie vergleichen die Compagnonnages mit den Gesellenvereinigungen anderer Länder, die in erster Linie praktische Zwecke hatten und deren Mitglieder schlicht Gefallen daran fanden, sich mit etwas Brimborium zu umgeben und die deshalb seltsame Rituale erschufen, die sie von den Freimaurern kopierten. Die Vertreter dieser Theorie gehen üblicherweise auch davon aus, dass es vor dem Jahr 1717, als die Großloge von London gegründet wurde, keine Freimaurer gab, dass die Freimaurerlogen der Neuzeit nichts mit den Bauhütten des Mittelalters zu tun haben, auch wenn deren Mitglieder sich gleichfalls Freimaurer nannten. Dieser Standpunkt macht ganz einfach die Worte »Compagnon« und »Freimaurer« zu einer Definitionssache. Hier nähern wir uns bereits religiösen Gefilden. Denn mit ähnlichen Argumenten haben sich Katholiken und Protestanten jahrhundertelang gegenseitig als Nichtchristen beschimpft.

Ganz so einfach ist es auf jeden Fall nicht. Die Compagnons haben durchaus eine historische Kontinuität vorzuweisen. Hiervon zeugen offizielle Dokumente. Denn Zusammenschlüsse jeder Art wecken gerne das Misstrauen der Autoritäten. Die Orden der Tempelritter und der Brückenbrüder hob die Kirche auf, beim Freimaurertum muss sie sich mit einer

Verurteilung begnügen: Aufheben kann sie es nicht. Und auch die Compagnonnages gerieten in den Verdacht der Ketzerei. 1655 verurteilte die theologische Fakultät der Universität Paris sie deswegen. Aber schon über hundert Jahre vorher, 1539, hatte König Franz I. versucht, sie zu verbieten. Erfolglos. Im Gegenteil, ihre Hochblüte, wo sie ihren größten Bekanntheitsgrad erreichten, war, wie gesagt, erst im 19. Jahrhundert. Wobei diese Berühmtheit sie bei der Obrigkeit nicht beliebter machte. Das hatte wirtschaftliche und politische Gründe. Das Mitglied einer Compagnonnage konnte sich gegen die Willkür seiner Arbeitgeber wehren. Die Einigkeit machte sie stark. Insofern waren die Compagnonnages die Vorläufer der Gewerkschaften, die gerade im 19. Jahrhundert in vielen Ländern noch verboten waren. Den Compagnonnages war nicht so leicht beizukommen. Sie konnten sich auf ihre Tradition berufen.

Egal, wie die wechselseitige Beeinflussung zwischen Compagnonnages und Freimaurertum war: Man geht davon aus, dass die Compagnonnages ihren Ursprung im Bauhandwerk hatten. Aber weil sich das System der gegenseitigen Hilfeleistung bewährte, versuchten immer mehr Handwerkszweige, Zugang zu finden. Was von den »alten« Compagnonnages nicht immer gern gesehen wurde. Nach etwas Zögern waren sie bereit, auch Berufe zu akzeptieren, die nichts mit dem Bauhandwerk zu tun hatten, sofern dabei nur etwas »Handfestes« produziert wurde. Aber alle anderen, zum Beispiel die Bäcker, galten als »artfremd«. Und die Bauhandwerker verstanden sich nach wie vor als Aristokratie innerhalb der Compagnonnages. Nicht erstaunlich also, dass sich in Deutschland als einzige Compagnonnage-ähnliche Vereinigung gerade die der wandernden Zimmermannsgesellen erhalten hat.

Die Compagnonnages waren untereinander sowieso recht wenig einig. Man unterscheidet zwei große Gruppen. Die erste nennt sich »Enfants de Salomon«, Kinder Salomons, oder »Compagnons du Devoir de Liberté«. Sie betonen die Freiheit,

»liberté«, mehr noch, die Pflicht zur Freiheit. Die zweite, die »Compagnons du Devoir«, Compagnons der Pflicht, teilen sich in zwei Untergruppen: die »Enfants de Maître Jacques«, die Kinder von Meister Jakob, und die »Enfants du Père Soubise«, die Kinder von Vater Soubise.

In unserem Zusammenhang, nämlich dem Jakobusweg, muss uns speziell der Meister Jakob interessieren. Denn niemand vermag zu sagen, wer dieser war. Manche identifizieren ihn sogar mit Jacques de Molay, dem letzten Großmeister der Templer. Andere sehen einen Zusammenhang mit »Jakin«, einem der Passworte der Freimaurer, eigentlich die Bezeichnung für eine der beiden Säulen, die vor dem Tempel Salomons standen (1 [3] Kön 7/21). Sie verweisen darauf, dass sich auch die andere große Gruppe der Compagnons, die »Enfants de Salomon«, auf Salomon und somit dessen Tempel berufe. Wieder andere ziehen die Verbindung mit dem Jakobusweg und identifizieren diesen Meister Jakob mit dem heiligen Jakobus. Behauptet schließlich nicht eine Überlieferung, dass der heilige Jakobus gleichfalls den rohen Stein bearbeitet habe, zumindest einmal? Nämlich als der Fels, auf den sein Leichnam gelegt wurde, sich umgehend seinen Körperformen anpasste und so zu einem Sarkophag geworden sei?[40]

Daneben scheint noch ein weiterer Aspekt eine Art unterschwellige Verbindung zwischen den Compagnons und dem Jakobusweg anzudeuten: die Tatsache, dass die »Compagnons du Devoir« Pilger sind. Ihr Wallfahrtsort: die Grotte von Sainte-Baume, der Ort, wo Maria Magdalena jahrzehntelang gelebt haben soll und der sich auch ihrer Reliquien rühmte, wie Vézelay, der größte Reliquienschrein der Maria Magdalena. Wann dieser Brauch, eine Reise zur Grotte von Sainte-Baume zu machen, eingeführt wurde, weiß man nicht. Vielleicht war es im 14. Jahrhundert, mit Sicherheit nachgewiesen werden kann er ab dem 17. Jahrhundert.

Und bereits die Compagnonnages an sich entwickelten sich,

wenn nicht aus einer Wallfahrt, so doch aus einer Wanderung: der Gesellenreise, welche der Lehrling nach Beendigung seiner Ausbildung unternehmen musste. Die französischen Compagnons nannten diese Gesellenwanderung »Tour de France«. Diese Tour de France berührte üblicherweise eine Reihe von Städten auf dem Jakobusweg. Eigentlich nicht erstaunlich, angesichts der Tatsache, dass die französischen Compagnons heute noch die Kathedralen, von denen nun einmal recht viele auf dem Jakobusweg liegen, renovieren. Ob gewollt oder unbewusst, die Compagnons, egal, ob sie nun mit den Brückenbrüdern verwandt sind oder nicht, sind auf gewisse Art bis zum heutigen Tag Jakobuspilger. Und hatten jahrhundertelang die Möglichkeit, auf die Gestaltung des Jakobuswegs Einfluss zu nehmen.

Manche Autoren wollen sogar konkret auf dem Jakobusweg ihre Spuren entdeckt haben: in Gestalt der Zeichen, welche die mittelalterlichen Steinmetzen auf den von ihnen behauenen Steinen hinterlassen haben, speziell in San Juan de la Peña, San Adrián de Vadoluengo und Eunate. Denn wenn diese Zeichen reine Ordnungs- oder Zählfunktionen hatten, wie manche abwertend meinen: Warum wurden sie dann einerseits an so markanten Stellen angebracht und andererseits so tief eingeritzt?

Die Freimaurer

Was haben die Freimaurer, von der katholischen Kirche ungern gesehen, auf einer Einrichtung wie dem Jakobusweg verloren?

Auf die mittelalterlichen Kathedralen beziehungsweise ihre Erbauer bezieht sich auch die Symbolik der Freimaurer. Der Kandidat betritt die Loge als roher Stein und wird so lange bearbeitet und poliert, bis er sich würdig in den Tempel der Menschheit einfügt.

Wir haben oben erwähnt, dass die genauen Verbindungen zwischen Compagnons und Freimaurern umstritten sind. Wir wollen auch dahingestellt lassen, wer von wem bestimmte Überlieferungen übernommen hat und welche der beiden Gruppen älter ist. Unbestreitbar ist auf jeden Fall, dass die Rituale der Compagnons, soweit sie bekannt sind, Anklänge an die der Freimaurer aufweisen. Und dass umgekehrt die Freimaurer sich auf die Compagnons beziehen. Ist schließlich der Compagnon oder Geselle nicht der zweite Grad des Freimaurertums? Nennen sich die exklusiven Mitglieder des so genannten Royal-Arch-Grades, eines hybriden Verbindungsgliedes zwischen der so genannten Johannis-Freimaurerei mit ihren drei Grundgraden Lehrling, Geselle und Meister und den so genannten Hoch- oder Rittergraden, nicht ausgerechnet »Companions«?

Wären dies die einzigen Verbindungspunkte, könnten wir sie ignorieren. Denn schließlich ist unser Thema, der Jakobusweg, eine typisch katholische Einrichtung. Und damit haben doch die modernen Freimaurer, von der katholischen Kirche verurteilt und eher in protestantischen angelsächsischen Ländern zu Hause, nichts zu tun.

Nur ist das, was man heute als Freimaurertum bezeichnet, zwar in London im Jahre 1717 gegründet worden, aber nicht in einem luftleeren Raum entstanden. Die Ideologie der Freimaurer bezieht sich auf die Symbole der Steinmetzkunst, und diese ist weitaus älter. Sie hatte ihre Hochblüte zur Zeit des Kathedralenbaus, hinter dem wiederum oft der Reliquien- und Wallfahrtskult standen. Die Erklärung, dass die Freimaurerlogen, welche ursprünglich das immense Wissen der Kathedralenbauer verwaltet hatten, nach der Renaissance und dem Aufkommen von Ziegelbauten zu Zirkeln von Philosophen und Gelehrten wurden, leuchtet ein. Aber das zu untersuchen würde den Rahmen dieser Abhandlung sprengen.

Beschränken wir uns auf die mehr oder weniger direkten Verbindungen zwischen dem Jakobusweg und der Ideologie der Freimaurer. Denn dass der heilige Jakobus zum Anlass für eine intensive Bautätigkeit auf dem nach ihm benannten Weg wurde, haben wir besprochen. Genauso, dass die Überlieferung ihn selbst zum Steinmetzen macht: indem sie ihn seinen eigenen Sarkophag formen lässt. Nur sorgte der Jakobusweg zumindest zeitweise dafür, dass jeder einzelne Pilger gleichfalls die Möglichkeit erhielt, am Bau einer Kathedrale mitzuwirken: der von Santiago de Compostela selbst. Denn es war üblich, dass die Pilger, die es von der körperlichen Konstitution her vermochten, Kalkbrocken aus den Steinbrüchen von Triacastela bis zu den Kalköfen von Castañeda schleppten.

Ein weiterer Aspekt, welcher den Jakobusweg und die Ideologie der Freimaurer verbindet, ist der so genannte Flammenstern, der in jeder Loge der Freimaurer anzutreffen ist. Auf seine tiefere Bedeutung gehen wir in einem späteren Kapitel noch ein. Vorläufig möchte ich nur daran erinnern, dass genau dieses Symbol, nämlich der Stern, auch in der Überlieferung des Jakobusweges an markanter Stelle auftaucht: in Gestalt des Sternes, der den Weg zum Grab des Apostels aufzeigte. Ich möchte dieses Symbol aber nicht überbewerten. Schließlich war es auch ein Stern, der den Heiligen Drei Königen den Weg zur Krippe Jesu wies (Mt 2/2). Die Analogie drängt sich nur bei der Betrachtung des im 19. Jahrhundert entstandenen Reliquienschreins des heiligen Jakobus in der Kathedrale von Santiago de Compostela auf, über dem deutlich sichtbar ein flammender Stern strahlt.

Das Ritual des dritten Grades der Freimaurer dreht sich um Tod und Wiedergeburt. Und was ist die Legende, welche den theoretischen Hintergrund für den Hühnerstall in Santo Domingo de la Calzada liefert, wenn nicht ein Gleichnis von Tod und Auferstehung? Abgesehen davon wurde diese Legende erst allmählich fest mit Santo Domingo de la Calzada assoziiert.

Ursprünglich wurde sie an verschiedenen Orten des Jakobusweges erzählt und sollte sich auch an unterschiedlichen Orten
abgespielt haben, so in Toulouse und Villasirga. Auf die Version
von Toulouse gehen wir in Kürze in einem anderen Zusammenhang noch genauer ein.

Ein weiterer interessanter Hinweis auf die Ideologie des Freimaurertums findet sich am Wallfahrtsort von San Juan de Ortega, in Gestalt der Legende über den Bienenschwarm, der sich
bei der Öffnung des Grabes daraus erhob. Denn die Biene ist
nicht nur das Symbol der Unsterblichkeit. Der heilige Bernhard von Clairvaux betrachtete die Biene als Verkörperung des
Heiligen Geistes. Für ihn entspricht die Biene den Feuerzun-
gen, welche am ersten Pfingstfest die Apostel erleuchteten (Apg
2/3), sodass sie in fremden Sprachen predigten. Und das Thema
der Erleuchtung ist im Freimaurertum eng verbunden mit dem
von Tod und Wiedergeburt. Das beginnt schon im ersten Grad,
wo dem Kandidaten die Bedeutung des Lichtes illustriert wird.

Natürlich dürfen wir ein Symbol dieser Art nicht überbewerten. Nur kann man davon ausgehen, dass zu seiner Hochblüte noch weitere Symbole ähnlicher Art den Jakobusweg
säumten, die inzwischen verschwunden sind, dass es vielleicht
noch eine ganze Reihe von Hinweisen gibt, die nur nicht so
deutlich platziert sind. Aber der definitive Hinweis darauf, dass
zumindest gewisse Baumeister des Jakobusweges diesen als
Einweihung verstanden haben wollten, findet sich in Santiago
de Compostela selbst. Genauer: in der Kathedrale. Denn, wie
bereits in der Einleitung geschildert, ist es ein alter Brauch, den
eigenen Kopf oder den eines Kindes ganz sachte an den der
Figur auf der Rückseite des Pfeilers im »Pórtico de la Gloria«
zu schlagen. Diese Geste soll Intelligenz verleihen. Obwohl die
entsprechende Steinfigur die Bezeichnung »santo dos cro-
ques«, der Beulen-Heilige, trägt, handelt es sich keinesfalls um
einen der von der Kirche kanonisierten Heiligen. Diese Figur
soll nämlich, wie bereits angedeutet, den Meister Matthäus dar-

stellen, den Baumeister, welcher diese Säule schuf. Er habe sich dort selbst verewigt. Würde sich dieses Ritual um einen der unzähligen Heiligen drehen, deren Reliquien in Santiago de Compostela beziehungsweise auf dem Jakobusweg verehrt werden, könnte man mit etwas Wohlwollen noch einen christlichen Brauch dahinter sehen. Aber ironischerweise ist es gerade ein Baumeister und somit ein Mitglied einer Bauhütte beziehungsweise Loge, welcher die Intelligenz und somit die Erleuchtung bringt.

Erstaunlich, dass dieser Brauch seit Jahrhunderten geduldet wird.

Nicolas Flamel, Alchemist und Jakobuspilger

Der Jakobusweg – ein Sinnbild für das Große Werk
oder seine Voraussetzung?

Eine Reihe von Autoren sehen den Jakobusweg als Sinnbild für eine Einweihung ganz anderer Art: die Suche der Alchemisten nach dem Stein der Weisen, welcher den Alterungsprozess stoppen und unedle Metalle in Gold verwandeln sollte. Nicht nur, dass diese Suche genauso langwierig ist wie der Jakobusweg, das »Große Werk«, wie die Alchemisten diese Suche nennen, kann genauso wenig unterbrochen werden wie der Jakobusweg. Hat der Pilger erst einmal eine gewisse Strecke des Weges zurückgelegt, wäre es doppelte Zeitverschwendung, würde er unverrichteter Dinge wieder umkehren. Der Alchemist setzt gleichfalls alles aufs Spiel, wenn er das Große Werk unterbricht oder die Prozesse in seinem Ofen, genannt Athanor, nicht unaufhörlich beobachtet. Nicht verwunderlich also, dass die Alchemisten das Große Werk auch als Jakobusweg bezeichnen.

Wobei diese Benennung auch in anderer Hinsicht gerechtfertigt erscheint. Eine Theorie besagt nämlich, es sei dem wahren Alchemisten in erster Linie nicht um die Herstellung des Steins der Weisen gegangen, sondern um die Läuterung seiner selbst. Beziehungsweise der Stein der Weisen und die Transformation der Metalle seien lediglich Symbole für die innere Wandlung des Alchemisten gewesen.

Daneben wird zumindest von einem Alchemisten erzählt, dass er tatsächlich zum Jakobuspilger geworden sei. Mehr noch, dass er das Große Werk gar nie geschafft hätte, wenn er nicht die Wallfahrt nach Santiago de Compostela unternommen hätte.

Es ist die Rede von Nicolas Flamel (1330–1418), dem berühmten französischen Alchemisten. Durch Zufall war er in den Besitz eines Buches gekommen, das so genannte Buch Abrahams des Juden, von dem er annahm, dass es die nötigen Angaben für die Herstellung des Steins der Weisen enthielt. Nur war es ihm unmöglich, dieses Buch zu entschlüsseln. So kam er schließlich auf den Gedanken, eine Wallfahrt zum heiligen Jakobus zu unternehmen, um die nötige Inspiration zu erlangen.

Nach monatelanger Wanderung trifft er schließlich in Santiago de Compostela ein – und weiß immer noch nicht, was die Symbole seines Buches besagen wollen. Was unsere bereits im Vorwort aufgestellte These bestätigt, dass mit dem Erreichen von Santiago de Compostela der eigentliche Jakobusweg noch lange nicht zu Ende ist. So war es auch für Flamel.

Erst auf dem Rückweg nach Paris begegnet ihm ein Mann, den er als Meister Canchas bezeichnet und der ihm die nötigen Unterweisungen gibt. Dank dieser Unterweisungen schafft er es nach seiner Rückkehr, das Große Werk zu vollenden. Er gehört zu den wenigen, von denen man munkelt, dass ihnen tatsächlich die Herstellung des Steines der Weisen gelungen sei. Es wird sogar ein konkretes Datum genannt: Am 25. April 1382 habe er es zum ersten Mal geschafft, Quecksilber in reines Gold zu verwandeln.

Jedoch soll der Stein der Weisen nicht nur die Transformation der Metalle ermöglichen, er soll auch ewige Jugend verleihen. So heißt es, Flamel habe seinen Tod sowie den seiner Frau nur vorgetäuscht, das Paar sei später im Orient gesichtet worden. Auch diese Legende greift das uralte Thema des ewigen Lebens, der Unsterblichkeit, wieder auf.

All dies verdanke Flamel seiner Begegnung mit Meister Canchas auf dem Jakobusweg, während der Rückkehr von Santiago de Compostela. Manche Autoren sind der Meinung, dass verschiedene Reliefs an Gebäuden auf dem Jakobusweg tatsächlich Szenen aus der Alchemie, Stufen des Großen Werkes, darstellen, von Adepten dort zur Belehrung ihrer Nachfolger angebracht. Andere hingegen behaupten, Flamel habe gar nie eine Wallfahrt angetreten, es handle sich tatsächlich nur um ein Sinnbild, nämlich des Großen Werkes.

Nur ist in diesem Fall erstaunlich, dass er seinem fiktiven Lehrmeister ausgerechnet den Namen Canchas gab. Denn dieses Wort hat eindeutig Anklänge an »concha«, die Muschel, das wichtigste Sinnbild des Jakobusweges, wie wir im nächsten Kapitel besprechen werden.

Zugegeben: Daneben gibt es noch Autoren, welche bestreiten, dass die Autobiographie Flamels überhaupt authentisch sei. Ihrer Meinung nach verrate sie die Kenntnis von alchemistischen Werken, die erst nach seiner Zeit entstanden. Sie halten das ihm zugeschriebene Buch schlicht für apokryph. Ich möchte hier keinesfalls als Verfechter seiner Echtheit auftreten. Obwohl die moderne Atomphysik inzwischen bewiesen hat, dass die Transmutation der Metalle praktisch durchführbar ist. Aber wenn das Buch tatsächlich eine Fälschung sein sollte, so zeugt es zumindest davon, dass es Leute gab, welche auf diese Verbindung zwischen der Alchemie und dem Jakobusweg hinweisen wollten. Was eigentlich für unser Thema genauso wichtig

139

und interessant ist. Denn um einen Zufall handelt es sich nicht. Flamel ist nämlich nicht der Einzige, bei dem diese Verbindung zu Tage tritt. Auch sein Landsmann Jacques Coeur (1395–1456) war so begütert, dass die Zeitgenossen einfach nicht glauben wollten, dass er diesen Reichtum lediglich erfolgreichen Spekulationen verdankte. Sie waren davon überzeugt, dass er gleichfalls auf den Stein der Weisen gestoßen war. War sich Jacques Coeur nicht bewusst, dass er diese Mutmaßungen schürte, indem er ausgerechnet Muscheln in sein Wappen aufnahm?

Der »Codex Calixtinus«

Der »Codex Calixtinus« und seine Widersprüche:
der Beweis, dass es tatsächlich statthaft ist,
auch die Ornamente des Jakobusweges in einem nicht
rein christlichen Sinne zu interpretieren.

Vielleicht sind manche Leser der Meinung, dass es nicht statthaft ist, den Jakobusweg mit solchen esoterischen Spekulationen zu verbinden. Egal, ob sie persönlich von der körperlichen Präsenz des Apostels in Santiago de Compostela überzeugt sind oder nicht. Denn müssen wir nicht davon ausgehen, dass die »Schöpfer« des Jakobusweges von echter christlicher Frömmigkeit beseelt waren? Ist die These, dass sie von vornherein Hintergedanken hatten, nicht sogar vermessen? Eine typische moderne Unterstellung?

Besagt nicht eine der wichtigsten Vorschriften der modernen Textkritik, dass man einen Text in dem Sinne lesen muss, in dem ihn der Verfasser ursprünglich niedergeschrieben hat? Gilt dies nicht auch für die Bauwerke, Statuen und Legenden des Jakobusweges?

Es stimmt: Wir können wirklich nicht wissen, wie solche Ornamente auf den Menschen des Mittelalters wirkten. Schon deshalb nicht, weil sie nur mehr in Bruchstücken vorliegen. Untersuchen wir daher etwas, das sich mit Sicherheit in seiner ursprünglichen Form erhalten hat, nämlich tatsächlich einen Text, und stellen wir uns vor, wie dieser gewirkt haben könnte. Greifen wir den berühmtesten des Jakobusweges heraus: den »Codex Calixtinus«.

Ich möchte mich dabei nicht auf Diskussionen einlassen, ob nun der Ausdruck »Codex Calixtinus« für das gesamte fünfteilige Werk gilt oder nur für den eigentlichen Reiseführer, ob dieser nun durch das Herausnehmen eines anderen Kapitels Band vier oder Band fünf entspricht. Genauso wenig interessiert mich der eigentliche Verfasser, weder der des gesamten Buches noch der des Reiseführers. Denn die Überschriften weisen einige Kapitel Aimery Picaud, andere Papst Calixtus II. höchstpersönlich zu.

Ich möchte mich allein auf den Inhalt beschränken. Ich bin nämlich der Meinung, dass man sich von diesem einen völlig falschen Begriff macht. Aufgrund der mir vorliegenden Informationen ging zumindest ich davon aus, dass der »Codex Calixtinus« tatsächlich eine Beschreibung des Jakobusweges darstellt. Und, nachdem Aimery Picaud sich die Mühe gemacht hatte, ihn in Santiago de Compostela vorzustellen, wo er augenscheinlich wohlwollend aufgenommen wurde, speziell des spanischen Jakobusweges. Das ist ein Irrtum.

Aber gehen wir Schritt für Schritt vor. Der Reiseführer besteht aus insgesamt elf Kapiteln. Im ersten zählt der Autor die vier französischen Jakobuswege auf beziehungsweise nennt die Städte, die er durchquert. Dieses Kapitel macht in einem Taschenbuch mit großer Schrift etwa eine halbe Seite aus. Das zweite Kapitel beschreibt die Etappen des Weges. Sie erscheinen völlig willkürlich. Aber darauf gehen wir in einem späteren Zusammenhang noch ein. Umfang: weniger als eine Seite. Das dritte Kapitel könnte man, mit etwas Wohlwollen, tatsächlich als Reiseführer bezeichnen. Es führt nämlich die Städte auf, die der Pilger in Spanien nacheinander durchquert. Jedoch nimmt diese Strecke von achthundert Kilometern weniger als zwei Seiten Text ein. Das vierte und fünfte Kapitel preisen die Erbauer von Pilgerhospizen, Straßen und Brücken. Hier fällt auf, daß die späteren Heiligen, Domingo de la Calzada und Juan de Ortega, fehlen. Obwohl Aimery Picaud auf dem Weg nach Santiago de Compostela Letzterem sogar begegnet sein könnte. Diese beiden Kapitel machen zusammen weniger als eine Seite aus.

Im sechsten Kapitel beschreibt der Autor zwei Seiten lang das schlechte Wasser und die unbekömmliche Nahrung auf dem Jakobusweg. Das siebte ist etwas länger. Es lässt sich acht Seiten lang über barbarische Anlieger des Jakobusweges aus. Das achte Kapitel ist das längste von allen. Es beschreibt die Wallfahrtsorte auf dem Jakobusweg, welche der Pilger besuchen soll. Jedoch nach willkürlichen Kriterien. Denn insgesamt führt der Autor neben dem heiligen Jakobus selbst nur vier Heilige auf spanischer Seite auf, darunter, merkwürdigerweise, den heiligen Domingo de la Calzada, den er weiter vorne souverän ignoriert. Aber die restlichen vierundzwanzigeinhalb von insgesamt fünfundzwanzig Seiten dieses Kapitels gehören der Beschreibung von insgesamt einundzwanzig französischen Heiligen in sechzehn verschiedenen Orten. In einigen Fällen ergeht sich Picaud in seitenlangen Beschreibungen ihres Grabmals oder Martyriums.

Ich bin nicht die Erste, der auffällt, dass die Auswahl seiner Heiligen reichlich willkürlich ist. Er habe einige der wichtigsten Heiligen seiner Zeit ausgelassen, so den heiligen Martial von Limoges, immerhin einer der Ausgangspunkte des Jakobusweges. Genauso würde man eigentlich, angesichts der gerade damals aufkommenden massiven Marienverehrung, auch mit einer Reihe von Marienheiligtümern rechnen. Der »Codex

Calixtinus« nennt nicht einmal das von Le Puy, obwohl er die Stadt an sich, die immerhin der »Via Podiensis« ihren Namen gab, sehr wohl erwähnt.

Das neunte Kapitel mit insgesamt fünfzehn Seiten widmet sich der Beschreibung von Santiago de Compostela. Im zehnten und elften geht er auf die Verteilung der Almosen speziell in Santiago de Compostela sowie das gottgefällige Verhalten Pilgern gegenüber ein. Umfang: zwei Seiten.

Ich habe versucht, mir vorzustellen, in welchem Sinne Aimery Picaud – oder wer immer hinter ihm stand – diesen so genannten »Reiseführer« abgefasst hat. Und bin zu keinem Ergebnis gekommen. Genauso wenig, als ich nachempfinden wollte, in welchem Sinne dieses Manuskript aufgefasst wurde. War sein Hauptanliegen, Pilger in die französischen Wallfahrtsorte zu locken? Aber warum wurde dann das Buch dem Vernehmen nach in Santiago de Compostela so positiv aufgenommen?

Wie bereits angedeutet, bevor ich das Buch selbst gelesen hatte, war ich der Meinung, es handle sich um eine Art Propaganda für den Jakobusweg. Aber hätten Sie Lust, eine Reise durch Gegenden zu unternehmen, die von Barbaren bevölkert sind, welche Pilgern um einiger Pfennige willen nach dem Leben trachten? Wo Boote absichtlich zum Kentern gebracht werden, um die ertrunkenen Pilger zu berauben? Wo man durch Lügen dazu verleitet wird, sein Reittier aus giftigen Flüssen trinken zu lassen? Wo die Nahrung entweder spärlich oder ungenießbar ist? Wo Sodomiten hausen, die es mit ihren Maultieren treiben? All das beschreibt Aimery Picaud nämlich im Detail. Wenn es wenigstens noch stimmen würde. Aber die Gewässer, deren tödliche Wirkung Picaud mit eigenen Augen beobachtet haben will, sind in Wirklichkeit keinesfalls giftig.

Natürlich könnte hier der Einwand erfolgen, dass Leser des Mittelalters dieses Werk mit anderen Augen lasen. Jedoch schon relativ früh muss es auf manche so gewirkt haben wie auf mich. Ambrosio de Morales, der Hofchronist von König Philipp II., äußerte sich 1572 nicht gerade lobend über den Autor und sein Werk. Wer immer dieser sei – anscheinend gab es schon damals Zweifel –: Es handle sich um eine Ansammlung von Lügen. Es wäre besser gewesen, wenn es nie geschrieben worden wäre. In diesem Sinne habe sich Morales auch dem Erzbischof von Santiago de Compostela gegenüber geäußert.

Genauso merkwürdig sind die so genannten »Schreibfehler«, die dem Autor unterlaufen sein sollen und welche moderne Interpretationen klaglos als solche akzeptieren. Einmal soll er rechts und links und einmal Norden und Westen verwechseln. Zumindest Letzteres ist in diesem Zusammenhang undenkbar. Als Kleriker musste Picaud wissen, dass der Altar einer Kirche üblicherweise nach Osten ausgerichtet ist und ein gegenüberliegendes Tor demzufolge nach Westen weisen muss.

In der klassischen Detektivgeschichte ist die Lösung die richtige, die nach Eliminierung aller anderen Möglichkeiten übrig bleibt. Das wäre in diesem Falle, dass Aimery Picaud oder wer immer hinter dem »Codex Calixtinus« stand, gleichfalls darauf hinweisen wollte, dass der erste Augenschein trügerisch sein kann. Wie bereits die Ornamente des Jakobusweges.

Antonio Gaudí

Die Verbindungen zwischen einem der extravagantesten modernen Architekten und dem Jakobusweg.

Auch Menschen, die sich nicht für den Kathedralenbau interessieren, die nur eine vage Vorstellung von den Unterschieden zwischen der Romanik und der sie ablösenden Gotik haben, sind meist in der Lage, eine ganz bestimmte Kathedrale zu erkennen: die »Sagrada Familia« von Barcelona. Nicht nur, weil sie zu den Wahrzeichen der Stadt gehört. Diese der heiligen Familie geweihte Kathedrale ist so charakteristisch, dass es unmöglich ist, sie zu verwechseln. Die durchbrochene Fassade, die Winkel und die geneigten Säulen sind unverkennbar.

Genauso wie der Stil des Architekten an sich. Dieser Architekt, Antonio Gaudí, wurde 1852 in Reus, etwa hundert Kilometer südlich von Barcelona, geboren. 1868 zog er studienhalber nach Barcelona, der Stadt, die sein ständiger Wohnsitz bleiben sollte, bis zu seinem Tod im Jahre 1926.

Gaudí liebte Barcelona und verließ es nur, wenn es für seine Arbeit unumgänglich war. Was nicht nur dann der Fall war, wenn er bestimmte Stadien eines Baus überwachen musste. Gaudí vertrat die Ansicht, dass ein Bauwerk der umgebenden Landschaft angepasst werden müsse, weil es mit dieser eine Einheit bilden soll. Um das zu erreichen, legte er Wert darauf, das Terrain vorher zu besichtigen. Das Kloster, das er für Marokko geplant hatte, ist völlig anders gestaltet als ein Hotel, das in New York errichtet werden sollte. Und dennoch sieht man beiden an, dass sie Produkte von Gaudís Genie sind. Leider blieb es in beiden Fällen beim Entwurf.

Auch Bauwerke, bei denen er nur seine Hand im Spiel hatte, tragen unverkennbar seinen Stempel. So war er an der Renovierung der Kathedrale von Palma de Mallorca beteiligt.

Aber die meisten Zeugnisse seines Schaffens findet man in Barcelona und seiner näheren Umgebung. Das war zu Lebzeiten Gaudís keinesfalls eine Selbstverständlichkeit. Eigentlich hätte es für einen karrierebewussten Architekten nahe gelegen, sein Domizil in der Hauptstadt Madrid aufzuschlagen. Gaudí lehnte dies nicht nur ab, er ließ auch deutlich erkennen, dass ihm nicht einmal am Wohlwollen des Hofes etwas lag. Bei einem Zusammentreffen mit König Alfons XIII. (1886–1941) brüskierte er den Monarchen, indem er sich stur der katalanischen Sprache bediente, anstatt sich der kastilianischen zu befleißigen – das, was man im Ausland als »Spanisch« zu bezeichnen pflegt, entspricht dem Kastilianischen. So gibt es heute in Madrid keinerlei Zeugnisse der Kunst Gaudís.

Die meisten Bauwerke aus seiner Hand findet man, wie bereits angedeutet, in Barcelona, das auch im Jahre 2002 seinen einhundertfünfzigsten Geburtstag feiert. Es sind nur drei Gebäude außerhalb Barcelonas bekannt. Eine dieser Ausnahmen ist das Landhaus »El Capricho« in Santander. Ein weiteres von Gaudí konstruiertes Gebäude ist die so genannte »Casa de los Botines« in León. Das dritte war als Bischofspalast von Astorga geplant und ist heute das offizielle Museum des Jakobusweges. Einer der Gründe hierfür wird wohl sein, dass Astorga zu den Stationen des Jakobusweges gehört und dieses Gebäude gerade zur Verfügung stand.

Seltsamerweise jedoch liegt auch León auf dem Jakobusweg. Ebenso wie Santander, zumindest auf der nördlichen Küstenstraße, die zu den sekundären Jakobuswegen zählt.

Zur Zeit Gaudís war der Jakobusweg nicht sehr populär. Vielleicht ist es also auf einen Zufall zurückzuführen, dass alle drei bekannten Bauwerke Gaudís außerhalb von Barcelona auf dem Jakobusweg liegen.

Vielleicht auch nicht. Denn Gaudí ist eine sehr kontroverse Persönlichkeit. Seine Frömmigkeit sei exemplarisch und ungeheuchelt gewesen. Er war ein treuer Sohn der katholischen Kirche. So sagen die einen. Schließlich wurde 2001 der Prozess für seine Seligsprechung eingeleitet. Andere hingegen haben die seltsamen Ornamente der von ihm entworfenen Bauwerke auf esoterische Symbole hin untersucht und sind der Meinung, dort die Spuren von templerischem, alchemistischem und rosenkreuzerischem Gedankengut gefunden zu haben. Genauso steht die Frage im Raum, ob Gaudí Freimaurer war. Nachweisbar ist es nicht.

Ungeachtet dessen, ob Gaudí nun Mitglied einer Geheimgesellschaft mit esoterischem Anspruch war oder nicht, ein Blick auf sein Werk genügt, um die These, dass auch Gaudí zu denen gehörte, die einen eigenen Zugang zu Gott gefunden hatten, plausibel erscheinen zu lassen. Mehr noch, dass er diesen Zugang auch anderen öffnen wollte. Auf den Symbolgehalt von mythologischen Monstren, Pentagrammen und dergleichen möchte ich dabei gar nicht eingehen. Aber es ist klar ersichtlich, dass an dem für Gaudís Sakralbauten typischen Raumkreuz mit seinen vier Querbalken in alle Himmelsrichtungen der gekreuzigte Jesus keinen Platz hat.

Gaudí ist der Beweis dafür, wie noch ein moderner Architekt die Grenzen der Orthodoxie sprengen kann. Sogar beim Bau von Kirchen und Klöstern. Und, wie oben erläutert, das Schicksal wollte sogar, dass er eine enge Beziehung gerade zum Jakobusweg hat.

5 Die Macht der Symbole

Gibt es universelle Symbole?

Die ambivalente Welt der Symbole:
Jedes Symbol schließt das Gegenteil dessen ein,
was es eigentlich bedeuten sollte.

Nachdem wir hiermit besprochen haben, wer hinter der Symbolik des Jakobusweges stehen könnte beziehungsweise, um es vorsichtiger auszudrücken, an wessen Symbolik die des Jakobusweges erinnern könnte, wollen wir konkret auf bestimmte Symbole eingehen. Mit dem Vorbehalt, dass Symbole eine äußerst ambivalente Sache sind. Es gibt kaum ein Symbol, das nicht gleichzeitig das genaue Gegenteil dessen aussagt, was es eigentlich bedeuten sollte. Das gilt für alle Symbole und alle Bereiche.

Greifen wir zur Erläuterung des Gesagten einige typische Symbole aus dem Tierreich auf. Das erste ist der Stier. Ein eindeutiges Symbol der Männlichkeit, speziell in Spanien, so sollte man denken. Beweisen das nicht die Stierkämpfe und der sprichwörtlich gewordene spanische »Machismo«, speziell mit seinem Kult gerade um die Toreros? Und doch: Die Astrologie assoziiert das Sternzeichen Stier mit dem Planeten Venus, dem einzigen Planeten, der nach einer Frau benannt ist.

Daneben ist dem Stier des Tierkreises das Element Erde zugeordnet, das gleichfalls als typisch weiblich gilt. Die Verbindung zwischen der Erde und dem Stier kann man noch in manchen Äußerungen modernen Aberglaubens nachvollziehen.

Bestimmt haben schon zahlreiche Besucher den farbigen Bodenbelag der »Galleria Vittorio Emanuele« in Mailand bewundert, ohne speziell auf die Einzelheiten zu achten. Direkt unter der großen Glaskuppel befindet sich nämlich auch die Darstellung eines Stieres, auf dem Boden selbst. Einheimische wissen, dass es Glück bringen soll, wenn man mit dem Fuß den Boden, also die Erde, an der Stelle reibt, an welcher der Stier als am männlichsten gilt.

Sogar das Horn des Stieres, vom Aussehen her ein eindeutig phallisches Symbol, hat bei näherer Betrachtung weibliche Aspekte. Es ist nämlich innen hohl und kann somit zum Füllhorn werden. Das Füllhorn, das man auf antiken Skulpturen findet, stammt sowieso von einer Ziege, also einem weiblichen Tier: der Ziege Amalthea, welche als Amme des höchsten Gottes Zeus fungierte. Auch sind es bezeichnenderweise meist weibliche Gottheiten, welchen als spezielles Attribut die Hörner eines Rindes zugestanden werden, zum Beispiel der ägyptischen Göttin Hathor.

Ein weiteres typisches Beispiel für die Zweideutigkeit von Symbolen ist die Schlange. Dem äußeren Aspekt nach wäre sie ein höchst phallisches Symbol. Nur gilt sie traditionell auch als Verkörperung der Erdströmungen, vermutlich, weil sie das einzige Wirbeltier ist, das mit dem ganzen Körper die Erde berührt und deshalb stets in inniger Verbindung mit ihr lebt. Und, wie gesagt, die Erde gilt traditionell als weiblich.

Genauso ambivalent ist die Schlange in Bezug auf Gut und Böse. Die Schlange des Paradieses wird zwar nicht vom Buch Genesis, dafür jedoch von späteren kirchlichen Interpretationen mit dem Teufel identifiziert. So findet man zahlreiche Marienstatuen mit der Schlange zu Füßen der Jungfrau, als Sinnbild des Sieges der Jungfrau Maria über die Schlange, in Anlehnung gerade an das Buch Genesis (Gen 3/15). Und dennoch wird auch Jesus mit der Schlange verglichen (Joh 3/14), gleichfalls unter Berufung auf das Alte Testament, nämlich die Stelle, wo Moses in der Wüste eine eherne Schlange formt, welche das Volk Israel von den Bissen giftiger Schlangen heilen und vor ihnen bewahren soll (Nm 21/9).

Ein weiteres Symbol der gleichen Art haben wir bereits kennen gelernt: die Brücke. Auch sie wird einmal mit dem Teufel, einmal mit dem Stellvertreter Jesu auf Erden, nämlich dem Papst, assoziiert. Und wie die Schlange ist auch die Brücke weder eindeutig männlich noch eindeutig weiblich. Die klassische freudsche Psychologie interpretiert Brücken als phallische Symbole. Sie verbänden zwei Punkte, wie das männliche Glied zwei Körper während des Sexualaktes. Nur sind sie letztendlich auf gewisse Weise »hohl«, genauso wie das Horn: Sonst könnten sie ihre Funktion, nämlich die eines Transportweges, gar nicht erfüllen. Als kleine Spitzfindigkeit könnte man noch anmerken, dass die biologische Funktion des Penis gleichfalls darauf hinausläuft, dass er mittels eines Kanals etwas transportiert. Nur wollen wir diesen Aspekt ignorieren. Sonst kommen wir ins Uferlose.

Die Muschel

Die Legende behauptet, der heilige Jakobus selbst
habe die Muschel zum Symbol des Jakobusweges gemacht.
Nur: Warum erkor sich der Heilige ausgerechnet
das Sinnbild der Venus?

Gehen wir nun auf einzelne Symbole ein, denen wir auf dem Jakobusweg begegnen. Beginnen wir dabei am besten mit dem Symbol des Jakobusweges selbst: der Muschel. Es gibt verschiedene wohl gemeinte Erklärungen, wie es dazu kam, dass gerade die Muschel zum Kennzeichen des Jakobusweges wurde.

Am prosaischsten ist die Erklärung, die Pilger hätten sich nach dem langen Marsch an der Küste Galiciens gerne an frischen Meeresmuscheln gelabt und anschließend die Schalen dieser Delikatesse als Souvenir an ihrem Hut befestigt – bis diese Sitte zum Kennzeichen der Jakobuspilger wurde, so wie eine kleine Ampulle mit Wasser den Pilger auszeichnete, der von Canterbury zurückkehrte.[41] Oder die so genannte »Sportelle«, eine kleine geweihte Medaille mit dem Marienbild, den Besucher der Madonna von Rocamadour. Dieser Erklärung widerspricht, dass ein großer Teil der Muscheln, welche die Pilger als Souvenir nach Hause brachten, künstlich gewesen sein muss: sonst hätte es in Santiago auf dem Weg zur Kathedrale keine »Avenida de los Concheiros« gegeben. Als »Concheiros«, wörtlich etwa »Muschler«, bezeichnete man einerseits die Jakobuspilger, andererseits jedoch die Handwerker, welche die typische Jakobusmuschel aus Metall herstellten. Und genau diese hatten sich in der nach ihnen benannten Avenida niedergelassen.

Eine andere Theorie besagt, die an einem Punkt zusammenlaufenden Furchen der Muschel stellten die verschiedenen Wege dar, welche sich in Santiago de Compostela träfen. Nur ist dies eigentlich gar nicht der Fall. Natürlich hat der Jakobusweg nicht wenige Zubringer. Die bedeutenden unter ihnen laufen jedoch beinahe achthundert Kilometer vor Santiago de Compostela zusammen, in Puente la Reina.

Die bekannteste Erklärung basiert auf einem Wunder, das der Leichnam des toten Apostels bei seiner Ankunft in Galicien bewirkt haben soll. Sie findet sich auch bei Voragine wieder. Ein Reiter fiel bei einem Fest samt seinem Pferd ins Meer. Er ertrank jedoch wider Erwarten nicht, sondern tauchte neben dem Boot wieder auf. Nur waren er selbst sowie sein Pferd von oben bis unten mit Muscheln bedeckt, als hätten sie lange Zeit im Wasser verbracht.

Der heilige Jakobus selbst gab also auf diese Weise kund, dass er sich die Muschel zum Symbol erkoren hatte. Eine hübsche

Geschichte. Nur bleibt sie die Erklärung für die seltsame Wahl des Apostels schuldig.

Denn die Muschel hat etwas anrüchige Assoziationen: Aufgrund der suggestiven Form und Konsistenz des Weichtieres an sich wird sie auch als Symbol der weiblichen Geschlechtsorgane betrachtet, im Französischen sogar als Synonym verwendet. Und wer sich für klassische Gemälde interessiert, wird diese Gedankenverbindung zu Ende führen und an die schaumgeborene Göttin Venus denken, wie sie zum Beispiel auf dem berühmten Gemälde Botticellis (1445–1510) einer Muschel entsteigt. Gerade die Jakobusmuschel trägt sogar den Namen der Göttin der Liebe und Schönheit.[42]

Diese Assoziation der Muschel mit einer Göttin der Liebe ist sogar älter als das griechisch-römische Altertum. So hat man in der syrischen Stadt Mari einen Tempel der Ischtar ausgegraben, einer weitaus älteren »Vorgängerin« der Venus. Er wurde auf das dritte Jahrtausend vor Christus datiert. Sei es Zufall oder Absicht, er war auf jeden Fall mit einem Mosaik aus Muschelschalen ausgelegt.

In den Tempeln der Venus, bei den Griechen Aphrodite genannt, gaben sich Frauen dem hin, was damals als Tempeldienst galt, heute jedoch als gewerbsmäßige Unzucht bezeichnet würde. Wenn eine Frau dieser nicht in den Tempeln, sondern in speziell dafür eingerichteten Häusern nachging, wurde sie als »Lupa« bezeichnet, ein Bordell als Lupanar. Wie kam die Legende dazu, der Königin, welche durch die wundersamen Ereignisse bei der Ankunft des toten Apostels in Galicien zum Christentum bekehrt wurde, ausgerechnet den Namen Lupa zu verleihen?

Lupa wollte sogar ihren Palast als Kirche und Grabmal für die Reliquien des Apostels zur Verfügung stellen. Vielleicht war es aufgrund der merkwürdigen Gedankenverbindungen, die sich im Zusammenhang mit ihrem Namen aufdrängen, dass die Jünger des Apostels dieses Angebot ablehnten und sich lieber auf die Wahl des Ochsengespanns verlassen wollten.

Dieser Zusammenhang zwischen der Liebesgöttin Venus und ihren Dienerinnen und der Jakobusmuschel und somit auch dem Jakobuspilger, der sich schließlich mit ihr schmückt, mag auf den ersten Blick etwas befremden. Nur hat der Volksglaube ihn genau in dieser Form nachvollzogen. Eine bekannte Skulptur an der Kathedrale von Santiago de Compostela zeigt eine sitzende Frau, die einen Totenschädel auf ihren Knien zu wiegen scheint. Dem »Codex Calixtinus« zufolge handelt es sich dabei um eine Ehebrecherin, deren Gatte sie in flagranti erwischte und daraufhin den Galan im Zorn erschlug. Der Schädel sei der des Liebhabers. Diese Skulptur beziehungsweise die zugehörige Geschichte, solle den schlechten Ruf illustrieren, welcher weiblichen Pilgern zeitweise anhaftete. Im 15. und 16. Jahrhundert galt der französische Ausdruck »Coquillarde«, der sich von »coquille«, der Muschel, ableitet, als Synonym für Ehebrecherin. Verleumderische Zungen gingen nämlich davon aus, dass die Frauen lediglich vorgaben, eine Wallfahrt zu unternehmen, sich in Wirklichkeit aber mit ihren Liebhabern trafen.[43]

Auch will der Zufall oder das Schicksal, dass es gerade auf dem Jakobusweg selbst einen ganz konkreten Anhaltspunkt für diese »weiblichen« Assoziationen der Muscheln gibt. Der Name der Stadt Conques auf der französischen »Via Podiensis« lässt sich nämlich als »Muscheln« oder »Schnecken« übersetzen. Das französische Wort »conque« leitet sich vom lateinischen »concha« ab, wie auch das spanische »concha«, auf das wir im Zusammenhang mit dem Alchemisten Flamel eingegangen sind.[44]

In Conques wird eine Heilige namens Foy verehrt. »Foy« bedeutet »Glaube«.[45] Der Legende nach handelt es sich bei der heiligen Foy um ein junges Mädchen aus der südfranzösischen Stadt Agen, das im 3. Jahrhundert für den christlichen Glauben lebendig verbrannt wurde. Ihre geschichtliche Existenz gilt als gesichert, nur ist die Person an sich hinter einem Gespinst von Fabeln und Legenden verborgen. Über den Jakobusweg gelangte die Verehrung der heiligen Foy auf die Iberische Halbinsel. An der Tatsache, dass sie dort nicht mehr Foy genannt wird, sondern der Begriff »Glaube« als »fe« wörtlich ins Spanische übersetzt wurde, ersieht man, dass es weniger um eine spezifische Heilige als den Glauben an sich geht. Das beweisen auch deutschsprachige Heiligenlegenden. Dort wird die heilige Foy nämlich als »Fides« bezeichnet. »Fides« ist das lateinische Wort für »Glaube«.[46] Und dieser Glaube hat mit Muscheln zu tun und ist weiblich.

Sogar eine Seitenkapelle der Kathedrale von Santiago de Compostela ist ihr geweiht. Mit den Konquistadoren gelangte sie auch nach Amerika. Alle Orte, die »Santa Fe« heißen, sind nach ihr benannt. Und sogar manche, bei denen diese Bezeichnung inzwischen weggefallen ist: Bogotá, die Hauptstadt Kolumbiens, hieß ursprünglich Santa Fe de Bogotá.

Die Sonne

Das Zeit-Paradoxon: Der Jakobuspilger schreitet Richtung Sonnenuntergang und dennoch in seine eigene Zukunft – ganz wörtlich.

Die gelbe Muschel, welche auf den modernen blauen Hinweistafeln den Jakobusweg ausschildert, ist reichlich stilisiert. Eigentlich ähnelt sie eher der Darstellung eines Brennpunktes als einer Muschel. Sprich: eines Gerätes, das die Strahlen der Sonne konzentriert und bündelt. Bewusst oder unbewusst, die Schöpfer des Piktogramms haben damit einen Hinweis auf ein Symbol aufgegriffen, das für den Jakobusweg tatsächlich bedeutsam ist: die Sonne.

Schon der Namenstag des heiligen Jakobus, der 25. Juli, zeugt von einer Verbindung des Jakobusweges mit der Sonne. Denn, wie bereits besprochen, dieser Namenstag läutet die so genannten Hundstage ein, welche vom Namenstag des heiligen Bartholomäus, dem 24. August, abgeschlossen werden. Auf der nördlichen Hemisphäre sind diese Hundstage die heißesten Tage des Jahres, weil die Sonne in diesem Zeitraum am höchsten steht. Damit nicht genug, wird dieser Zeitraum astrologisch vom Sternzeichen des Löwen beherrscht, dem wiederum die Sonne zugeordnet ist.

Könnte es sich dabei um einen Zufall handeln? Schließlich wurde der Namenstag des heiligen Jakobus dem Vernehmen nach keinesfalls willkürlich bestimmt: Es sei schlicht an einem 25. Juli gewesen, dass der Leichnam des Apostels nach Santiago de Compostela überführt wurde. Nur ist angesichts der Tatsache, dass man nicht einmal das Jahr der Auffindung mit Sicherheit definieren kann, diese Präzision in Bezug auf den Tag der Überführung mehr als erstaunlich.[47]

Daneben ist der Namenstag des Apostels noch auf weitere Weise mit der Sonne assoziiert. Denn, wie bereits erläutert, in jedem Jahr, in dem der 25. Juli auf einen Sonntag fällt, also den Tag der Sonne, wird in Santiago ein Jubeljahr gefeiert, ein Jahr, in dem den Pilgern besondere Ablässe gewährt werden.

Allerdings könnte man einwenden, dass diese sprachliche Verbindung in den romanischen Sprachen und somit auch im Spanischen nicht gegeben ist. Wie bereits erläutert, heißt der Sonntag dort »Domingo«, eine Ableitung von dem lateinischen Wort »Dominus«, der Herr. In Spanien ist der Sonntag also weniger der Tag der Sonne als der Tag des Herrn.

Nur ist dieser »Herr« letztendlich wieder die Sonne. Denn es war unter Kaiser Konstantin dem Großen (ca. 270/288–337), dass der jüdische Sabbat durch den Sonntag als Tag des Herrn abgelöst wurde. Dieser Kaiser gewann der frommen Legende nach unter dem Zeichen des Kreuzes die Schlacht an der Milvischen Brücke. Er berief 325 höchstpersönlich das bereits erwähnte Kirchenkonzil von Nikäa ein, das per Abstimmung den Arianismus als ketzerisch verurteilte und die kanonischen Evangelien festlegte.

Dafür ist ihm die Kirche heute noch dankbar. Dass er sich in kirchliche Belange einmischte, ohne Christ zu sein, interessiert nicht. Wenn er sich überhaupt taufen ließ, was nicht unumstritten ist, dann ironischerweise durch einen arianischen Priester, also seiner eigenen Definition nach durch einen Ketzer. Und diese Taufe erfolgte bestenfalls auf dem Sterbebett. Vielleicht handelte er nach dem Motto: Sicher ist sicher. Denn seine eigentliche Liebe gehörte dem Kult von »Sol Invictus«, der unbesiegten Sonne. Und dieser unbesiegten Sonne war der Sonntag geweiht. Natürlich beeilten sich die Würdenträger des Christentums, diesen vom Kaiser bevorzugten Aspekt in ihre Kulthandlungen einzubeziehen. So geschah es, dass der Tag der Sonne, der Sonntag, zum Tag des Herrn wurde.

Am offensichtlichsten wird die Verbindung des Jakobusweges mit der Sonne, wenn wir die geographische Lage Santiago de Compostelas in Betracht ziehen. Der Pilger auf dem Weg nach Santiago folgt der Sonne auf dem Weg nach Westen, in das nächtliche Reich der Schatten.

Gleichzeitig jedoch schiebt er den Sonnenuntergang mit jedem Tag etwas weiter hinaus: In Santiago geht die Sonne etwa eine Stunde später unter als in Barcelona, an der Mittelmeerküste. Die tägliche Wanderung der Sonne ist also nicht ohne Einfluss auf den Jakobusweg. Aber der Jakobusweg führt zu einem Grab, und am Ende des Weges sah der Pilger die Sonne endgültig im Meer versinken.

Jules Verne (1828–1905) ließ in seinem berühmten Roman »In achtzig Tagen um die Erde« seinen Helden Phileas Fogg den umgekehrten Weg einschlagen: nach Osten, also der aufgehenden Sonne entgegen. Fogg, ein Engländer, schließt in seinem Club eine Wette ab, dass es möglich sei, in achtzig Tagen einmal rund um die Welt zu reisen. Nach seiner Rückkehr war Fogg der Meinung gewesen, seine Wette verloren zu haben, weil er für seine Weltreise nicht, wie vereinbart, achtzig Tage, sondern einundachtzig benötigt hatte. Im letzten Moment stellt sich heraus, dass er sich geirrt hat. Weil seine Reiseroute Richtung Osten führte, war für ihn jeder Tag um durchschnittlich achtzehn Minuten kürzer gewesen als für seine Clubgenossen in der englischen Heimat. Nach achtzig Tagen hatte sich diese Differenz unmerklich zu einem vollen Tag addiert.

Eigentlich eine perverse Situation: Fogg, welcher der aufgehenden Sonne folgt, also dem Morgen, unternimmt eine Reise in seine eigene Vergangenheit. Der Jakobuspilger, der die Gegenrichtung einschlägt, begibt sich in die Zukunft. Und das, obwohl er der sterbenden Sonne folgt.

Im Prinzip paradox. Aber wahr: Es gibt keine Zukunft ohne den Tod. Das Symbol der Sonne wiederholt somit die Gleichnisse von Tod und Auferstehung beziehungsweise Wiedergeburt, wie sie der Jakobusweg auch an anderer Stelle lehrt.

Der Hahn, ein Sonnentier

Warum ist die Sonne in den romanischen
Sprachen männlich?

Die Sonne ist jedoch nicht nur selbst ein Symbol, sondern wird auch durch weitere Symbole repräsentiert. Eines der bekanntesten ist zweifellos der Hahn, der sie schließlich jeden Morgen lauthals begrüßt.

Wir haben bereits besprochen, dass der Pilger diesem Symbol, einem lebenden Symbol im wahrsten Sinne des Wortes, in

Santo Domingo de la Calzada begegnet: in der Kirche, begleitet von einem Huhn.

Auch hier gilt das bereits mehrfach Gesagte: Würde sich die Präsenz des Hahnes auf diese eine Stelle beschränken, könnten wir sie als lokale Kuriosität abtun. Was manche durchaus machen. Sie führen auch die Graffiti von Hähnen, welche mittelalterliche Pilger im Gefängnis von Triacastela hinterließen, schlicht auf die Langeweile von dort eingesperrten französischen Pilgern zurück. Gallien leite sich von »Gallus«, dem lateinischen Wort für Hahn, ab. Sei der Hahn schließlich nicht das Symbol Frankreichs?

Und was ist mit dem Namen des »Torre del Gallo«, des Hahnenturmes von León? Logisch, dass dieser den Zweiflern zufolge auf den dort angebrachten bronzenen Hahn zurückzuführen ist. Nur wirft diese Erklärung lediglich eine weitere Frage auf: Warum ist dort ausgerechnet ein Hahn angebracht? Warum ist der Hahn generell das beliebteste Motiv für Wetterfahnen auf hohen Gebäuden, die gleichfalls jeden Morgen als erste die Sonne begrüßen?

Nur, wir haben es bereits angedeutet, nicht nur der Hahn an sich, sondern konkret die Geschichte um einen Hahn, der einen unschuldig zum Tode Verurteilten rettet, machte ursprünglich auf dem gesamten Jakobusweg die Runde. Wobei der Hahn in der ursprünglichen Version überhaupt nicht auftaucht: Er wurde bewusst nachträglich integriert. Das so genannte »Galgenmirakel« wurde zum »Hühnermirakel«. Der portugiesischen Überlieferung zufolge spielte die Episode sich in Barcelos ab, einer kleinen Stadt in der Nähe von Braga. Auch dort sei ein Pilger des Diebstahls angeklagt und zum Tode durch Erhängen verurteilt worden. Er flehte den heiligen Jakobus um Hilfe an und verkündete, dass zum Beweis seiner Unschuld der gebratene Hahn, den der Richter sich zu verzehren anschickte, wieder zum Leben erwachen und krähen werde. Dieses Wunder ließ der Pilger in einem Denkmal verewigen, das noch immer im Museum von Barcelos vorgezeigt wird. Damit nicht genug, hat sich aus dieser Anekdote eine ganze Industrie entwickelt. In Barcelos werden heute noch wunderhübsche und bunt bemalte Hähne fabriziert, welche ein beliebtes Souvenir darstellen. Ähnliches gilt im Übrigen auch für Santo Domingo de la Calzada. Dort werden speziell krähende Spielzeug-Hähne und Teller mit dem Konterfei des Heiligen, umrahmt von Hahn und Henne, angeboten.

Die Henne, welche sich in Santo Domingo de la Calzada tummelt, ging in der portugiesischen Version unter. Wie auch die anderen Frauen, welche in der Geschichte vorkommen: auf der einen Seite die Mutter des Gehenkten, auf der anderen eine Wirtstochter oder Schankmagd, deren Annäherungsversuche der junge Mann zurückweist, worauf sie aus Rachsucht das Gefäß, für dessen Diebstahl er dann mit dem Tode bestraft werden soll, in sein Gepäck schmuggelt.[48]

Dies führt uns generell zu der Frage, welches Geschlecht das Symbol, das hinter dem Hahn steht, hat: die Sonne. Für jemanden, der nur Deutsch spricht, mag diese Frage müßig sein. Er ist mit dem Bild von Frau Sonne und dem Mann im Mond groß geworden. Auch für die Kelten war die Sonne weiblich. Ein Japaner ginge mit dieser Auffassung gleichfalls einig. Seiner Überlieferung nach vereinigt sich jeder seiner Herrscher bei seiner rituellen Einsetzung mit der Sonnengöttin Amaterasu, von der die Dynastie abstammen soll.

Wer jedoch eine der romanischen Sprachen lernt, muss umdenken. Das grammatikalische Geschlecht der Sonne ist dort männlich, das des Mondes weiblich. Dahinter steht die Logik, dass die Sonne strahlend und aktiv ist, der Mond hingegen ihr Licht lediglich reflektiert. Die Sonne ist also befruchtend und somit männlich, der Mond hingegen aufnehmend, also weiblich. Diese Auffassung sieht sich bestätigt durch die unbestreitbare Tatsache, dass ein regelmäßiger weiblicher Zyklus ausgerechnet achtundzwanzig Tage hat und so der Dauer des Mondzyklus entspricht.

Vermutlich gehen manche spanische Autoren aus diesen Gründen davon aus, dass ein Sonnenkult ein männliches Prinzip verehre und deshalb von einer patriarchalischen Kultur zeuge. Sie wollen sogar Hinweise darauf gefunden haben, dass dieser patriarchalische Sonnenkult dem Volk, das eigentlich den – weiblichen – Mondkult bevorzugte, bisweilen gewaltsam aufgezwungen wurde. Vielleicht ist diese unterschiedliche Interpretation, nämlich dass die einen die Sonne als männlich und die anderen sie als weiblich betrachten, ganz einfach darauf zurückzuführen, dass in kälteren Ländern, zum Beispiel Deutschland, die Sonne nur selten als übermächtig hell, kämpferisch und somit männlich-verzehrend empfunden wird – ganz im Gegenteil: Warme Tage sind normalerweise hochwillkommen. Schon immer feierten dort die Menschen begeistert das Ende des Winters, das Wiedererstarken der Sonne im Frühjahr. Wer sich frierend einen langen Winter lang nach Wärme sehnt, dem braucht man keinen Sonnenkult aufzuzwingen.

Was nicht ausschließt, dass sich irgendwann das Vorzeichen der Sonne geändert hat, von weiblich auf männlich. Konkret: vermutlich unter Konstantin. Denn der Kult von »Sol Invictus« ging tatsächlich von einer männlichen Sonne aus.

Die Erde

Legenden um den heiligen Jakobus und alte Marienstatuen zeugen von der Präsenz alter Kulte um Erd- und Vegetationsgöttinnen auf dem Jakobusweg.

Aber der heilige Jakobus beziehungsweise sein Namenstag hat auch mit der Erde zu tun. Denn der Beginn der Hundstage fällt mit der ersten Ernte zusammen. Wie sagt der bereits zitierte alte bayerische Spruch? »Wenn die Hundstage beginnen, stellt sich Sankt Jakobus ein und spannt die Pferde an.«

Der gleiche Zusammenhang zwischen dem heiligen Jakobus und der Erde beziehungsweise ihrer Fruchtbarkeit offenbart sich auch, wenn wir die prinzipielle Legende, wie die Muschel zum Sinnbild des heiligen Jakobus wurde, genauer untersuchen: die Legende um den Reiter, der bei einem Fest ins Meer stürzte und mit Muscheln übersät wieder auftauchte. Der Anlass für dieses Fest sei nämlich eine Hochzeit im Kreise der Bewohner von Maia[49] und Gaia gewesen. Maia war der Name der römischen Frühlingsgöttin, an die heute noch, zumindest einer Interpretation zufolge, der Monat Mai erinnert. Eindeutige Anklänge, wenn nicht an die Venus selbst, so doch an die alten Erd- und Vegetationsgöttinnen. Gaia hingegen ist nichts anderes als ein anderer Ausdruck für Gäa, die personifizierte Erde. So meinen zumindest verschiedene Autoren, speziell in Spanien.

Wir haben bereits besprochen, dass die alten Tempel nicht an beliebigen Orten errichtet wurden, sondern dort, wo sie ein bestehendes Kraftfeld tellurischer Strömungen auffangen und verstärken konnten. Und dass christliche Missionare später versuchten, diese Verehrung umzulenken: indem sie genau an diesen Stellen Kirchen errichteten. Zum Beispiel die in Villafranca del Bierzo, deren »Kraftfeld« heute noch aktiv sei. Allerdings zieht sich diese Erkenntnis von der Eignung bestimmter Orte als Kultstätten zurück bis in die Steinzeit. Schon die Megalithbauten seien nicht an beliebiger Stelle errichtet worden.

Genauso haben wir besprochen, dass verschiedene Autoren die Konzentration von megalithischen Bauten beziehungweise westgotischen Kirchen gerade im nördlichen Teil Spaniens, durch den sich der Jakobusweg zieht, für bedeutsam halten. Sie zeugten davon, dass an diesen Stellen die Erdströmungen besonders stark waren. Sie seien Symbole der Erdmutter gewesen, ihr »Bauch« habe für Einweihungen in das Geheimnis von Tod und Wiedergeburt gedient. Auch Menhire, so suggestiv ihre phallische Form sein mag, waren ursprünglich weibliche Symbole. Der phallische Stein, der im griechischen Delphi als Mittelpunkt des Erdkreises verehrt wurde, galt schließlich als Nabel der Welt. Und eine Nabelschnur zeugt notgedrungen von einer Verbindung zu einer weiblichen Gottheit. Der Sonnengott Apollo wurde erst zum Hauptgott Delphis, als er, so behauptet die Legende, die dort hausende Pythonschlange – also ein Symbol der Erde – besiegt hatte.

Diese uralte Verehrung alter Erdgöttinnen, so verschiedene spanische, aber auch französische Autoren, sei auch die ultimative Erklärung für die Allgegenwart der Jungfrau Maria auf dem Jakobusweg. Sie löste lediglich diese alten Göttinnen ab. Das sei auch der Hintergrund dafür, dass sich um sehr viele alte Marienstatuen eine Legende über ihre Auffindung ranke und die Komponenten solcher Geschichten gerne etwas mit der Erde oder der Fruchtbarkeit der Erde zu tun haben. Zum Beispiel, weil die Statue sich in einer Grotte oder Erdhöhle[50] versteckt hatte. Das bekannteste Beispiel hierfür auf dem Jakobusweg ist die Madonna von Nájera. Ein Jagdfalke des Königs habe im Jahre 1044 eine Taube verfolgt, plötzlich waren beide verschwunden. Schließlich fand man sie in trauter Eintracht nebeneinander in einer Höhle bei einer Marienstatue sitzend. Die ursprüngliche Statue der Madonna von Roncesvalles – die jetzige ist nicht das Original – wurde der Legende nach in einem steinernen Gewölbe entdeckt: dank eines Hirsches mit leuchtendem Geweih, der einige Schäfer dorthin geführt hatte.

Andere Madonnen verbargen sich in einem hohlen Baum oder einer Astgabelung. Diese auf wundersame Weise wieder entdeckten Marienstatuen erkennt man oft schon an ihrem Namen: Weil er mit einem Garten, einem Baum oder einer Frucht zu tun hat. Auch auf dem Jakobusweg haben sich solche »Baummadonnen« niedergelassen. Eine der bekanntesten ist »Santa María de los Huertos«, die heilige Maria von den

Obstgärten, verehrt in Puente la Reina. Die Kirche, die früher ihren Namen trug und heute dem Kruzifix geweiht ist, gehörte einst den Templern, die sowieso für ihren Marienkult berühmt sind.[51] Den Templern gehörte auch die Kirche der »Virgen de la Encina«, der Jungfrau der Eiche, von Ponferrada. Zumindest die ursprüngliche Kirche. Die heutige Basilika stammt aus dem 16. Jahrhundert. Eine weitere der Jungfrau Maria geweihte Kirche mit Anklängen an die alten Erdgöttinnen befindet sich in Castrojeriz: die »Virgen del Manzano«, die Jungfrau des Apfelbaums. Die Schwarze Madonna von Osorno, nördlich von Frómista und somit in der Nähe des Jakobusweges gelegen, wurde in einem Feigenbaum entdeckt. »Nuestra Señora de Valvanera« wurde gleichfalls in einer Eiche gefunden, die heute noch in stilisierter Form die Statue umgibt.

Auch Rosen- oder Dornenhecken waren ein beliebter Fundort für alte Madonnen. So wurde »Nuestra Señora del Puy« von Estella in einer Dornenhecke gefunden.

Genauso ist bezeichnend, dass sich viele solcher Statuen dem Ort ihrer Auffindung sehr verbunden fühlten und sich geweigert haben sollen, ihn zu verlassen: zum Beispiel, indem sie sich so schwer machten, dass man sie nicht bewegen konnte. Oder indem sie über Nacht wieder an ihren Fundort zurückkehrten. Ein klarer Hinweis darauf, dass es in erster Linie auf einen bestimmten Ort ankommt, dessen Kult durch eine solche Statue lediglich in christliche Bahnen kanalisiert wurde.

Das ist übrigens der große Unterschied zwischen der Verehrung der mittelalterlichen Marienstatuen und den Reliquien der Heiligen. Denn nur von den wenigsten Heiligen wird berichtet, dass sie Wert auf einen bestimmten Standort für ihre Reliquien legten. Aimery Picaud führt vier auf, die, so behauptet er, nicht bewegt werden konnten, darunter den heiligen Jakobus selbst. Nur ließ auch dieser sich dem Vernehmen nach klaglos zerstückeln. Das beweist die Reliquie seines Schädelknochens in Pistoia.

Die Madonna und der Stier

In den Legenden um die Auffindung alter Marienstatuen kommt häufig ein Stier vor. Der Stier ist auch das Symbol des Evangelisten Lukas, der einige dieser Statuen geschaffen haben soll. Besteht hier ein Zusammenhang?

Wir haben in einem vorangegangenen Kapitel besprochen, dass der Stier ein sehr ambivalentes Symbol ist. Weil er zwar auf den ersten Blick wie eine Verkörperung der Männlichkeit aussieht, jedoch durchaus weibliche Assoziationen hat, zum Beispiel in der Astrologie. Diese Assoziationen hat das Christentum übernommen.

Denn es gibt eine ganze Reihe von Geschichten, welche die Auffindung einer wundertätigen Madonnenstatue auf einen Ochsen oder Stier zurückführen. Zum Beispiel beim Pflügen oder weil das Tier sich verlaufen hatte und neben der Statue wieder gefunden wurde. Auch hierfür gibt es unzählige Beispiele. Greifen wir einige davon heraus.

In Sarrance, auf der »Via Tolosana« gelegen, kurz bevor sie die Pyrenäen überquert, beobachtete ein Schäfer einen Stier, der vor einem Stein niederkniete. Nachdem man die Lehmverkrustungen entfernt hatte, stieß man auf eine Darstellung der Madonna. »Nuestra Señora de Aránzazu« im Baskenland, etwa sechzig Kilometer nördlich von Logroño, wurde mit einer Glocke, wie sie dem Vieh umgehängt wird, neben sich gefunden. So erklärt zumindest die Legende, dass eine solche Glocke heute noch neben der Statue steht.

Auf der Insel Menorca[52] wurde »Nuestra Señora del Toro«, Unsere Liebe Frau vom Stier, sogar von einem solchen bewacht. Die Jungfrau von Franqueira bei Mondáriz, etwa hundert Kilometer südlich von Santiago de Compostela, gestattete zwar, dass man sie von ihrem Fundort auf einem Berggipfel entfernte – die meisten Marienstatuen waren nicht so großzügig –, aber der Ort für die Errichtung ihres endgültigen Heiligtums wurde durch die Ochsen ausgesucht, die vor ihren Wagen gespannt waren. Also mittels der gleichen Methode, mit der auch der Ort für das Mausoleum des heiligen Jakobus bestimmt wurde.

Nicht einmal die offizielle christliche Weihnachtsgeschichte kommt ohne dieses Symbol des Stieres aus: Warum ist die Krippe ohne Ochse und Esel nicht vollständig, obwohl keines der kanonischen Evangelien ihre Präsenz erwähnt? Man kann sich des Eindrucks nicht erwehren, dass, wo immer die Jungfrau Maria ins Spiel kommt, der Ochse oder Stier nicht weit ist.

Und das nicht nur bei der Auffindung von alten Marienstatuen. Die offizielle Erklärung besagt, dass die vier Symbole, welche den vier Evangelisten zugeschrieben werden – dem heiligen Matthäus ein geflügeltes menschliches Wesen, dem heiligen Markus, wie bereits besprochen, ein Löwe, dem heiligen Lukas ein Stier, dem heiligen Johannes ein Adler – aus den Visionen des Ezechiel stammen (Ez 1/5 ff). Das mag stimmen. Jedoch ist auffallend, dass es gerade vom heiligen Lukas heißt, er habe die ältesten künstlerischen Darstellungen der Jungfrau Maria geschaffen, sowohl in Form von Gemälden als auch von Statuen. Auf dem Jakobusweg zum Beispiel werden ihm die »Virgen de la Majestad« von Astorga und »Nuestra Señora de Valvanera« zugeschrieben. Und genau sein Symbol ist der Stier. Das würde bis zu einem bestimmten Punkt erklären, warum bei der Auffindung von alten Marienstatuen immer ein Stier beteiligt ist.

Dass sich in vielen katholischen Kirchen Darstellungen von Stieren wieder finden, darf uns angesichts dieser Assoziation mit dem Evangelisten Lukas nicht erstaunen. Das gilt natürlich auch für den Jakobusweg.

Wurde also der heilige Lukas mit dem Stier assoziiert, weil er als legendärer Schöpfer von künstlerischen Darstellungen der

Madonna gilt und diese einen Stier im Gefolge hat? Oder wurde der Jungfrau Maria ein Stier beigegeben, weil er das Sinnbild des Mannes ist, der die ersten Statuen und Bilder von ihr geschaffen haben soll?

Ein weiteres Indiz lässt auf Ersteres schließen: die Tatsache, dass Lukas der einzige Evangelist ist, der im Detail die Ereignisse im Leben Jesu beschreibt, bei denen die Jungfrau Maria im Vordergrund steht, nämlich seine Empfängnis und Geburt, ebenso seine Präsentation im Tempel, die mit ihrer eigenen Reinigungszeremonie einherging (Kapitel 1 und 2 des Lukasevangeliums). Bezeichnend ist auch, dass die Überlieferung prompt diese Geburtsszene bei Lukas um den Ochsen und den Esel neben der Weihnachtskrippe ergänzte.

Der Grund, warum der Stier oder der Ochse zum Emblem der Jungfrau Maria wurde, ist unschwer einzusehen. Wir haben ihn bereits besprochen: Der Stier gehört traditionell zu den Symbolen, welche mit der Erde assoziiert werden und somit einen weiblichen Einschlag haben. Es bot sich an, nach der Christianisierung dieses uralte Symbol mit der mächtigsten weiblichen Gestalt der christlichen Ideologie zu verbinden.

Was jedoch auf den ersten Blick sehr wohl erstaunen könnte, ist die Tatsache, dass sich gerade in Spanien, wo der Zusammenhang des Stieres mit der Jungfrau Maria genauso präsent ist wie in anderen Ländern, ein barbarisches Relikt wie der Stierkampf erhalten hat. Nicht nur, dass die Toreros als Verkörperung des »Machismo« in Reinkultur gelten. Verschiedene Autoren weisen auch darauf hin, dass der Stierkampf an sich deutliche Anklänge an die Einweihungszeremonie des Mithraskultes hat, also nicht nur eine heidnische, sondern auch eine männlich dominierte Angelegenheit sei: Der Mithraskult weihte generell keine Frauen ein.

Dabei wird jedoch gerne vergessen, dass das Stieropfer keinesfalls dem Mithraskult vorbehalten war. Auch der Kult der alten Muttergöttinnen kannte das rituelle Stieropfer und praktizierte es in der gleichen Form wie der Mithraskult: der Einzuweihende wurde unter ein Gitter gestellt und von dem Blut des auf diesem Gitter geschlachteten Stieres »getauft«.

Der Mond

Was hat die unregelmäßige Verteilung der so genannten Heiligen Jahre von Santiago de Compostela mit dem Mondzyklus zu tun?

Im einleitenden Abschnitt zu diesem Kapitel über die Symbole haben wir auch besprochen, dass alte Göttinnen, so die ägyptische Hathor, Hörner tragen. Bisweilen wird sogar die Isis, die wichtigste Göttin Altägyptens, so dargestellt. Der Grund hierfür sei wiederum beim Mond zu suchen: weil seine Umlaufzeit nun einmal achtundzwanzig Tage beträgt und somit einem regelmäßigen weiblichen Zyklus entspricht. Und die Mondsichel ähnelt den beiden Hörnern eines Rindes. Zumindest, wenn man sie waagrecht legt. Obwohl die Jungfrau Maria das Attribut des Stieres von den alten Göttinnen übernommen hat, was sich in den Legenden über ihre Auffindung niederschlug, käme wohl niemand auf die Idee, sie direkt mit Hörnern darzustellen. Wohl jedoch auf der Mondsichel stehend beziehungsweise sitzend. Dieses Bild, der Mond zu Füßen eines weiblichen Wesens, taucht auch in der Apokalypse des Johannes auf (Offb 12/1).

Genau solchen Darstellungen der Jungfrau Maria, nämlich auf der Mondsichel thronend, begegnet man auch auf dem Jakobusweg. Die bekanntesten sind wohl »Nuestra Señora de Rocamador« der Kirche »Santa María la Real« von Sangüesa, die Jungfrau von Le Puy in Estella und »Santa María del Manzano« von Castrojeriz.

Nur würde dies allein noch nicht rechtfertigen, den Mond als wichtiges Symbol ausgerechnet des Jakobusweges zu besprechen. Die Verbindung zwischen dem Mond und dem Jakobusweg liegt tiefer. Sie hat mit den so genannten Jubeljahren zu tun. Wir haben besprochen, dass ein solches immer dann ausgerufen wird, wenn der 25. Juli, der Namenstag des heiligen Jakobus, auf einen Sonntag fällt. Was zu einer äußerst unregelmäßigen Verteilung dieser Jubeljahre führt. Das letzte war 1999, das nächste wird 2004 sein.

Das Jubeljahr findet nämlich viermal in achtundzwanzig Jahren statt, jeweils nach sechs, elf, sechs und fünf Jahren. Dann wiederholt sich der Zyklus. Was natürlich den Pilgerstrom sehr unregelmäßig fließen lässt. Und gleichzeitig dazu führt, dass viele potenzielle Besucher erst kurz vor dem Ereignis erfahren, dass wieder ein Jubeljahr ansteht. Um es eventuell zu verpassen. Wäre es nicht logischer und sinnvoller, diese Jubeljahre in regelmäßigen Abständen stattfinden zu lassen, so wie in Rom?

Erinnert dieser Zyklus von achtundzwanzig Jahren nicht an den des Mondes mit seinen achtundzwanzig Tagen? Mehr noch, erinnert das viermalige Feiern des Festes in diesem Zeitraum nicht an die vier Phasen des Mondes: Vollmond, abnehmend, Neumond, zunehmend?

Diese weibliche Natur der periodischen Wiederholung des Jubeljahres finde ich persönlich noch durch das Ritual betont, welches jedes Jubeljahr einläutet: Die so genannte Heilige Pforte der Kathedrale von Santiago de Compostela, die normalerweise immer zugemauert ist, wird aufgebrochen. Ich kann mir nicht helfen, mich erinnert dieser Vorgang an eine Entjungferung, eben aufgrund dieser Assoziation mit der Zahl achtundzwanzig.

Jedoch wird die periodische Wiederholung von achtundzwanzig Jahren nicht als Mondzyklus, sondern als großer Sonnenzyklus bezeichnet. Denn jeweils nach achtundzwanzig Jahren fallen alle Wochentage eines Jahres wieder auf genau das gleiche Datum.[53]

Wir haben oben besprochen, dass die Apokalypse eine Frau mit der Mondsichel zu ihren Füßen beschreibt. Doch geht die Apokalypse noch weiter. Die gleiche Frau hat einen Kranz aus zwölf Sternen um den Kopf und hüllt sich in die Sonne (Offb 12/1-4). Die unbekannte schöne Frau des Hoheliedes wird trotz ihrer dunklen Hautfarbe gleichfalls sowohl mit der Sonne als auch dem Mond verglichen (Hld 6/9).

Nur haben wir bereits angedeutet, dass der Mond ein ebenso ambivalentes Symbol wie die Sonne ist. Im Deutschen ist er männlich, in den romanischen Sprachen weiblich. Im Gegenzug haben wir besprochen, dass die Sonne nicht unbedingt ein patriarchalisches Symbol darstellen muss, dass es vielmehr Indizien gibt, welche von einer Umlenkung eines ursprünglich weiblichen Symbols zeugen. Das bedeutet nicht, dass ich allen Symbolen, die einen Bedeutungswandel erfahren haben, ihre ursprüngliche Form zurückgeben möchte, unter Ausschluss der jetzigen. Vielleicht wäre es das Ideale, wenn man die ambivalente Bedeutung des Symboles erkennen und anerkennen würde. So wie schon die alten Ägypter. Ihr Sonnengott Amun Re ist männlich, aber sie stellten genauso die Göttin Hathor als Kuh mit der Sonnenscheibe zwischen den Hörnern dar.

Es sieht so aus, als sei den gängigen Darstellungen der Jungfrau Maria das Attribut der Sonne nicht zuerkannt worden – vielleicht, weil es in der christlichen Überlieferung zu sehr mit der Gestalt Jesu verknüpft ist. Wiederum seit Konstantin, der es sich natürlich nicht nehmen ließ, »Sol Invictus«, die siegreiche Sonne, mit Jesus zu identifizieren. Was natürlich durch die unwillkürliche Assoziation zwischen der Auferstehung und dem Symbol des strahlenden neuen Morgens erleichtert wurde. Der jüdische Tag hingegen beginnt am Vorabend, der Sabbat demzufolge am Freitagabend.

Allerdings scheint die Jungfrau selbst bisweilen Anstalten zu machen, sich dieses Symbol, die Sonne, zurückzuholen. Denn zu den Standardwundern der Marienerscheinungen in diesem Jahrhundert gehört der so genannte Sonnentanz. Ein solches Ereignis soll sich nämlich nicht nur in Fatima vor Zeugen abgespielt haben.

Die Biene

Der Zusammenhang zwischen Jesus, Maria und den Bienen. Warum die jungfräuliche Geburt eines Sohnes biologisch nur im Bienenreich möglich ist.

Kehren wir nunmehr zu einem weiteren Symbol zurück, das wir bereits angesprochen haben: der Biene. Wir haben untersucht, dass der Bienenschwarm, der sich aus dem Grab von Juan de Ortega erhoben haben soll, mit den Seelen der Ungeborenen identifiziert wurde. Und dass die Biene in der Symbolik als Sinnbild der Auferstehung gilt. Und somit auch des auferstandenen Christus. Jedoch wird Jesus generell gerne mit der Biene assoziiert. Ihr Honig stehe für seine Güte, ihr Stachel für seine richterliche Gewalt.

Eigentlich seltsam, wenn man bedenkt, dass die Biene im Prinzip recht weibliche Assoziationen hat. Und das, obwohl die meisten Bienen eines Stocks zwar weiblich, aber steril und somit Neutren sind. Ein Bienenstock beherbergt üblicherweise nur ein fruchtbares weibliches Tier: die Königin. Diese vereinigt sich einmal in ihrem Leben, bei ihrem Hochzeitsflug, mit einer männlichen Biene. Mit dem dabei aufgenommenen Samen sorgt sie die nächsten Jahre für die Fortpflanzung des Stockes. Aus den befruchteten Eiern werden Arbeiterinnen, aus den unbefruchteten Drohnen, männliche Bienen.

Genau in dieser Tatsache offenbart sich die ganze Tiefe der Symbolik, welche Jesus mit den Bienen verbindet: seine Geburt aus einer Jungfrau. Die das Geschlecht bestimmenden Chromosomen des Menschen werden »X« und »Y« genannt. Eine Frau hat zwei X-Chromosomen, ein Mann ein X- und ein Y-Chromosom aufzuweisen. Diese Chromosomen werden bei der Zeugung eines Kindes weitergegeben. Jeder Partner liefert die Hälfte des Chromosomensatzes. Bestimmend für das Geschlecht des Kindes ist das Chromosom des Mannes. Die Frau steuert immer ein X-Chromosom bei, der Mann entweder ein X- oder ein Y-Chromosom. Im ersten Fall zeugt er ein Mädchen, im zweiten einen Jungen. Theoretisch müsste also eine jungfräuliche Zeugung, Parthenogenesis genannt, bei der eine Frau ohne einen Partner ein Kind hervorbringt, im Menschenreich unweigerlich zur Geburt einer Tochter führen: Eine Frau hat nur X-Chromosomen und kann auch nur solche weitergeben.

Bei den Bienen hingegen ist es umgekehrt. Ein unbefruchtetes Ei, das ausschließlich die Erbmasse der Königin enthält, entwickelt sich zu einer männlichen Biene. Für das Wunder der Inkarnation bot sich der Vergleich mit dem Reich der Biene geradezu an.

Hier könnte natürlich der Einwand kommen, dass die Bedeutung der Chromosomen eine Entdeckung unserer Zeit ist. Das stimmt. Im Prinzip. Jedoch bin ich der festen Überzeugung, dass zumindest manche unter unseren Altvordern eine intuitive Ahnung von solchen Vorgängen hatten. Mehr noch, dass sie an einer Wirklichkeit teilhatten, mit der verglichen unserer Wirklichkeit genauso eine Dimension fehlt wie der virtuellen Umgebung des Internet-Surfers verglichen mit der unseren.

Nur die weiblichen Larven, welche mit einer bestimmten Nährflüssigkeit, dem Gelee royale, gefüttert werden, können sich später fortpflanzen. Alle anderen eigentlich weiblichen

Bienen durchlaufen in ihrem kurzen Leben verschiedene Funktionen innerhalb des Stockes. Manche Autoren vergleichen diesen Lebenslauf mit einer Einweihung in verschiedenen Stufen. Die Biene gilt daher auch als Symbol von Geheimgesellschaften oder, besser gesagt, Gesellschaften, in denen eine Einweihung stattfindet.

Daneben gibt es jedoch kaum ein Tier, das sich besser als Sinnbild einer allmächtigen Muttergottheit eignet als die Bienenkönigin. Aus diesem Grund ist es nicht weiter erstaunlich, dass manche Madonnenstatuen konkret mit Bienen assoziiert werden.

So die uns inzwischen wohl bekannte »Nuestra Señora de Valvanera«. Denn der Mann, der sie finden sollte, erkannte ihr Versteck an dem nahe gelegenen Bienenstock. Ein Engel hatte ihm aufgetragen, in der hohlen Eiche neben diesem Bienenstock zu suchen. Daneben teilt die Madonna von Valvanera sogar noch eine Eigenschaft konkret mit der Bienenkönigin: Sie duldet keine Rivalinnen. Junge geschlechtsreife Königinnen pflegen den Stock in Begleitung von anderen Bienen zu verlassen und eine neue Kolonie zu gründen.

Und noch heute markiert ein modernes Kreuz aus Aluminium in der Nähe des Klosters die Stelle, die einst von Frauen nicht überschritten werden durfte. Früher war das Kloster von solchen Markierungen umgeben. Später durften Frauen zwar die Gastfreundschaft des Klosters genießen, mussten jedoch spätestens nach neun Tagen seinen Bezirk wieder verlassen haben. Das weibliche Wesen, das dieses Gebot verletzte, sollte innerhalb von neun Tagen sterben. Man sagt, dass Königin Isabella von Kastilien auch hier das Schicksal herausfordern und es ausprobieren wollte. Allerdings nicht am eigenen Leib. Sie blieb nämlich nicht selbst im Klosterbezirk, sondern befahl einer ihrer Hofdamen, das Versuchskaninchen zu spielen. Einem Bericht nach sei diese am zehnten Morgen tot aufgefunden worden.

In einem Ort namens Bañuelos befinde sich gleichfalls eine Kapelle, die »Nuestra Señora de las Abejas«, Unserer Lieben Frau der Bienen, geweiht ist. Nur konnte ich noch nicht feststellen, welcher Ort gemeint ist: das Dorf Bañuelos bei Belorado und somit ganz in der Nähe von San Juan de Ortega und seinem legendären Bienenschwarm oder ein gleichnamiger Ort bei Guadalajara, also im Zentrum Spaniens.

Das Bindeglied: das weibliche Element

Die gesamte Symbolik des Jakobusweges ist von subtilen Hinweisen auf einen ganz bestimmten Aspekt durchdrungen: das weibliche Prinzip.

Spätestens jetzt sollte der geneigte Leser merken, dass sich durch die gesamte Symbolik des Jakobusweges ein unterschwelliges Bindeglied zieht: das weibliche Element. Das gleiche weibliche Element, das ich auch schon im Orden der Tempelritter[54], bei den Rosenkreuzern[55] und den Freimaurern lokalisiert habe.

Ich bin darauf gefasst, dass mir Kritiker vorwerfen werden, ich würde gewaltsam nach einem solchen weiblichen Element suchen und alles Mögliche dazu machen. Beziehungsweise Kritikerinnen. Frauen sind in dieser Hinsicht ihren Geschlechtsgenossinnen gegenüber wesentlich intoleranter als Männer. Speziell Frauen, die es geschafft haben, in eine Domäne einzudringen, in der eigentlich Männer das Sagen haben. So wurden die Lehren Sigmund Freuds (1856–1939) schon zu seinen Lebzeiten von seinem eigenen Schüler Carl Gustav Jung (1875–1961) wieder relativiert. Jung war der Meinung, dass Phänomene wie der Ödipuskomplex und der Penisneid nicht zur Grundstruktur des Mannes beziehungsweise der Frau gehören müssen, sondern auch gesellschaftliche Hintergründe haben. Dennoch gehört die freudsche Psychoanalyse nach wie vor zu den am weitesten verbreiteten Systemen der Psychologie. Aber wenn man die einschlägige Literatur liest, so bekommt man den Eindruck, als seien die eifrigsten Freudianer Frauen, die sich selbst als lebende Beispiele für den Penisneid präsentieren wollen.

Carl Gustav Jung hingegen kam zu anderen Schlussfolgerungen. Er stellte die Theorie von einem kollektiven Unbewussten vor, einem gemeinsamen Gedächtnis der Menschheit, aus dem sich immer wieder bestimmte Urbilder, Archetypen, erheben. Und zu den mächtigsten Urbildern gehört das der Großen Mutter.

Ich versichere nochmals, dass es keinesfalls in meiner Absicht liegt, einen Geschlechterkrieg oder den feministischen Umsturz zu predigen. Ich möchte lediglich darauf hinweisen, dass es ohne dieses weibliche Element nicht geht. Und dass ich nicht die Einzige bin, die diese These vertritt. Man kann dieses weibliche Element zwar in den Hintergrund drängen, weil es nicht zur herrschenden Ideologie passt, unter anderem, indem man die Bedeutung von Symbolen umkehrt, aber man muss darauf gefasst sein, dass sich die Situation irgendwann wieder berichtigt. Ein gewaltsam aufrechterhaltenes Ungleichgewicht ist nicht dynamisch und birgt das Risiko in sich, dass es früher oder später ebenso gewaltsam umgestoßen wird, bis sich die Lage wieder ausbalanciert.

Eine solche dynamische Harmonie illustriert das orientalische Yin-Yang-Symbol: ein Kreis, der sich in eine helle und eine dunkle Hälfte teilt. Nur ist die Trennung nicht geradlinig, sondern geschweift. Und in jeder Farbe befindet sich ein einzelner Punkt der Gegenfarbe.

Auch das Judentum, das Vorbild der patriarchalischen Religionen, kommt ohne das weibliche Element nicht aus.[56] Das Alte Testament betont die Bedeutung der Weisheit Gottes, indem es ihr ein ganzes Buch widmet. Die Weisheit Gottes ist im Hebräischen weiblich.

Besonders präsent ist dieses weibliche Element in der Kabbala, der jüdischen Geheimlehre, welche seit Jahrhunderten nicht nur Juden fasziniert. Eines der Hauptwerke der Kabbala ist das so genannte Buch des Glanzes, der Sohar. Eine wichtige Rolle kommt im Sohar der Schechina zu, der Anwesenheit Gottes auf der Erde. Diese Schechina ist weiblich. Der Sohar betont ausdrücklich, dass die Schechina nur dort, wo das männliche und das weibliche Element sich vereinigen, auf der Erde festgehalten werden könne. Das Männliche und das Weibliche entsprächen Himmel und Erde, beide gehörten zusammen, genauso wie Tag und Nacht. Nicht umsonst fasse das Buch Genesis immer wieder einen Abend und einen Morgen zu einem Tag zusammen.

Der Sohar gab zwar vor, das Werk eines Talmudisten des 2. Jahrhunderts zu sein, tauchte jedoch erst im 13. Jahrhundert auf. Als sein wahrer Autor gilt der Kabbalist Moses ben Schemtow von León (1250–1305). Der Sohar ist somit das Werk eines spanischen Juden, mehr noch, eines Mannes, der auf dem Jakobusweg lebte. Dieser führt schließlich durch León. Schon Aimery Picaud erwähnt das Judenviertel dieser Stadt.

Ich maße mir kein Urteil an, ob die Kabbala den Jakobusweg beeinflusste oder der Jakobusweg die Kabbala. Aber dass sie völlig getrennt nebeneinanderher existierten, das kann ich mir nicht vorstellen. In Bezug auf die Bedeutung des weiblichen Prinzips waren sie sich auf jeden Fall einig.

⊳ Der seltsame unregel-
äßige Kreuzgang um die
ktogonkirche von Eunate.

Majestätisch thronende
adonnenstatue in Eunate,
nigerweise mit einer
ıre.

19 Die oktogonale Kirche von Torres del Río, zu Recht oder zu Unrecht mit den Templern assoziiert.

20 Ehemalige Templerkirche von Puente la Reina mit dem alten Stadttor, früher »Unserer Lieben Frau von den Obstgärten« geweiht.

Das seltsame Y-förmige
Kruzifix in dieser Kirche.
Eine »pata de oca«?

Das »Juego de la Oca«
in Logroño.

23 Die berühm-
te Brücke am
Ortsausgang v
Puente la Rein.
welche der Stac
ihren Namen
gab.

24 Kapelle Sar
Guillén. Der
Reliquienschäc
des gleichnami
gen Heiligen
wird noch heu
zu seltsamen
Zeremonien ve
wendet.

6 Die weibliche Seite des Jakobusweges

Der personelle Aspekt

Hinter allen Persönlichkeiten, deren Geschichte mit der des Jakobusweges verknüpft ist, steht letztendlich eine Frau.

Natürlich wäre es wenig aussagekräftig, diese weiblichen Aspekte des Jakobusweges nur anhand von Symbolen allgemein oder unter Hinweis darauf, dass es ohne dieses weibliche Element nun einmal nicht geht, demonstrieren zu wollen. Nicht einmal die Allgegenwart der Jungfrau Maria darf uns als Beweis für seine Präsenz genügen. Genauso wenig wie die Tatsache, dass der heilige Jakobus gleichfalls mit zwei Frauen in Verbindung steht: Auf der einen Seite erwähnt das Neue Testament ausdrücklich den Namen seiner Mutter, Maria Salome, auf der anderen ist seine Legende in Spanien eng mit der Königin Lupa verknüpft.

Auch weitere Heilige des Jakobusweges weisen dieses weibliche Element auf. So endet die im »Codex Calixtinus« beschriebene Passion des heiligen Eutropius damit, dass eine Königstochter ihm völlig verfällt, sich neben seiner Hütte niederlässt und schließlich an seiner Seite begraben wird.

Ebenso haben wir besprochen, dass in dem Ort Obanos alljährlich eine seltsame Zeremonie stattfindet, bei der Wein und Wasser durch den Reliquienschädel des heiligen Guillén gegossen werden, um dann in Gefäße abgefüllt zu werden. Nicht nur, dass die erhoffte Wirkung dieser Flüssigkeit ganz allgemein mit Heilung und Fruchtbarkeit zu tun hat, zu dieser Geschichte gehört auch ganz konkret eine Frau: die Schwester des Heiligen, Felicia. Sie wurde nämlich indirekt zum Anlass seiner Heiligkeit. Es habe sich bei den beiden um ein adeliges Geschwisterpaar aus Aquitanien gehandelt. Als Felicia auf dem Rückweg von Santiago de Compostela beschloss, dem weltlichen Leben zu entsagen und sich in ein Kloster zurückzuziehen, war ihr Bruder damit nicht einverstanden. Als es ihm nicht gelang, sie von ihrem Plan abzubringen, erschlug er sie im Zorn. Nur bereute er schon kurz darauf seine Tat, begab sich selbst nach Santiago und verbrachte den Rest seines Lebens büßend. Während seine Reliquien in der Kapelle von Arnotegui ruhten, wurde seine Schwester in Labiano bestattet. Wenn auch ihre Reliquien nicht so berühmt wie die ihres Bruders sind: Ohne sie wäre die Legende nicht entstanden.

Ein weiteres berühmtes Geschwisterpaar des Jakobusweges haben wir bereits kennen gelernt: Maria Magdalena und Lazarus. Genauso wissen wir, dass die der Maria Magdalena geweihte Kathedrale von Vézelay sich rühmt, auch ihre Reliquien zu besitzen. Eigentlich nur sinnig, dass die ihres Bruders Lazarus ganz in der Nähe ruhen sollen, auf einem Zubringer des Jakobusweges nach Vézelay, in Autun.

Auch der heilige Hadrian, dem wir gleichfalls auf dem Jakobusweg nicht selten begegnen, hat weibliche Komponenten. Sogar mehr als eine. Der Legende nach war Hadrian ein römischer Soldat. Eigentlich würde man also nicht erwarten, dass in der Beschreibung seines Martyriums auch seine Ehefrau vorkommt. Aber genau das ist der Fall. Seine Frau Natalia habe ihn nämlich die ganze Zeit ermuntert und ermahnt, nicht schwach zu werden. Sie habe höchstpersönlich seine abgeschlagene Hand als Reliquie bewahrt und später nach Konstantinopel gebracht, wo sie wieder mit dem Körper vereinigt wurde. Der zweite Hinweis auf das weibliche Element versteckt sich hinter seinem Namenstag. Als solcher gilt der Tag, an dem ein Heiliger seinen Geburtstag im Himmel feiert, also stirbt. Und dieser

Geburtstag des heiligen Hadrian im Himmel fällt mit dem der Jungfrau Maria auf Erden zusammen. Oder zumindest mit dem Tag, an dem dieser gefeiert wird: dem Fest Mariä Geburt am 8. September.

Bisweilen manifestiert sich dieses weibliche Element auf dem Jakobusweg in scheinbaren Kleinigkeiten. Das beginnt bei der alten Frage, wer wirklich in Santiago de Compostela begraben liege. Wir haben besprochen, dass eine Theorie behauptet, es sei der Bischof Priscilianus, der 385 in Trier als Ketzer hingerichtet wurde. Nur wird hierbei gerne ignoriert, dass Priscilianus keinesfalls allein starb, sondern in Gesellschaft von fünf anderen, darunter eine Frau namens Euchrotia.

Priscilianus wurde zum Ketzer erklärt, weil seine Einstellung von der Gnostik geprägt war. Für diese war Materie und somit die Schöpfung ein Werk des Teufels. Sie lehnte Heirat und Fortpflanzung als gleichfalls teuflisch ab, weil sie dafür sorgten, dass weitere Seelen in Kerkern aus Fleisch und Blut eingefangen würden. Trotz dieser negativen Einstellung gegenüber der Sexualität waren Frauen anscheinend in der Bewegung des Priscilianus nicht nur vertreten, sondern sogar hoch angesehen. Sonst hätte die besagte Euchrotia wohl kaum zu seiner nächsten Umgebung gehört. Genauso auffallend ist, dass das erhaltene Glaubensbekenntnis des Priscilianus sich in einem bestimmten Punkt von anderen seiner Art unterschied: die Jungfrau Maria steht vor dem Heiligen Geist, also in der Hierarchie eine Stufe höher. Kein Wunder, dass es seinerzeit Nichtchristen gab, welche davon ausgingen, dass Maria die dritte Person der Dreifaltigkeit darstelle.

Der »Codex Calixtinus« wird von einem Brief abgeschlossen, der dem Vernehmen nach von Papst Innozenz II. (Pontifikat 1130–1143) stammt. Dieser erwähnt, dass Aimery Picaud, als er gegen 1150 seinen »Codex Calixtinus« in Santiago de Compostela überreichte, gleichfalls von einer Frau begleitet war, einer Pilgerin aus Flandern, die sogar namentlich genannt ist. Sie hieß

Gerberge oder Gilberta. Wie kam ein Kleriker dazu, in weiblicher Gesellschaft zu reisen? Wenn er es schon tat, warum wurde diese Tatsache dann nicht schamhaft verschwiegen? Warum fand sie Eingang in die offizielle Jakobusgeschichte?

Die Kapelle von Eunate, eines der geheimnisvollsten Bauwerke des Jakobusweges, hat ebenso weibliche Assoziationen. Denn ein Dokument aus dem Jahre 1520 beschreibt die Entdeckung verschiedener Gräber in dem äußeren Rundgang und behauptet, in einem davon sei eine hohe Fürstin, deren Name jedoch nicht genannt wird, bestattet. Eunate sei als Grabkapelle für sie errichtet worden.

Genauso wenig vermag man mit Sicherheit zu sagen, wer die Königin war, nach der die Stadt Puente la Reina, wörtlich »Brücke der Königin«, benannt ist. Eine Erklärung besagt, es habe sich um Doña Mayor gehandelt, die Gemahlin von Sancho III. von Navarra. Andere meinen, Doña Estefania komme eher in Frage. Sie war die Gemahlin von Don García von Nájera. Beide lebten vor Mitte des 11. Jahrhunderts. Die Bezeichnung Puente la Reina taucht zum ersten Mal in der Urkunde auf, die dem Ort 1122 das Stadtrecht verlieh. Jedoch war der König, der dieses Stadtrecht gewährte, Alfons I., von seiner eigenen Frau, Doña Urraca von Kastilien, verlassen worden. Die Ehe wurde 1114 annulliert, vermutlich war sie wegen Impotenz des Königs gar nie vollzogen worden. Es ist nicht einzusehen, dass ausgerechnet dieser Mann durch die Namensgebung von Puente la Reina eine Königin aus Fleisch und Blut ehren wollte. Aber irgendeinen Grund muss er gehabt haben, als er Murugarren, so hieß der Ort ursprünglich, in Puente la Reina umbenannte. Die einzige Erklärung wäre, dass seine Königin der Brücke eben nicht eine konkrete Frau war, sondern ein weibliches Prinzip verkörperte, wie schon die heilige Foy von Conques oder die heilige Sophia von Konstantinopel, die Abstrakta des Glaubens beziehungsweise der göttlichen Weisheit. Diese Theorie wird noch plausibler, wenn man berücksichtigt, dass König Alfons sich den zölibatären mönchischen Ritterorden sehr verbunden fühlte: so verbunden, dass er ihnen sein ganzes Reich vererbte. Wir kommen darauf in einem späteren Kapitel zurück.

Eine weitere Frau, die eng mit dem Jakobusweg verbunden ist, blieb genauso anonym: die Angebetete von Don Suero. Denn man sollte nicht vergessen, dass dieser sein Turnier ausschließlich deswegen abhielt, um sich aus ihren Liebesbanden zu lösen. Das ließ er in ganz Europa verkünden. Und, wie gesagt, das Symbol für diese Liebesfessel umringe heute noch den Hals der Reliquienbüste des Jakobus Alphäus in der Kathedrale von Santiago de Compostela. So behauptet zumindest die Legende.

Nur will diese vielleicht auf etwas ganz anderes hinaus. Denn der Name Alphäus ist seltsam evokativ. So beziehungsweise so ähnlich hieß nämlich auch ein Fluss auf dem griechischen Peloponnes, um den sich gleichfalls eine Legende spinnt, die mit einer Frau zu tun hat: der Nymphe Arethusa. In diese habe sich der Gott Alpheios verliebt. Um sie vor seiner Zudringlichkeit zu schützen, verwandelte die Göttin Artemis Arethusa in eine unterirdische Quelle, die erst bei Syrakus, also in Sizilien, wieder ans Tageslicht trat. Daraufhin habe Alpheios die Gestalt eines Flusses angenommen, der sich ins Meer stürzte, um Arethusa zu folgen.

Das Zahlenspiel

Welche bewusst in die Überlieferungen des Jakobusweges eingebauten Zahlen zeugen von dieser massiven Präsenz eines weiblichen Elements auf dem Jakobusweg? Warum gerade diese Zahlen?

Daneben kann ich jedoch meinen Lesern, wie schon denen meiner bisherigen Bücher, einen weiteren Hinweis auf das weibliche Element nicht ersparen. Ich bin nämlich davon überzeugt, dass es sich auch in bestimmten Zahlen manifestiert, welche bewusst ausgewählt und in die Überlieferung eingesponnen wurden. Diese Zahlen sind in erster Linie die Fünf und die Dreizehn. Sie gehören zusammen.

Den ersten Hinweis auf die Dreizehn haben wir bereits indirekt besprochen: im Zusammenhang mit der Symbolik des Mondes. Denn das Jahr besteht aus ausgerechnet dreizehn Mondmonaten. Wenn man bedenkt, dass ein Hexensabbat immer nachts stattgefunden haben soll und dass Hekate, die Göttin der Wegegabelungen und des Mondes, gleichzeitig als die Schutzherrin der Hexen gilt, ist unschwer einzusehen, warum die Dreizehn prompt verteufelt wurde und als Unglückszahl gilt.

Natürlich könnte man die Frage stellen, ob die negativen Assoziationen der Dreizehn tatsächlich so weit ins Mittelalter zurückreichen. Behauptet schließlich nicht eine Theorie, der schlechte Ruf von Freitag dem Dreizehnten sei erst auf den Untergang des Templerordens zurückzuführen? Weil es am Freitag, den 13. Oktober 1307 war, dass König Philipp der Schöne von Frankreich alle Templer seines Landes verhaften ließ? Und die Menschen hinfort davon ausgingen, dass an einem Tag, der unverhofft einen der mächtigsten Pfeiler der Kirche fallen sah, tatsächlich alles Mögliche passieren kann?

Kann die Dreizehn nicht auch positiv sein? Waren nicht Jesus und seine Jünger insgesamt dreizehn Personen? Nur sollte ihn genau einer dieser dreizehn verraten. Gehen wir also davon aus, dass der schlechte Ruf der Zahl Dreizehn tatsächlich schon recht alt ist. Und, selbst wenn dies nicht der Fall wäre, dass zumindest, wenn schon nicht die weiblichen Assoziationen der Zahl Dreizehn, so doch ihre Verbindungen mit dem Mond seit alters her bekannt sind.

Eng verbunden mit dem Mond sind der Planet und damit auch die Göttin Venus. Schließlich erscheinen sie auf zahlreichen Flaggen gemeinsam. Und die Venus beschreibt innerhalb von acht Jahren am Himmel ein Fünfeck, das berüchtigte Pentagramm der Hexen.

Die Zahlen des »Codex Calixtinus«

*Die Fünf und die Dreizehn im »Codex Calixtinus« –
an auffälligen Stellen, wo sie zudem völlig
irrealistisch sind.*

Im Zusammenhang mit der Frage, ob es statthaft ist, die Ornamente des Mittelalters auf etwas ketzerische Weise zu interpretieren, haben wir auch den »Codex Calixtinus« zu Rate gezogen. Das wollen wir auch in Bezug auf die Präsenz der Zahlen Fünf und Dreizehn tun. Und, so viel vorab, wir werden dabei auf die gleichen Widersprüche stoßen.

Dass der gesamte »Codex Calixtinus« aus ausgerechnet fünf Einzelbänden besteht, von denen ursprünglich der fünfte den eigentlichen Reiseführer darstellte, haben wir bereits konstatiert. In einem anderen Band beschreibt der Autor die zweiundzwanzig Wunder, welche dem heiligen Jakobus schon zu seiner Zeit zugeschrieben wurden. Und im zweiundzwanzigsten und somit letzten Wunder berichtet er, dass ein Mann aus Barcelona mehrmals von dem heiligen Apostel aus der Gefangenschaft befreit wurde. Es muss sich um einen besonderen Pechvogel gehandelt haben. Insgesamt musste der heilige Jakobus nämlich dreizehn Male eingreifen.

Genauso fragt man sich, warum der Autor des »Codex Calixtinus« den einleitenden Brief, Papst Calixtus II. zugeschrieben, gerade auf einen Dreizehnten datierte, nämlich den 13. Januar. Da dieser Brief höchstwahrscheinlich apokryph ist, hätte sich jedes andere Datum genauso angeboten.

Ist es weiterhin Zufall, dass der »Codex Calixtinus« genau sechsundzwanzig, also zwei mal dreizehn Heilige namentlich nennt, darunter ausgerechnet fünf in Spanien? Dass in der Kathedrale von Santiago de Compostela jedoch ausgerechnet dreizehn Altäre standen, hat Aimery Picaud nicht zu verantworten. Er führt lediglich auf, wem sie geweiht sind.

Seine ureigene Erfindung hingegen sind die dreizehn Etappen des Jakobusweges. Beziehungsweise sogar zwei mal dreizehn. Den Weg von Navarra, von Saint-Michel bis Santiago de Compostela, teilte er von vornherein in dreizehn Etappen auf, den von Aragón, von Borce bis Puente la Reina, in drei. Nur beträgt die dritte Etappe des Weges von Aragón lediglich vierundzwanzig Kilometer. Theoretisch wäre es dem Pilger ohne weiteres möglich gewesen, noch etwa fünfzehn Kilometer weiterzuwandern, um nach Estella zu gelangen, dem Endpunkt der dritten Etappe des Weges von Navarra. Dann hätten beide Wege die gleiche Anzahl von Etappen: dreizehn.

Wenn man die Kilometerangaben untersucht, fragt man sich sowieso, was der gute Aimery Picaud sich wohl dabei gedacht haben mag. Denn die vorgeschriebenen Kilometer pro Tag schwanken zwischen zwanzig und beinahe hundert.

Für den »Camino Aragonés« gibt Picaud folgende Tagesetappen vor:[57]

1. von Borce nach Jaca (ca. 35 km)
2. von Jaca nach Monreal (ca. 100 km)
3. von Monreal nach Puente la Reina (ca. 25 km)

Alle drei Etappen bezeichnet Picaud lakonisch als »kurz«.

Den dreizehn Tage dauernden »Camino Navarro« beziehungsweise »Francés« teilt er wie folgt auf:

1. Puerto de Cize / Saint-Michel bis Viscarret (ca. 20 km)
2. Viscarret bis Pamplona (ca. 30 km)
3. Pamplona bis Estella (ca. 45 km)
4. Estella bis Nájera (ca. 70 km)

5. Nájera bis Burgos (ca. 90 km)
6. Burgos bis Frómista (ca. 80 km)
7. Frómista bis Sahagún (ca. 60 km)
8. Sahagún bis León (ca. 70 km)
9. León bis Rabanal del Camino (ca. 60 km)
10. Rabanal bis Villafranca del Bierzo (ca. 50 km)
11. Villafranca del Bierzo bis Triacastela (ca. 50 km)
12. Triacastela bis Palas del Rey (ca. 55 km)
13. Palas del Rey bis Santiago de Compostela (ca. 60 km)

Als einer der schwierigsten Streckenabschnitte gilt der zwischen Nájera und Burgos, bei dem es das Oca-Gebirge zu überqueren gilt. Genau in diesem Abschnitt soll der bedauernswerte Pilger laut Picaud an einem Tag beinahe hundert Kilometer zurücklegen.

Versetzen wir uns in die Lage eines frommen Pilgers, dem dieser Reiseführer bekannt war. Schon kurz nach dem Überschreiten der Pyrenäen musste er feststellen, dass er zwar laut der Beschreibung auf dem Weg von Aragón war, sich in Wirklichkeit jedoch mitten in Navarra befand. Genauso musste er vermutlich konstatieren, dass er mit seinen Etappen bereits mehrere Tage im Verzug war.[58]

Wie war wohl seine Reaktion? Unter Berücksichtigung der Tatsache, dass damals das geschriebene Wort und auch später noch das gedruckte, weil selten, einen wesentlich höheren Stellenwert hatte als heute?

Irgendwann hat er vermutlich eingesehen, dass er seine eigene Geschwindigkeit finden musste. Vielleicht achtete er hinfort innerhalb einer bestimmten Etappe darauf, ob sie sich durch bestimmte Leitmotive von den anderen unterschied. Oder aber diese Erfahrung lehrte ihn, künftighin auch andere offizielle Thesen zum Jakobusweg in Frage zu stellen und sich auf eigene Erkenntnisse zu verlassen. Weiterführen wollen wir diese Hypothesen nicht. Obwohl sich der eine oder andere ketzerisch gesinnte Reisende gefragt haben mag, ob nicht eventuell auch andere Vorschriften der Kirche – Picaud war schließlich Mönch – genauso sinnentleert waren.

Die Begründung für diese seltsamen Zahlenangaben lautet, die Tagesetappen würden für berittene Pilger gelten. Jedoch trifft das nur auf manche zu. Der »Codex« sagt ausdrücklich, daß die vierte und die fünfte Etappe zu Pferde zurückzulegen seien. Bei allen anderen Etappen sagt er nichts dergleichen. Brachte Aimery Picaud bei der Definierung der Etappen also ganz bewusst die verpönte Dreizehn ins Spiel, einmal direkt, einmal indirekt?

Genau diese Theorie, dass eine Absicht dahinter stand, scheint durch eine weitere Einfügung der Zahl Dreizehn bestätigt zu werden, an einer Stelle, wo sie genauso willkürlich beziehungsweise sogar noch irrealistischer ist. Denn der »Codex Calixtinus« siedelt das Wunder des unschuldig gehenkten Jünglings in Toulouse an. Im Übrigen ausgerechnet als das fünfte von insgesamt zweiundzwanzig Wundern. Und gibt an, dass der Vater genau nach sechsundzwanzig Tagen von Santiago zurückkam. Das bedeutet, er benötigte konkret dreizehn Tage für einen Weg. Damit widerlegt der »Codex Calixtinus« sich selbst. Denn zwischen Toulouse und der ersten Station des Jakobusweges laut »Codex Calixtinus« – von wo ab es theoretisch dreizehn Etappen sein sollten – liegen um die dreihundert Kilometer.[59]

Und ansonsten?

Außerhalb des »Codex Calixtinus« sind diese Zahlen Fünf und Dreizehn nicht sehr präsent – oder nicht mehr?

Zugegeben: Die Zahl Dreizehn stach mir außerhalb des »Codex Calixtinus« nicht sehr ins Auge. Beziehungsweise eigentlich nur an Stellen, wo sie tatsächlich orthodox interpretiert werden kann: zum Beispiel als Gruppe von dreizehn Statuen, die Jungfrau Maria oder Jesus in Begleitung der zwölf Apostel. Eine solche Darstellung findet man unter anderem auf dem Portal der bereits mehrmals erwähnten Kirche »Santa María la Real« von Sangüesa. Obwohl dieses Portal durch die markante Anordnung des Judas bereits darauf hinweist, dass es eigentlich dreizehn Apostel waren.

Genauso fiel mir auf, dass es ausgerechnet dreizehn Ritter des Ordens von Calatrava waren, welchen der Schutz des Klosters »Las Huelgas« bei Burgos oblag. »Las Huelgas« war ein Nonnenkloster, was die weiblichen Assoziationen noch verstärkt. Damit nicht genug, legten diese Ritter von Calatrava ihre Gelübde vor der Äbtissin ab, also einer Frau.

Die Fünf hingegen tritt auf markante Weise in Erscheinung. Zum Beispiel in der Kapelle »San Victorián« im Kloster San Juan de la Peña, beginnend mit der pentagonalen Form. Auch in der Anzahl der Torbögen und Fenster manifestiert sie sich. An dieser Stelle möchte ich ausdrücklich darauf hinweisen, dass es sich bei der Bedeutung, welche die Zahl Fünf bei der Konstruktion der Kapelle gehabt haben muss, nicht um eine fixe Idee von mir handelt. Sie ist auch schon anderen Autoren aufgefallen. Wenn diese auch keine Verbindung zu einem weiblichen Prinzip ziehen.

Der deutlichste Hinweis auf die Zahl Fünf findet sich in der Kathedrale von Santiago de Compostela selbst: die Vertiefungen im Pfeiler des »Pórtico de la Gloria«, in welche der Pilger die fünf Finger seiner Hand zu legen hat. Um es ganz richtig zu machen, sollte der Pilger fünf Vaterunser und fünf Ave-Maria lang in dieser Haltung verharren. Was angesichts der häufigen Warteschlangen vor diesem Pfeiler heute nicht mehr zu empfehlen ist.

Genauso ist es bezeichnend, dass es ausgerechnet fünfzigtausend fränkische Jungfrauen waren, welche sich unter dem Banner Karls des Großen sammelten und ihm den Sieg brachten, nachdem seine besten Ritter in Roncesvalles gefallen waren. Deutlicher lässt sich der Zusammenhang zwischen der Fünf und siegreicher Weiblichkeit kaum illustrieren. Hier könnte der Einwand erfolgen, dass es sich nur um eine Legende handelt. Aber gerade diese Tatsache stützt meine Theorie. Denn schließlich sorgte irgendwer dafür, dass genau diese Zahl in die Legende eingebaut wurde. Beziehungsweise weitergegeben wurde. Denn bisweilen stößt man auf eine wesentlich genauere Zahlenangabe: Es seien exakt 53 066 Jungfrauen gewesen. Wenn diese Zahl auf fünfzigtausend abgerundet wurde, dann deshalb, weil moderne Interpreten nichts mit ihr anzufangen wissen. Meine Theorie hingegen bestätigt diese genaue Zahl in doppelter Weise. Sie lässt sich nämlich nur durch zwei Zahlen teilen: die Zwei und die Dreizehn. Das Ergebnis aus der Teilung durch zwei (26 533) lässt sich nur mehr durch dreizehn teilen, ebenso wie das daraus entstehende Ergebnis (2041). Das Ergebnis dieser letzten Teilung ist 157. Teilt man die Zahl 53 066 von vornherein durch dreizehn, ist das Ergebnis (4082) durch zwei oder dreizehn teilbar. Im ersten Falle lautet das Resultat 2041, was wiederum ausschließlich durch dreizehn teilbar ist, im zweiten 314, was sich nur mehr durch zwei teilen lässt. Auch hier ist das endgültige Ergebnis 157, eine erstaunlich hohe Zahl, die nur mehr durch sich selber teilbar ist.

Ich weise darauf hin, dass ich keinesfalls Kabbalist bin und ansonsten immer nur nach einfachen Beispielen suche. Aber in diesem Falle konnte ich nicht umhin, ausführlicher zu werden. Mich reizte schlicht die Zahl 53 066. Ich musste einfach ergründen, warum jemand ausgerechnet diese auf den ersten Blick völlig verrückte Zahl in den Raum stellen konnte.

Und wenn die Weiblichkeit nicht so siegreich wie die Jungfrauen Karls des Großen war, sondern eher ausgeliefert, wie es in den Legenden um den Tribut von immer ausgerechnet einhundert (also zwei mal zwei mal fünf mal fünf) Jungfrauen der Fall ist, welche die Mauren von den Christen forderten, so führte doch diese Herausforderung letztendlich immer zum Sieg des christlichen Heeres, so bei der legendären Schlacht von Clavijo.

Ich bin der Überzeugung, dass sowohl die Zahl Fünf als auch die Zahl Dreizehn früher wesentlich massiver präsent waren und sich auch in der Anordnung von Statuen und auf Ornamenten manifestierten. Dass also in erster Linie der Zahn der Zeit dafür verantwortlich ist, wenn sie inzwischen nicht mehr so nachdrücklich heraustreten. So heißt es, dass eine der nicht mehr erhaltenen Brücken, welche Santo Domingo de la Calzada erbauen ließ, ausgerechnet fünfundzwanzig Bögen aufwies, also fünf mal fünf. Natürlich könnte das ein Zufall sein. Nur haben sich auch schon andere Autoren gefragt, warum alte Hagiographen das Leben dieses Heiligen in Fünferschritte aufteilten.

Die majestätischen Jungfrauen – Relikte alter Kulte

Die massive Präsenz des weiblichen Elements auf dem Jakobusweg darf uns keinesfalls erstaunen. Die meisten antiken Mysterien sind gleichfalls davon durchdrungen. Was bestätigt, dass es sich beim Jakobusweg um eine Einweihung handelt.

Wir haben im Zusammenhang mit dem Stieropfer des Mithraskultes besprochen, dass die bei diesem übliche »Bluttaufe« auch zu den wichtigsten Aspekten der Einweihung in den Kult der Großen Muttergöttin gehörte.

Abgesehen davon waren die meisten Kulte der Antike weiblichen Gottheiten geweiht. Die Kulthandlungen im griechischen Eleusis drehten sich um die Entführung von Persephone, der Tochter der Demeter, durch Hades, den Gott der Unterwelt. Dass die Mysterien der Isis noch bis weit in die christliche Ära hinein zu den beliebtesten Kulten des Mittelmeerraumes gehörten, haben wir besprochen. Genauso, dass sich die Archäologen schwer tun, wenn sie eine alte Statue einer Mutter mit ihrem Kind dem Isiskult oder der Verehrung der Jungfrau Maria zuschreiben sollen. Und dass der Omphalos-Stein im griechischen Delphi als Nabel der Welt galt und eine Nabelschnur immer zu einer Mutter führt. Oder dass die junge Kirche 431 vermutlich ganz bewusst das griechische Ephesus, die Stadt der Artemis, von den Römern Diana genannt, zum Schauplatz des Konzils machte, welches die hohe Stellung der Jungfrau Maria betonte.

Bezeichnend ist auch, dass die alten Madonnenstatuen keinesfalls demütig stehen und betend ihren Blick inniglich nach oben richten, wie man es von modernen Darstellungen gewohnt ist. Zum Beispiel denen, welche nach den Angaben der Visionäre der Marienerscheinungen des 19. und 20. Jahrhunderts hergestellt wurden. Die alten Madonnen sitzen vielmehr in hieratischer Haltung und ehrfurchtgebietend auf einem Thron.

Eine ganzer Reihe solcher Statuen findet man auch auf dem Jakobusweg und seinen Zubringern. Der Name der dem heiligen Lukas zugeschriebenen »Virgen de la Majestad« von Astorga lässt an Deutlichkeits nichts zu wünschen übrig: die majestätische Jungfrau. Die Franzosen pflegen die Madonna des Klosters »Notre-Dame d'Orcival« auf der »Via Lemovicensis« als »vierge en majesté« zu bezeichnen. Ein auch in Deutschland bekanntes Beispiel auf einem Zubringer des Jakobusweges ist die Schwarze Madonna des Klosters Montserrat.

Nur ist diese hieratische Haltung, das majestätische Gebaren der Jungfrau Maria, wie es sich in den alten Darstellungen manifestiert, keine Besonderheit des Jakobusweges. Insofern handelt es sich zwar um einen Hinweis auf eine Verbindung zwischen der mittelalterlichen Marienverehrung und den Kulten der alten Göttinnen, aber den Bezug speziell zum Jakobusweg müssen wir noch nachweisen.

Interessante Details wie den mythologischen Ursprung der Milchstraße, welche wiederum mit dem Jakobusweg identifiziert wird, möchte ich dabei nur am Rande erwähnen. Der Sage nach handelt es sich nämlich um die Milch der Göttermutter Hera, die an den Himmel spritzte, als sie sich den jungen Herakles von der Brust riss. Auch auf die von manchen Autoren zitierten interessanten Details, wie dass sich der Name der Stadt Viana, direkt auf dem Jakobusweg gelegen, von der Göttin Diana ableite, will ich nur nebenbei hinweisen. Diese Information stammt im Übrigen nicht von einem eingefleischten Esoteriker, sondern einem Benediktinermönch des 17. Jahrhunderts.

Es gibt nämlich noch einen wesentlich bedeutsameren Hinweis auf einen Zusammenhang zwischen der Jungfrau Maria und ihren uralten Vorgängerinnen, konkret auf dem Jakobusweg.

Das siebzehnte Wunder

Bei einem der dem heiligen Jakobus zugeschriebenen Wunder handelt es sich um eine äußerst unappetitliche Geschichte. Was hat sie auf dem Jakobusweg verloren?

Um diese Verbindung zwischen der Jungfrau Maria und ihren heidnischen Vogängerinnen gerade auf dem Jakobusweg zu entdecken, müssen wir die dem heiligen Jakobus zugeschriebenen Wunder genauer untersuchen. Und zwar eines der frühen Wunder, wie sie von Aimery Picaud im zweiten Buch seines »Codex Calixtinus« festgehalten worden sind. Es handelt sich konkret um das siebzehnte Wunder dieser Aufstellung: eine

191

Totenerweckung und, damit verbunden, die Errettung vor dem Höllenfeuer. Denn der Tote war ein Selbstmörder und somit der damaligen Meinung der Kirche nach ein Mann, der die ewige Seligkeit verwirkt hatte. Noch bis in die jüngste Zeit weigerte sich die Kirche, Selbstmörder in geweihter Erde zu bestatten. Sie wurden immer jenseits der Friedhofsmauern beigesetzt. An alten Friedhofsmauern sieht man bisweilen noch entsprechende Gedenktafeln.

Wenn sich der heilige Jakobus dennoch seiner annahm, dann deshalb, weil der fragliche junge Mann ein Jakobuspilger war oder zumindest die Absicht hatte, ein solcher zu werden. Aber anstatt sich durch Kasteiungen auf den Weg vorzubereiten, verabschiedete der junge Mann sich intensiv von seiner Freundin, was schon generell als Sünde galt und im Vorfeld einer Wallfahrt zur schweren Sünde wurde. Der junge Mann hatte auch prompt Gewissensbisse. Worauf ihm der Teufel erschien, sich als Apostel Jakobus ausgab und ihn überredete, diese Sünde dadurch zu büßen, dass er sich selbst kastrierte und dann entleibte.

Nur wischten diese Taten die erste Sünde, die Fleischeslust, keinesfalls aus. Im Gegenteil, der junge Mann hatte sich in noch mehr Schuld verstrickt. Einerseits, wie oben erläutert, durch den Selbstmord. Andererseits durch die Kastration. Denn trotz ihrer teils latenten, teils offenen Leibesfeindlichkeit: Von der Selbstkastration hält die Kirche nichts. Schon der frühchristliche Theologe Origenes (185–245), von dem es heißt, er habe sich als Achtzehnjähriger selbst kastriert, unter Berufung auf das Evangelium (Mt 15/3), hatte deshalb Schwierigkeiten mit seinen Kirchenoberen.

Jedoch bezieht sich diese kirchliche Ablehnung nur auf die Selbstverstümmelung. Denn für den Kirchengesang waren jahrhundertelang Kastraten unentbehrlich. Sonst hätte man Frauen einsetzen müssen, was zu moralischen Anfechtungen der männlichen Chormitglieder hätte führen können. Noch im

20. Jahrhundert hätten Kastraten im Petersdom gesungen, der letzte sei erst 1924 gestorben.

Vermutlich steht bei der kirchlichen Ablehnung der Selbstkastration der Gedanke im Vordergrund, dass die selbst erzwungene Enthaltsamkeit eigentlich nichts Verdienstvolles hat, ganz im Gegensatz zur freiwilligen Zurückhaltung.

Genauso wenig kann man jedoch ausschließen, dass noch ein anderer Gedanke bei der Verurteilung der Selbstkastration mitspielte: die Erinnerung an Kulte, welche genau diese praktizierten. Denn die Priester der phrygischen Göttin Kybele wurden zu solchen, indem sie der Göttin das Opfer brachten, sich selbst rituell zu entmannen. Der Kult der Kybele war in den ersten Jahrhunderten des Christentums noch weit verbreitet. Da er eng mit dem des Attis verknüpft war und der Attiskult wiederum seltsame Anklänge an die Passion Christi hat[60], setzte die junge Kirche alles daran, sich von solchen Praktiken zu distanzieren.

Natürlich könnte hier der Einwand erfolgen, dass diese Geschichte des siebzehnten Wunders im Mittelalter spielen soll und somit eine Verbindung mit der rituellen Selbstentmannung der Kybelepriester keinesfalls gegeben sein muss. Schließlich kastrierte der junge Mann sich aufgrund teuflischer Einflüsterung, nicht im Dienste der phrygischen Göttin. Das stimmt. Nur trat der Teufel in diesem Fall in der Gestalt des Apostels Jakobus auf. Und zu dessen Lebzeiten war der Kybelekult noch in vollem Schwange. Genauso haben wir gesehen, dass der heilige Jakobus zumindest auf dem Jakobusweg lediglich das Alter Ego der Jungfrau Maria darstellt. Weil seine Verehrung von der ihren nicht zu trennen ist. Beziehungsweise umgekehrt. Ohne Jakobus keine »Nuestra Señora del Pilar«.

Eine weitere Version der gleichen Geschichte ist noch konkreter. Denn anscheinend war sie so beliebt, dass ein Mönch des Klosters San Millán de la Cogolla – am Rande des Jakobuswe-

ges gelegen – sie in eine weitere Sammlung von Wundern übernahm. Das war gute hundert Jahre nach Aimery Picaud, also
um das Jahr 1250. Er bereitete das siebzehnte Wunder des
heiligen Jakobus neu auf und ergänzte es durch einige uner-
sprießliche Details, auf die der moderne Leser dankend ver-
zichtet. Allerdings ist es in seiner Fassung die Jungfrau Maria,
welche dem jungen Mann das Leben von neuem schenkte. Das
Leben, aber nicht das verlorene Organ, wie der mönchische
Autor ausdrücklich hervorhebt. Denn er ergeht sich in Einzelheiten, wie die entsprechende Körperstelle aussah und wie der
junge Mann künftighin zum Beispiel das Problem des Wasser-
lassens löste.

Im Prinzip ein erstaunliches Ende für eine erbauliche Geschichte. Parallelen in anderen Heiligenlegenden lassen einen
anderen Schluss erwarten. Entweder, dass der junge Mann lediglich lange genug lebt, um zu bereuen und die Sterbesakramente zu empfangen, oder aber, dass sein Körper durch ein
weiteres Wunder wieder in den ursprünglichen Zustand ver-
setzt wird. Schließlich geizen die Heiligenlegenden sonst auch
nicht, wenn es um die Wiederherstellung von gemarterten
Gliedmaßen oder Sinnesorganen geht. Der heiligen Luzia, die
sich selbst die Augen herausriss, habe die Jungfrau Maria
prompt noch schönere geschenkt. Und wenn gebratenes Geflügel zu neuem Leben erwachen kann, sollte es doch ein Leich-
tes gewesen sein, dem jungen Mann seine verlorene Männlichkeit zurückzugeben. Warum musste der Bedauernswerte also
den Rest seiner Tage verstümmelt verbringen? Konkret: wie ein
Priester der Kybele?

Es ist seltsam genug, dass diese makabere Geschichte einmal
Eingang in die Sammlung der dem heiligen Jakobus zugeschriebenen Wunder fand. Dass das gleiche Wunder auch noch
genau in dieser Form mit der Jungfrau Maria assoziiert wird,
kann kein Zufall mehr sein. Hier sorgte jemand für einen Querverweis zu den Kulten der alten Göttinnen. Diese Komponen-

ten des Kybelekultes waren nämlich zumindest den Gebildeten sattsam bekannt. Dafür sorgten die klassischen Schriftsteller wie Apuleius, in dessen Buch »Der goldene Esel« sie unter anderem beschrieben werden.

Die Antoniter

Warum sich die weibliche Symbolik gerade auf dem Hintergrund eines Mönchsorden entwickeln muss.

Jedoch sind wir mit unserer Beweiskette noch nicht am Ende. In diesem Kapitel möchte ich nachweisen, dass all die Vereinigungen, welche auf dem Jakobusweg präsent waren beziehungsweise ihn geformt haben sollen, gleichfalls in ihrem Schoß dieses weibliche Element gepflegt haben, von den Templern über die Antoniter bis zu den Alchemisten, Compagnons und Freimaurern. Um das zu illustrieren, muss ich Erkenntnisse aus meinen früheren Büchern kurz zusammenfassen, wofür ich mich bei Lesern, welchen diese bereits bekannt sind, entschuldige. Aber es geht nicht anders.

Beginnen wir in chronologischer Reihenfolge und somit bei den Antonitern, gegründet 1095. Diese hatten sich nämlich eine seltsame Heilige als Patronin auserkoren: Maria Aegyptiaca, Maria von Ägypten, gefeiert am 2. April. Interessant ist bereits, dass sie eine »Kollegin« einer weiteren Heiligen ist, der wir auf dem Jakobusweg laufend begegnen: Maria Magdalena. Denn auch die ägyptische Maria war eine bekehrte Sünderin. Sie habe im 5. Jahrhundert gelebt und sei ursprünglich in Alexandria ihrem Gewerbe nachgegangen. Als sie von der Verehrung des Heiligen Kreuzes in Jerusalem hörte, begab sie sich dorthin. Nicht, um gleichfalls dem Kreuz ihre Ehrerbietung zu erweisen, sondern in der Hoffnung, in der Ansammlung von Menschen Interessenten für ihre »Ware« zu finden. Aus Neugier möchte sie das Kreuz zumindest ansehen, aber eine unsichtbare Kraft hindert sie daran, die Kirche zu betreten. Da erkennt sie das Frevelhafte ihres Tuns und bereut ihren sündigen Lebenswandel. Nun kann sie die Kirche ungehindert betreten. Zur Buße zieht sie sich mit drei Broten in die Einsamkeit jenseits des Jordan zurück. Dort lebt sie siebenundvierzig Jahre lang völlig abgeschieden, bis ein Abt namens Zosimus kurz vor Ostern zufällig auf sie stößt. Sie erzählt ihm ihre Geschichte, worauf er ihr die heilige Kommunion reicht. Das wiederholt sich im Jahr darauf. Im dritten Jahr findet er sie nur mehr tot vor.[61]

Nicht nur durch ihren Beruf und ihre Bekehrung, auch auf künstlerischen Darstellungen weist die ägyptische Maria Ähnlichkeit mit Maria Magdalena auf. Beide werden gerne nackt und nur mit ihrem langen Haar bedeckt dargestellt. Auch den Totenschädel teilen die beiden sich als Attribut. Nur ist auf den einschlägigen Darstellungen die heilige Maria Magdalena meist eine blühende junge Frau, obwohl auch sie dreißig Jahre büßend in der Einsamkeit verbrachte, während die ägyptische Maria mager und weißhaarig erscheint. Und dunkelhäutig, von der Sonne verbrannt. Ein ureigenes Emblem der ägyptischen Maria sind auch die drei Brote, welche ihr die ganze Zeit als Nahrung dienten, ebenso der Löwe, welcher dem schwachen Zosimus geholfen haben soll, ihr Grab auszuheben.

Zumindest ist das die offizielle Erklärung für die Anwesenheit des Löwen in ihrer Nähe. Nun sind Löwen beziehungsweise Katzen allgemein die wichtigsten Attribute der alten Muttergöttinnen. In Kleinasien wurden achttausend Jahre alte Skulpturen von Muttergöttinnen gefunden, welche auf einem von Löwen oder Panthern flankierten Thron sitzen. Es stellt sich also die Frage, ob die Geschichte der ägyptischen Maria nicht eine Erfindung des Christentums ist, welche um uralte kultische Darstellungen herumgesponnen wurde, von deren Verehrung das Volk nicht ablassen wollte.[62]

Nur gilt auch hier wieder, dass wir diese seltsamen Aspekte getrost ignorieren könnten, wenn es die einzigen wären. Obwohl es tatsächlich merkwürdig ist, dass die Antoniter sich unter dem großen Angebot von Heiligen ausgerechnet eine Frau und speziell diese Frau als Patronin erwählten. Denn, wie bereits mehrmals angedeutet, ein Schutzpatron stand üblicherweise in einem wie auch immer gearteten Zusammenhang mit seiner Funktion. Diese Analogie fehlt hier beziehungsweise müsste gewaltsam konstruiert werden.

Daneben haben die Antoniter jedoch noch weitere merkwürdige Attribute mit weiblichen Anklängen aufzuweisen. Auf der einen Seite das Tau-Kreuz. Obwohl man dem Vernehmen nach wirklich nicht genau weiß, welche Form das Kreuz, an dem Jesus starb, tatsächlich hatte, hat sich doch das übliche Kruzifix durchgesetzt, dessen Längsbalken den etwas kürzeren Querbalken überragt. Das T-förmige Tau-Kreuz wirkt nicht nur unvollständig, sondern könnte auch ohne weiteres zu einem völlig anderen Kreuz ergänzt werden: dem ägyptischen Henkelkreuz mit seiner typischen Schlaufe, ein Emblem, mit dem speziell die Göttin Isis gerne dargestellt wird. Angesichts der Tatsache, dass die Patronin der Antoniter, wie der heilige Antonius selbst, aus Ägypten war, drängt sich diese Verbindung geradezu auf.

Zu den weiteren Attributen des heiligen Antonius selbst gehört das Schwein. Nur weiß anscheinend niemand, warum er mit einem solchen dargestellt wird. Sonst gäbe es wohl nicht verschiedene voneinander abweichende Erklärungen hierfür. Die einen sagen, der heilige Antonius sei nicht nur für das Antoniusfeuer unter den Menschen zuständig, sondern auch für die gleiche Krankheit bei den Schweinen, wo sie Rotlauf genannt wird. Die anderen meinen, die Antoniter hätten gewisse Privilegien gehabt, was die Nahrungssuche ihrer Schweine anging. Wieder andere sehen das Schwein als Sinnbild der Völlerei und Wollust und somit der Versuchungen, gegen die der heilige Antonius in der Wüste zu kämpfen hatte.

Nur sind Schweine auch ein Sinnbild der Fruchtbarkeit – man denke an die vielen Zitzen einer Muttersau. Vermutlich aus diesem Grund galten Schweine als die idealen Opfertiere nicht nur für die römische Getreidegöttin Ceres, sondern auch für die Mysterien von Eleusis. Die Mysten pflegten ein Ferkel ins Meer zu werfen.

Um wiederum eventueller Kritik zuvorzukommen: Ich will damit keinesfalls behaupten, dass der Orden der Antoniter eine Organisation war, die sich der Verehrung eines weiblichen Prinzips verschrieben hatte, wenn auch insgeheim. Ich gehe nicht so weit wie die spanischen Esoteriker, welche nicht ausschließen wollen, dass die heute noch sichtbaren Mauernischen im ehemaligen Antoniterkloster von Castrojeriz deshalb als Ablage für Speisen und Almosen für die Pilger dienten, weil sich die Mönche nicht bei ihren geheimen Umtrieben stören lassen wollten. Ich bin lediglich der Meinung, dass sich dieses weibliche Element auch beziehungsweise gerade in einem von Männern beherrschten Orden auf irgendeine Weise durchsetzen musste, bewusst oder unbewusst.

Die Ritterorden

Das weibliche Prinzip manifestiert sich auch in den
auf dem Jakobusweg ansässigen Ritterorden, nicht zuletzt
in dem Orden, der nach dem heiligen Jakobus benannt
wurde: dem von Santiago.

Wir haben besprochen, dass die Antoniter trotz ihres karitativen Anspruches mehr Ähnlichkeit mit den Ritterorden als mit den kontemplativen Orden hatten, dass sie schließlich sogar in einen solchen Ritterorden integriert wurden: den der Malteser. Damals, im 18. Jahrhundert, war dies vermutlich der Orden, der sich am ehesten für eine solche Fusion anbot.

Von der Ideologie her sehen spanische Autoren jedoch eher eine Verbindung zwischen den Antonitern und dem Orden der Tempelritter. Zumindest was die Verehrung des weiblichen Elements angeht, trifft dies zu.

Dass die Tempelritter der Jungfrau Maria eine geradezu übertriebene Verehrung widmeten, ist bekannt. In den erhaltenen Gebeten und Anrufungen ist sie absolut dominierend, ihr Sohn, schließlich der Erlöser, wird von ihr völlig in den Hintergrund gedrängt. Genauso haben wir besprochen, dass die Templer noch zwei weitere weibliche Heilige verehrten, deren Wahl nicht ohne weiteres einleuchtet: die heilige Katharina von Alexandrien und die heilige Maria Magdalena. Erstere die typische unberührte Jungfrau, wie sie die Kirche so liebt – schon der Name Katharina, aus dem Griechischen stammend, hat mit Reinheit zu tun –, die andere der Prototyp der Sünderin.

Mit dieser Wahl griffen die Templer schlicht den doppelten Aspekt der alten Muttergöttinnen auf. Die Göttin Artemis zum Beispiel wird auf der einen Seite als die keusche Jägerin verehrt, so in Delos. In Ephesus wurde sie mit zahlreichen Brüsten dargestellt. Dass dieses körperliche Attribut wiederum an die Schweine des Antonius erinnert, sei nur am Rande erwähnt.

Ebenso haben wir besprochen, dass sich Mitglieder eines anderen spanischen Ordens, des Ordens von Calatrava, auf dem Jakobusweg freiwillig einer Frau unterstellten: der Äbtissin von »Las Huelgas«.

Interessant sind auch die Hintergründe des ureigenen Ordens des Jakobusweges: des Ordens von Santiago. Noch heute erinnert eine spanische Kuchenspezialität an ihn. Warum ausgerechnet dieser Kuchen mit dem Orden von Santiago assoziiert wird, konnte ich nicht feststellen. Dass diese »tarta de Santiago« jedoch nicht nur mit Santiago de Compostela, sondern konkret mit dem Orden von Santiago in Verbindung steht, ist hingegen sicher. Man erkennt den Kuchen nämlich an dem typischen schwertähnlichen Kreuz, das den Orden auszeichnete. Dieses Kreuz wird erzeugt, indem man ein entsprechend ausgeschnittenes Modell aus Karton auf den fertigen Kuchen legt und ihn dann mit Puderzucker bestäubt. Wenn man anschließend das Kreuz aus Karton wieder vorsichtig entfernt, hebt sich auf der weißen Zuckerschicht das braungelbe Kreuz ab.

Der Orden von Santiago bestand ursprünglich aus genau dreizehn Rittern – man beachte die Zahl! –, denen König Ferdinand II. von León im Jahre 1170 die kurz zuvor von den Mauren eroberte Stadt Cáceres anvertraute. Obwohl diese Ritter sich der spirituellen Autorität des der heiligen Maria geweihten Augustinerklosters von Loyo in Galicien unterstellten – Loyo ist in der Nähe von Portomarín und somit auch des Jakobusweges –, gab sich dieser neugegründete Ritterorden den Namen Kongregation der Brüder von Cáceres. Erst als ihnen der Erzbischof von Santiago de Compostela 1171 feierlich ein Banner mit dem heiligen Jakobus überreicht hatte, wurden sie konkret mit diesem assoziiert. Sie bezeichneten sich daraufhin zuerst als Schwertritter, dann als Miliz Christi und des heiligen Jakobus, um 1175 durch eine päpstliche Bulle von Alexander III. offiziell zum religiösen und militärischen Orden von Santiago zu werden.

Cáceres, der ursprüngliche Sitz des Ordens, war bereits 1173 von den Mauren zurückerobert worden. Es liegt um die sechshundert Kilometer von Santiago entfernt, wenn auch auf der »Ruta de la Plata«, dem südspanischen Jakobusweg. Dafür ist es ein Ort, der, wie auch das bereits erwähnte Viana, lautliche Anklänge an eine der alten Göttinnen hat: Ceres, die Getreidegöttin. Ist es also tatsächlich ein Zufall, dass ausgerechnet nach dem Orden von Santiago ein Kuchen benannt wurde?

Obwohl derjenige, der diesen Kuchen kennt, einwenden könnte, dass er größtenteils nicht aus Getreide, sondern aus gemahlenen Mandeln besteht. Jedoch verstärkt auch dieses Faktum die »weiblichen« Assoziationen. Denn, wie wir im nächsten Kapitel besprechen werden: die Mandel ist gleichfalls ein typisch weibliches Symbol.

Compagnons und Freimaurer

*Weder die Compagnons noch die regulären Freimaurer-
logen nehmen Frauen auf. Und dennoch ist die Ideologie
beider von weiblicher Symbolik durchdrungen.*

Dass zumindest die »Compagnons du Devoir« das weibliche Element in Gestalt der heiligen Maria Magdalena verehrten, wie schon die Templer, haben wir erwähnt: durch ihre Wallfahrt zur Grotte Sainte-Baume. Was wir erst angedeutet haben, ist der Hintergrund ihrer Verehrung. Denn wir haben besprochen, dass es eigentlich nicht ganz einleuchtet, warum die katholische Hagiographie Maria Magdalena zu einer Sünderin macht, wenn auch zu einer bekehrten. Eine Begründung hierfür könnte sein, dass man eben eine Sünderin brauchte: um die Verehrung der alten Liebesgöttinnen, in erster Linie der Venus, in christliche Bahnen umzulenken. Denn wenn auch das Altertum keinerlei Schwierigkeiten hatte, eine Göttin wie die Artemis einerseits als jungfräuliche Jägerin und andererseits als vielbrüstige Göttin der Fruchtbarkeit darzustellen: Das Christentum hat Probleme mit diesem Konzept. Die Jungfrau Maria ist zwar nicht nur Jungfrau, sondern auch Mutter, nur legt die Kirche großen Wert auf die Feststellung, dass sie dennoch vor, während und nach der Geburt biologisch Jungfrau war und blieb. Logisch, dass die Jungfrau Maria zwar für die Kirche generell die Rolle des weiblichen Prinzips übernehmen konnte, die etwas anrüchigeren Aspekte der alten Göttinnen jedoch strikt ausgeklammert werden mussten. Die heilige Maria Magdalena bot sich als Ergänzung an: als geläuterte Dienerin der Venus.

Damit nicht genug, griffen die Compagnons sogar die erwähnten »weiblichen« Zahlen Fünf und Dreizehn auf. So gehen sie davon aus, dass ihr geheimnisvoller Maître Jacques, wer immer das war, in Begleitung von gerade dreizehn Gefährten reiste, während fünf Verschwörer ihm akkurat vier Jahre und neun Tage (ergibt dreizehn) nach seinem Aufbruch aus Jerusalem auflauerten und ihn umbrachten – mittels genau fünf Messerstichen. So behauptet zumindest die Überlieferung.

Genauso bezeichnend ist die wichtige Rolle, welche die so genannten »Mütter« in den Compagnonnages einnahmen: Frauen, welche mit ihnen ein Abkommen geschlossen hatten und ihr Haus als Unterkunft zur Verfügung stellten. Diese Frauen waren die einzigen weiblichen Wesen, welche in die Compagnonnages aufgenommen wurden, mittels einer speziellen Zeremonie.

Bei den Freimaurern hingegen, so frauenfeindlich sie auf den ersten Blick auch wirken mögen – »reguläre« Logen weigern sich nach wie vor, Frauen aufzunehmen –, ist es umgekehrt: Die »Mutter« nimmt den Freimaurer auf, lässt ihn von neuem, wenn nicht das Licht der Welt, so doch das des Freimaurertums erblicken.[63] Denn als »Mutter« bezeichnet der Freimaurer die Loge, die ihn als Lehrling aufgenommen hat. Die eigentlichen »Mutterlogen« hingegen sind Logen, welche das Recht haben, »Tochterlogen« zu gründen.

Auch die Symbolik der Freimaurer ist von weiblichen Elementen durchdrungen. So heißt eines der Passwörter Schibboleth. Es stammt aus dem Buch der Richter (Ri 12/6) und stehe für Überfluss. Deshalb werde es durch eine Ähre neben einem Wasserfall repräsentiert. Griffen die Freimaurer bewusst das Symbol der Mysterien von Eleusis auf? Denn genau um das handelt es sich. Auch die Granatäpfel, welche die beiden Säulen vor dem Tempel Salomons geschmückt haben (1 [3] Kön 7/18), sind ein Symbol der Fruchtbarkeit. Das Ritual beschränkt sich nicht darauf, sie zu beschreiben, es gibt ihre Bedeutung sogar ohne Umschweife zu.

Daneben hat tatsächlich eine Frau Einlass in die Logen gefunden. Zumindest symbolisch. Denn das Ritual, das die Amtseinführung eines neuen Meisters vom Stuhl beschreibt, erwähnt ausdrücklich, dass bei der ersten Zeremonie dieser Art eine Frau anwesend war: die Königin von Saba.

Ein weiteres weibliches Symbol der Freimaurer hat sogar mehrfache Anklänge an den Jakobusweg. Denn das Ritual des Gesellengrades legt Wert auf die Erwähnung der Tatsache, dass die Treppe, die in die mittlere Kammer des Tempels geführt habe, eine Wendeltreppe war, unter Berufung auf das alttestamentliche Buch der Könige (1 [3] Kön 6/8). Die Wendeltreppe gehört aufgrund ihrer Struktur zu den weiblichen Symbolen. Sie erinnert nämlich an ein Schneckenhaus, die »Vulgata«, die offizielle lateinische Bibelübersetzung der katholischen Kirche, benützt sogar den Ausdruck »coclea«, Schneckenhaus, für diese Wendeltreppe. Und die Schnecke ist genauso »weiblich« wie die Muschel, aufgrund der analogen Konsistenz. Wie wir gesehen haben, können die Worte »conque« beziehungsweise »concha« sogar beides bedeuten. Auch die Wendeltreppe selbst ist nicht ohne Verbindung mit dem Jakobusweg. Denn, gleich wie auf den charakteristischen Brücken des Jakobusweges, bei denen man das Ende nach dem ersten Schritt nicht mehr erkennen kann, sieht man auch auf einer Wendeltreppe nur einen kurzen Abschnitt des Weges vor sich.

Besonders weibliche Anklänge hat der geheimnisvolle Buchstabe »G«, ein wichtiges freimaurerisches Symbol. Denn was verbirgt sich hinter ihm? Die These, dass er für »Gott« stehe, kann nicht zutreffen. Beziehungsweise würde nur für Sprachen zutreffen, in denen das Wort »Gott« tatsächlich mit einem »G«

beginnt, wie dem Englischen, wo Gott »God« heißt, oder dem Deutschen. Jedoch benützen die französischen Freimaurer gleichermaßen den Buchstaben »G«, obwohl Gott sich für sie »Dieu« schreibt. Genauso hört man, er stehe für Geometrie, im Übrigen ausgerechnet die fünfte der so genannten sieben freien Künste[64]. Das könnte stimmen. Nur leitet sich Geometrie wiederum von Gäa ab, der Erde, versinnbildlicht durch die gleichnamige Erdgöttin. Auch ihr sind wir auf dem Jakobusweg bereits begegnet: als Gaia, im Zusammenhang mit der Hochzeitsfeier der Bewohner von Gaia und Maia.

Daneben erscheint in den Ritualen erstaunlicherweise sogar die Göttin Venus höchstpersönlich. Erstens in Gestalt des so genannten Flammensterns. Das Original hat nämlich fünf Zacken und entspricht somit dem Pentagramm der Venus. Zweitens durch die wörtliche Erwähnung des Morgensterns, der schließlich gleichfalls der Venus entspricht. Drittens indirekt, durch die Erwähnung von speziell sieben Sternen im Aufnahmeritual des Lehrlings. Es gibt verschiedene Sternbilder mit sieben Sternen beziehungsweise sieben Hauptsternen. Eines davon ist der Große Bär. Nur ist dieser in der griechischen Mythologie eine Bärin: die Nymphe Kallisto, welche Zeus zusammen mit dem gemeinsamen Sohn Arkos an den Himmel versetzte, um sie vor dem eifersüchtigen Zorn der Göttin Hera zu schützen, ihres Zeichens Gemahlin von Zeus. Das andere Sternbild ist das Siebengestirn, die Plejaden, der Legende nach die sieben Töchter des Titanen Atlas. Zumindest einer Überlieferung zufolge war dieser Atlas der Gemahl der Hesperus. Die Hesperus wiederum ist nichts anderes als die Venus als Abendstern.

Natürlich könnte mich auch hier wieder der Vorwurf treffen, ich würde überinterpretieren: mit aller Gewalt weibliche Symbole sehen, weil ich sie finden will. Deshalb ist es mir ein Genuss, ausdrücklich darauf hinzuweisen, dass ich die Anregung für das nächste Symbol unter anderem auch bei einem männlichen Autor gefunden habe, der zudem, anders als ich, ein Gegner des Freimaurertums ist. Es handelt sich um die Raute, welche entsteht, wenn man einen geöffneten Zirkel so auf ein Winkelmaß legt, dass sich jeweils die auseinander strebenden Arme berühren, eine Anordnung, wie sie bei der Logenarbeit üblich ist. Denn diese Raute stelle eine Vulva dar. Ich persönlich möchte dieses Symbol nicht überbewerten. Schließlich wird auch der auferstandene Jesus gerne in dieser so genannten »Mandorla« dargestellt – »mandorla« ist das italienische Wort für Mandel. Ob es sich damit um einen Hinweis auf die Auferstehung im Sinne von Wieder-»Geburt« handelt, lasse ich offen. Obwohl zumindest ein Ort auf dem Jakobusweg dies anzudeuten scheint: das Kloster »Santa Marta de Tera«. Wir haben besprochen, dass jeweils zum Zeitpunkt der Tagundnachtgleiche ein Sonnenstrahl das Relief einer Auferstehungsszene beleuchtet. Man geht davon aus, dass die Seele die der heiligen Martha selbst darstellt. Sie scheint aus einem Oval, also einer abgerundeten Mandorla, aufzusteigen.

Das Zeichen der Verdammten

Der so genannte Gänsefuß: Abzeichen eines verfemten Volkes oder Symbol der Steinmetzen? Oder gar beides?

Daneben halte ich es auch noch für nötig, auf einen bestimmten Aspekt des Jakobusweges einzugehen, der mir etwas Kopfzerbrechen bereitet hat. Schlicht deshalb, weil er zwar von Bedeutung ist, ich jedoch nicht recht wusste, wo ich ihn von der Thematik her unterbringen sollte. Denn dieser Aspekt des Jakobusweges ist sehr vielschichtig.

Es geht um eine auf dem Jakobusweg ansässige ethnische Gruppe, die wiederum mit einem Zeichen assoziiert wird, das gleichfalls engstens mit dem Jakobusweg verbunden ist. Dieses Volk ist das der so genannten Agoten. Die Agoten waren früher dazu gezwungen, ein bestimmtes Abzeichen zu tragen, um jederzeit als Angehörige ihres geächteten Volkes erkannt werden zu können. Dieses Abzeichen war dem Vernehmen nach ein roter Lappen mit einem Symbol, das die Franzosen »patte d'oie« und die Spanier »pata de oca« nennen: Gänsefuß.

Dieser Gänsefuß wird graphisch als ein Strich dargestellt, der sich in drei Striche teilt, also eine Art Ypsilon, bei dem sich auch der Längsbalken fortsetzt. Aufmerksame Leser wird diese Beschreibung an etwas erinnern, das wir bereits besprochen haben: das seltsame Astkreuz von Puente la Reina. So muß der Gänsefuß tatsächlich ausgesehen haben.

Jedoch sind spanische und französische Autoren der Ansicht, dass dieser Gänsefuß gleichzeitig das geheime Abzeichen von Vereinigungen der Steinmetzen auf dem Jakobusweg war: Es tauche nämlich auch als Steinmetzzeichen auf.

Aber was hat es als solches mit den Agoten zu tun? Um auf diese Frage wenigstens andeutungsweise eine Antwort geben zu können – eine definitive Antwort muss ich schuldig bleiben –, sollten wir zuerst besprechen, was es mit diesen Agoten auf sich hat. Oder, besser gesagt, welche Legenden sich um dieses Volk ranken.

Die Agoten lebten beziehungsweise leben vornehmlich in bestimmten Pyrenäentälern, sowohl auf spanischer als auch auf französischer Seite – nur dass sie von den Franzosen »cagots«, von den Spaniern hingegen »agotes« genannt werden. Manche vermuten angesichts dieser lautlichen Anklänge an die Goten, dass es sich um Abkömmlinge der Westgoten handelt, deren Reich sich bis Anfang des 6. Jahrhunderts diesseits und jenseits der Pyrenäen erstreckt hatte. 507 brachte ihnen der Frankenkönig Chlodwig bei Vouillé eine vernichtende Niederlage bei, worauf sie den gallischen Teil ihres Reiches aufgaben. Das spanische Westgotenreich mit der Hauptstadt Toledo bestand jedoch weiter, bis zum Einfall der Mauren im 8. Jahrhundert. Zumindest in Spanien war es also kein Manko, Nachfahre der Goten zu sein. Im Gegenteil: Der spanische Ausdruck »Hidalgo« für die Mitglieder des niederen Adels soll sich etymologisch von »hijo de godo«, Gotensohn, ableiten.

Eine andere Theorie geht deshalb davon aus, dass die Agoten vielmehr die Nachfahren von Arabern waren, welche Karl Martell 732 bei Tours und Poitiers besiegt und nach Spanien zurückgedrängt hatte, die aber aus irgendwelchen Gründen nicht mit den Übrigen nach Südspanien zurückgekehrt waren, sondern in den Pyrenäen blieben.

Die Anhänger der Goten-Theorie bestreiten dies. Sie weisen darauf hin, dass die Agoten vom Typ her eindeutig europäische Züge tragen. Das habe nichts zu bedeuten, sagen ihre Gegner. Es gebe heute noch Berberstämme in Nordafrika, bei denen blondes Haar und blaue Augen keine Seltenheit seien. Vermutlich handelt es sich hierbei um die Nachkommen der Vandalenstämme, welche sich während der Völkerwanderung in Spanien und auch tatsächlich in Nordafrika niedergelassen und ein eigenes Reich gegründet hatten, bis sie 533 von Konstantinopel besiegt wurden.

Wiederum andere sagen, die radikale Absonderung der Agoten lasse sich nicht durch solche ethnischen Vorurteile erklären. Die Agoten durften nur untereinander heiraten, sie mussten, wie oben angedeutet, ein Zeichen tragen, das sie deutlich von ihren Mitmenschen abhob, sie durften die Erzeugnisse ihrer Felder nicht frei auf dem Markt verkaufen – und sie durften die landwirtschaftlichen Produkte anderer beim Kauf auf dem Markt nicht berühren, sondern mussten mit einem Stab auf das Gewünschte deuten. Sie waren zwar nicht aus der christlichen Gemeinschaft ausgeschlossen, hatten jedoch eigene Plätze in der Kirche, oft mit separatem Eingang, und ein eigenes Taufbecken. Sogar im Tod blieben sie noch abgesondert: Ihnen war ein eigener Teil des Friedhofs zugewiesen. Schon ab Anfang des

16. Jahrhunderts versuchten die Agoten, sich gegen diese Maßnahmen zu wehren. Aber alle halbherzigen kirchlichen und weltlichen Anordnungen fruchteten nicht. Erst im 19. Jahrhundert erreichten die Agoten die Aufhebung der Diskriminierung.

Diese konsequente Isolierung, so diese dritte Theorie, lasse sich nur mit der vergleichen, der die Aussätzigen unterworfen waren. Die Agoten seien daher die Nachkommen von Leprakranken, die zwar selbst nicht mit der Krankheit behaftet waren, von denen man jedoch glaubte, dass sie diese weitergeben konnten.[65] Schließlich gehört die Lepra zu den wenigen Krankheiten mit jahrelanger Inkubationszeit. Das erkläre auch, dass die Agoten sich ihren Lebensunterhalt häufig mit dem Holzhandwerk verdienten. Man ging nämlich davon aus, dass Holz die Lepra nicht übertrug. Auch in Steinbrüchen seien sie zu schweren und schlecht bezahlten Arbeiten herangezogen worden.

Beide Tätigkeiten verbinden sie merkwürdigerweise wieder mit der Theorie, der Gänsefuß sei ein geheimes Abzeichen der Steinmetzen gewesen. Unterschwellig lässt sich sogar eine Verbindung ziehen. Nicht nur, weil die Bauhandwerker oft auch Brückenbauer waren und den Brücken ein gewisser Schwefelgeruch anhaftet, wie bereits erläutert. Hatte die Schönheit der himmelsstürmenden gotischen Kathedralen nicht Anklänge an den Turmbau von Babel (Gen 11/4), ein Akt des Hochmuts, den Gott prompt bestrafte? Gehen wir davon aus, dass das Können der mittelalterlichen Baumeister zwar ihren Zeitgenossen einerseits imponierte, andererseits jedoch Angst einjagte. Sollte sich diese Angst zwar nicht in der Ablehnung der Baumeister, dafür jedoch in der Verachtung der untersten Stufe der Hierarchie des Bauhandwerks niedergeschlagen haben: der Agoten?

Dies ist nur eine weitere Theorie, die ich persönlich jedoch durch eine bedeutsame Tatsache bestätigt sehe: die Ablehnung der Freimaurer durch die Kirche.

Das Gänsespiel

Ist der Jakobusweg die Vorlage für ein altes
Brettspiel, das genauso weibliche Assoziationen wie er
selbst hat?

Ich habe oben erläutert, dass mir dieses Kapitel über die Agoten Schwierigkeiten bereitet hat. Ich konnte mir einfach nicht
schlüssig werden konnte, wo ich es einordnen sollte.

Jedoch mag sich der Leser nunmehr fragen, warum es letztendlich ausgerechnet an dieser Stelle gelandet ist. Denn ist dieses Kapitel schließlich nicht dem weiblichen Prinzip auf dem
Jakobusweg gewidmet? Nur Geduld. Die vorangegangenen
Erläuterungen waren lediglich die Einleitung. Denn, wie gesagt, der Gänsefuß ist eine vielschichtige Angelegenheit.

Auf der einen Seite existiert eine Theorie, der zufolge der
Gänsefuß das ursprüngliche Symbol nicht nur der Steinmetzen
des Jakobusweges, sondern sogar des Jakobusweges selbst gewesen sei, der, so haben wir konstatiert, eine recht weibliche
Angelegenheit ist. Die Jakobusmuschel sei nichts anderes als
eine modifizierte Form des Gänsefußes, bei welcher die Verlängerung des Zentralbalkens abgeschnitten wurde und dafür
weitere Querbalken eingefügt wurden.

Auf der anderen Seite ist der Gänsefuß an sich ein weibliches
Symbol. Nicht nur deshalb, weil die Gans als solche sowohl im
Deutschen als auch im Französischen und Spanien weiblichen
Geschlechtes ist. Die Legende behauptet nämlich, dass verschiedene Frauen, bei deren Biographie sich Geschichte und
Mythos vermischen, als körperliche Besonderheit einen Gänsefuß aufzuweisen hatten. So sei Bertha, die Gemahlin Pippins
des Jüngeren und Mutter Karls des Großen, nicht umsonst Bertha Großfuß genannt geworden: Der große Fuß sei in Wirklichkeit der Fuß einer Gans gewesen. Auch eine weitere Bertha,
die Kusine und zweite Frau von Robert dem Frommen, welche

um die zweihundert Jahre später lebte, soll einen Gänsefuß gehabt haben.

Aufgrund der Namensähnlichkeit vermuten manche, dass sich in diesen Legenden lediglich die Erinnerung an eine germanische Göttin namens Perchta niedergeschlagen habe, die vermutlich auch als Frau Holle in das Volksmärchen einging.

Schon die Verbindung mit der Mutter Karls des Großen würde für eine Assoziation des Gänsefußes auch mit dem Jakobusweg sorgen, zu dessen Schutzherrn die Legende Karl den Großen schließlich hartnäckig macht. Nur geht diese noch tiefer. Denn eine weitere Legende sieht die Königin mit dem Gänsefuß, die »reine Pédauque«, als eine westgotische Fürstin, die im 5. Jahrhundert in Toulouse gelebt haben soll. Toulouse ist, wie wir mehrmals besprochen haben, eine wichtige Station des Jakobusweges.

Noch ein weiteres weibliches Wesen auf dem Jakobusweg in Frankreich steht mit der »patte d'oie« in enger Verbindung: die Statue »Notre-Dame du Puy«. Ich weiß nicht, wie getreu die Nachbildung der 1794 zerstörten originalen Statue ist. Auf jeden Fall ist das Gewand der heutigen mit Ornamenten aus Gänsefüßen übersät.

Jedoch hat der Gänsefuß beziehungsweise ganz konkret die Gans noch eine weitere Verbindung mit dem Jakobusweg. In Frankreich und Spanien, also den beiden Ländern, die für den Jakobusweg am wichtigsten sind, gibt es nämlich ein recht populäres altes Brettspiel, das sich »Jeu de l'oie« beziehungsweise »Juego de la oca« nennt: das Gänsespiel.

Dieses Gänsespiel besteht aus einem spiralartigen Weg mit insgesamt dreiundsechzig Feldern, dem die einzelnen Mitspieler folgen müssen. Wer zuerst das Zentrum erreicht, hat gewonnen. Die Anzahl der Felder, die man vorrücken darf, wird durch einen Würfel beziehungsweise den Zufall bestimmt. Denn einige Felder beeinflussen die Geschwindigkeit der Spieler. Gelangt jemand auf das Feld »Labyrinth«, verirrt er sich und muss aussetzen. Ebenso, wenn er auf Feldern wie »Gasthaus« oder »Gefängnis« landet. Glück hingegen hat, wer auf ein Feld mit einer Gans trifft: Er darf vorrücken bis zum nächsten Feld mit einer Gans.

Und jetzt sind wir wieder bei unserem Thema, dem weiblichen Element. Denn seltsamerweise hat das Gänsespiel genau dreizehn Felder mit einer Gans. Genauso haben wir soeben besprochen, dass die Schnecke und auch das Schneckenhaus aufgrund der suggestiven Form des Weichtieres an sich als weibliche Symbole gelten. Und genau diese Spiralform weist auch der Plan des Gänsespieles auf, dem die Mitspieler folgen müssen.

Sei es Zufall oder Absicht, auf vielen mir bekannten Spielfeldern fand ich bislang das Feld »Labyrinth« in schneckenhausähnlicher Gestalt dargestellt, sogar dreidimensional, nämlich als Turm, der sich spiralförmig nach oben verjüngt. Interessanterweise – dies nur nebenbei – entspricht dies genau der Form, die alte Gemälde dem Turm zu Babel gegeben haben.

Nur sind diese weiblichen Assoziationen und die Popularität des Spieles speziell in den Ländern, die der Jakobusweg durchzieht, nicht das einzige Verbindungsglied zu diesem.

Französische Autoren machten den Anfang, indem sie die Theorie aufstellten, das »Jeu de l'oie« lasse sich geographisch lokalisieren, auf einer Karte Frankreichs.[66] Manche sehen eine Verbindung zwischen dem Feld »Labyrinth« des Spieles und den Labyrinthen, wie man sie auf dem Bodenbelag verschiedener mittelalterlicher Kathedralen, auch auf den französischen Jakobuswegen, findet. Abgesehen davon ist bereits die Form des Spieles an sich, die Spirale, nichts anderes als die einfachste Art eines Labyrinths.

Die Spanier hingegen siedeln die Vorlage des Gänsespiels auf dem Jakobusweg an, allerdings nicht in Form einer Spirale, sondern auseinander gezogen. Das Gänsespiel stelle eine Einweihung dar, wie der Jakobusweg selbst. Die entsprechenden Autoren versuchen, diese Thesen anhand von etymologischen Erklärungen einzelner Ortsbezeichnungen zu belegen, unter Heranziehung verschiedener Sprachen und Dialekte, vom Indogermanischen bis zum Lateinischen. Markante Beispiele hierfür sind die Oca-Berge oder der Ort El Ganso. Inzwischen wurde diese Theorie sogar mehr oder weniger offiziell mit dem Jakobusweg verbunden: in Gestalt eines riesigen »Juego de la oca« auf dem Platz vor der Jakobuskirche in Logroño. Ich möchte mich zu diesem Punkt nicht weiter äußern, sondern habe ihn lediglich zur Information des Lesers aufgeführt. Vielleicht interessiert es den einen oder anderen, selbst auf dem Jakobusweg nach Spuren des Gänsespiels zu suchen.

Die Alchemie

Von der Prima Materia bis zur Quintessenz:
Die Alchemie ist von weiblichen Elementen durchdrungen.
Jedoch stellt sie gleichzeitig einen Ausgleich her: durch
die Erschaffung des Hermaphroditen.

Wir haben besprochen, dass der Jakobusweg für den Alchemisten ein Synonym für das Große Werk war, das ihn zum Stein der Weisen führen sollte, der nicht nur die Transmutation unedler Metalle in Gold ermöglichte, sondern auch alle Krankheiten heilen und den Alterungsprozess aufhalten sollte.

Die Vorsilbe »Al« weist darauf hin, wo die Alchemie des Mittelalters vermutlich herkam: von den Arabern. Wenn sie auch nicht ihre Erfinder waren, so hatten sie doch die Theorien, die vermutlich hauptsächlich in den ersten Jahrhunderten des Christentums entstanden waren, bewahrt. Der Reibungspunkt der Kreuzzüge stellte dann Kontakte zwischen der arabischen und der christlichen Kultur her. Nicht nur im Heiligen Land, auch in Spanien.

212

Was erklären würde, warum Nicolas Flamel ausgerechnet auf dem Jakobusweg Hinweise auf den Code des geheimnisvollen Buches von Abraham dem Juden zu finden hoffte.

Und wenn wir die Alchemie näher untersuchen, stellen wir fest, dass dort das weibliche Element gleichfalls massiv präsent ist.

Es beginnt mit den Hinweisen zur Materia Prima, dem Grundstoff des Großen Werkes. Aus was dieser Grundstoff bestand, weiß man nicht. Aber Texte besagen, er müsse aus dem Geschlecht der Isis gewonnen werden. Ein Alchemist des 20. Jahrhunderts schloss daraus, dass die Erde selbst gemeint ist: Er benützte Boden, um sein Elixier herzustellen. Genauso wird ein Zwischenschritt des Steines der Weisen als Jungfrauenmilch bezeichnet.

Ein weiterer Hinweis auf das weibliche Element ist die Betonung der Farbe Grün in den alchemistischen Schriften beziehungsweise in Gestalt der so genannten Smaragdenen Tafel des Hermes Trismegistos, welche die Essenz des gesamten alchemistischen Schaffens in den Worten »Wie oben, so unten« zusammenfasse. Denn Grün ist in der Alchemie die Farbe der Venus. Die Alchemie ordnete jedem der sieben Planeten beziehungsweise Planetengötter ein bestimmtes Metall zu, diesem wiederum eine spezifische Farbe. Diese Farbe entsprach jedoch nicht der des Metalles selbst, sondern der seines Oxidationsproduktes. Aus diesem Grund wird der Mars der Rote Planet genannt, weil das mit dem Mars assoziierte Metall Eisen ist und oxidiertes Eisen, Rost, eine rötliche Färbung aufweist. Kupfer, das Metall der Venus, bildet Grünspan. Die Farbe der Venus ist somit Grün.

Daneben kannten die Alchemisten neben den vier Elementen Feuer, Luft, Wasser und Erde ein fünftes, das allem innewohnen sollte. Diese Quinta Essentia, die fünfte Essenz – man beachte wiederum die Zahl! –, wurde als Quintessenz sprichwörtlich. Diese Quintessenz wurde auf der einen Seite mit dem

Stein der Weisen, auf der anderen mit der Göttin Isis identifiziert.

Die Geschichte der Alchemie erwähnt auch ausdrücklich die Namen von weiblichen Alchemisten. Der französische Ausdruck für Wasserbad, »bain-marie«, wörtlich Marienbad, leite sich von einer solchen Alchemistin ab.

Natürlich ist die Alchemie nicht eine rein weibliche Angelegenheit. Ein alchemistisches Werk namens »Liber Mutus«, das stumme Buch, bildet ein Alchemistenpaar ab, das alle Prozesse gemeinsam durchführt. Auch Nicolas Flamel gab an, dass ihm seine Ehefrau Pernelle beim Großen Werk zur Seite stand. Andere alchemistische Schriften vergleichen die für das Große Werk nötige Verbindung eines festen Prinzips, genannt Schwefel, und eines flüssigen Prinzips, dem Merkur, mit der sexuellen Vereinigung von Mann und Frau. Die diesbezüglichen Darstellungen lassen an Ausdrücklichkeit nichts zu wünschen übrig.

Es sieht ganz so aus, als wolle die Alchemie das männliche und das weibliche Element einander gleichberechtigt gegenüberstellen, als sei sie um einen Ausgleich bemüht. Das zeigt auch eines ihrer wichtigsten Symbole: der Hermaphrodit, der Zwitter, wo sich die beiden Gegensätze sogar in einem Wesen wieder finden.

Die Inversion

*Ein um das andere Mal wiederholt der Jakobusweg
die Lektion, dass scheinbar konträre Elemente in Wirklichkeit
zusammengehören.*

Diese Suche nach dem Ausgleich manifestiert sich auch auf dem Jakobusweg selbst. Nicht nur in Gestalt von Symbolen wie der Sonne, welche sich sowohl als männlich als auch als weiblich interpretieren lassen. Man hat den Eindruck, als wollten die Schöpfer des Jakobusweges das hermetische Motto »Wie oben, so unten« bewusst realisieren. Das gilt nicht nur für den Gegensatz zwischen dem männlichen und dem weiblichen Prinzip, sondern auch für andere konträre Elemente. Zum Beispiel in Bezug auf Gut und Böse. Man hat den Eindruck, als seien sie umkehrbar, als könne man das eine nicht vom anderen trennen. So wie auf dem Negativ einer Fotografie alle Stellen, die in Wirklichkeit hell sind, dunkel sein müssen. Und umgekehrt.

Ein Beispiel hierfür haben wir bereits besprochen: den gehenkten Judas an der Seite der Apostelfürsten Petrus und Paulus am Portal der Kirche »Santa María la Real« von Sangüesa. Diese Darstellung illustriert sogar in mehr als einem Sinne, dass Gut und Böse zusammengehören. Einerseits durch den direkten und schockierenden Kontrast zwischen den »guten« Aposteln und dem »bösen« Verräter. Nur haben wir konstatiert, dass der Verräter letztendlich eine wichtige Rolle bei der Erlösung der Menschheit spielte. Wie Jesus selbst zugibt, hätte es ohne ihn keine Erlösung gegeben. Auf der anderen Seite ist der absolute Kontrast zwischen den »guten« Aposteln Petrus und Paulus und dem »bösen« Apostel Judas ein mahnender Hinweis auf den Dualismus in Petrus und Paulus selbst. Paulus wurde nämlich erst recht spät vom Christenverfolger Saulus zum Völkerapostel Paulus (Apg 9/1-22). Und auch Petrus sollte seinen Herrn verraten, wenn auch auf andere Weise als Judas. Ausgerechnet das Krähen eines Hahnes sollte der mahnende Hinweis darauf sein (Mt 26/34, Mk 14/30, Lk 22/34, Joh 13/38). Vielleicht brauchten beide diese Lektion. Denn wenn man nie mit der dunklen Seite seiner selbst konfrontiert worden ist, wird man gerne bigott.

Vielleicht ist diese Suche nach dem Ausgleich auch der Grund für die ansonsten unerklärliche Tatsache, dass die Verdammten auf dem Portal der gleichen Kirche den Weg zur Hölle fröhlich lachend antreten. Obwohl konservative Autoren dieses Lachen als ein verzerrtes Grinsen interpretieren wollen. Warum überhaupt eine solche Szene darstellen, die Anlass zu Fehlinterpretationen geben könnte? Wer weiß, vielleicht wollte der Bildhauer oder sein Auftraggeber tatsächlich ausdrücken, dass für die Verdammten kein Anlass zur Verzweiflung besteht, dass es irgendwann auch für sie eine Rettung gibt. Diese These ist keinesfalls weit hergeholt, sondern wurde in der frühen Kirche durchaus diskutiert. Der bereits erwähnte frühchristliche Theologe Origenes hat, soweit man seine Schriften rekonstruieren kann, diese Theorie vertreten: dass dem Wesen Gottes der Gedanke an eine ewige Verdammnis widersprechen müsse.

Aber am besten wird dieses Bemühen, beide Seiten einer Sache zu betrachten, durch ein weiteres Portal demonstriert: das der bereits mehrfach erwähnte Kapelle von Eunate. An und für sich stellt dieses romanische Portal keine Besonderheit dar. Einige der Steine sind zwar reliefartig bearbeitet, nur ist dies keinesfalls außergewöhnlich. Verschiedenen Autoren fiel aber auf, dass sich ganz in der Nähe von Eunate, in Olcoz, ein weiteres – gleichfalls romanisches – Kirchenportal befindet, das dem von Eunate verblüffend ähnelt. Anders als in Eunate erhebt sich jedoch dahinter keine romanische Kirche, sondern eine wesentlich jüngere: Sie stammt aus dem 17. Jahrhundert.

Die Übereinstimmungen zwischen Olcoz und Eunate sind nicht hundertprozentig; in Kleinigkeiten unterscheiden sich die beiden Portale. In Bezug auf einen bedeutsamen Punkt stellen sie sogar Gegenpole dar: Die Darstellungen sind spiegelverkehrt.[67]

Natürlich könnte es sich um einen Zufall oder Irrtum handeln. Vielleicht versuchte im 17. Jahrhundert jemand, das romanische Portal der alten Kirche in die neue Kirche zu integrieren und ordnete die Steine in der falschen Reihenfolge an. Vielleicht aber auch nicht. Vielleicht war es Absicht. Oder aber, und diese Theorie gefällt mir persönlich am besten, das Portal von Olcoz war von vornherein spiegelverkehrt.

Was könnte der Sinn hiervon gewesen sein?

Um diese Frage zu beantworten, müssen wir zuerst definieren, was ein Spiegelbild ist: ein getreues Abbild des Originals, bei der jedoch die Seiten vertauscht wurden. Rechts wird zu links und links zu rechts. Das Spiegelbild ist zwar eine negative Darstellung des Originals und kann ohne dieses nicht existieren, aber das Original selbst ist ohne Spiegelbild gleichfalls nicht vollständig. So ist es nicht erstaunlich, dass im Volksglauben Vampire kein Spiegelbild haben. Sie bewegen sich zwar, sind jedoch nicht wirklich lebendig – nicht umsonst nennt man sie Untote. Sie haben keinen richtigen Stoffwechsel; um existieren zu können, sind sie auf das Blut der Lebenden angewiesen. Ähnliches gilt für den Schatten. Der Schatten ist zwar dunkel und macht immer eine gegenläufige Bewegung, aber der Peter Schlemihl, der in der gleichnamigen Geschichte Adalbert von Chamissos (1781–1838) seinen Schatten verkauft, büßt einen Teil seines Selbst ein. Nicht umsonst weist auch der auf dem Jakobusweg entstandene Sohar darauf hin, dass Tag und Nacht zusammengehören.

Die beiden Portale von Eunate und Olcoz scheinen somit die Aufforderung von Sangüesa, nämlich Judas als eine Art dunklen Zwillingsbruder von Jesus zu betrachten, der gleichfalls eine wichtige Rolle für die Passion und somit die Erlösung spielte, wiederholen zu wollen: Rechts und links, Gut und Böse gehören zusammen und ergänzen sich gegenseitig.

So wie im Idealfall das männliche und das weibliche Element. Um letztere Aussage zu betonen, benützt der Jakobusweg noch ein weiteres Symbol, eines der mächtigsten, die je aus dem kollektiven Unbewussten aufstiegen. Es gilt im Prinzip als weiblich, weil es eine Art Gefäß darstellt, hat jedoch auch männliche Aspekte, weil es von einem phallischen Attribut, nämlich einer Lanze, begleitet wird. Vielleicht hat mancher Leser bereis erraten, von was die Rede ist: dem Heiligen Gral.

7 Der Heilige Gral

Der Heilige Gral – tatsächlich ein Begriff?

Jeder hat den Begriff »der Heilige Gral« schon gehört, die meisten glauben zu wissen, was dahinter steckt. Aber fast alle irren sich.

Es gibt wohl kaum jemanden, der noch nie etwas vom Heiligen Gral gehört hätte. Und sei es auch nur mehr oder weniger zwangsläufig: Weil er nicht umhinkam, mit den einschlägigen Hollywood-Produktionen zu diesem Thema konfrontiert zu werden.

Untersuchen wir, was »man« landläufig über dieses Thema weiß. Beziehungsweise zu wissen glaubt. Erstens, es hat mit dem legendären König Artus oder Arthur und dessen Tafelrunde zu tun: einem Kreis von Rittern, zu dem unter anderem Lanzelot und Parzival gehörten. Zweitens, der Gral selbst ist ein Kelch: der Kelch, mit dem Jesus im Kreise seiner Jünger das letzte Abendmahl feierte (Mt 26/26-28, Mk 14/22-23, Lk 22/17-19). Drittens, dieser Kelch gelangte mit Joseph von Arimathäa nach England. Genauer nach Glastonbury, einer Stadt in Südwestengland, früher eine Insel, identisch mit dem geheimnisvollen Avalon, wo Arthur auch begraben liegt.

Die meisten Historiker sind der Meinung, dass es durchaus ein geschichtliches Vorbild für den Arthur der Gralslegende gegeben haben könnte: einen walisischen Heerführer zur Zeit der Völkerwanderung. Andere fragen sich, ob das Britannien der Artussage wirklich Großbritannien entsprechen muss, ob es

219

sich nicht genauso um die französische Bretagne gehandelt haben könnte. Zumindest einer will sogar verschiedene Orte der Gralslegenden in der Normandie lokalisiert haben. Puristen können auch darauf verweisen, dass es gerade in Frankreich einen Ort namens Avallon gibt, ganz in der Nähe von Vézelay. Sogar in der Schweiz suchte man schon nach dem Gral. Das englische Wort »Welsh« für walisisch sei der angelsächsische Ausdruck für »fremd«, der sich genauso in dem Ausdruck Welschland für die französische Schweiz wieder finde. Die Schlussfolgerung: Parzival könnte auch Schweizer gewesen sein.

Haben die Engländer also ungerechtfertigterweise den Heiligen Gral usurpiert? So wie die heilige Helena, die Mutter Konstantins, die das Heilige Kreuz gefunden haben soll und welche die englischen Sagen zu einer britischen Prinzessin gemacht haben?

Um das festzustellen, müssen wir etwas tiefer in die Gralsgeschichte einsteigen. Genauso wenig kommen wir umhin, das volkstümliche Wissen um den Heiligen Gral genauer zu untersuchen. Und etwas in Frage zu stellen.

Hierfür ist es nötig, die einzelnen Versionen der Gralsgeschichte einander gegenüberzustellen. Denn verschiedene Autoren haben sich mit diesem Thema auseinander gesetzt und unterschiedliche Ansichten hierzu entwickelt. Die meisten Gralsgeschichten entstanden in einem relativ begrenzten Zeitraum, nämlich zwischen etwa 1190 und 1230. Wobei leider nicht immer bekannt ist, wann eine bestimmte Geschichte verfasst wurde, geschweige denn, von wem.

Als die älteste Version der Gralslegenden im eigentlichen Sinne gilt »Perceval le Gallois ou le Conte du Graal«, Perceval der Waliser oder die Geschichte des Grals, entstanden zwischen 1180 und 1190. Ursprünglich handelte es sich lediglich um den fünften Band von verschiedenen Romanzen um König Arthur. Aber keines der vier anderen Werke sollte die Popularität der Gralsgeschichte auch nur annähernd erreichen. Und das, obwohl der Autor, ein Mann namens Chrétien de Troyes, nicht einmal genau angibt, um was es sich bei dem Gral überhaupt handelt. Das Wort scheint für ihn ein generischer Begriff zu sein: Er spricht nie von »dem Gral«, sondern immer von »einem Gral«. Dieser Gral sei aus reinstem Gold und mit den schönsten Edelsteinen besetzt. Aus dem Zusammenhang geht hervor, dass es sich um einen Teller oder ein Gefäß handeln muss; seine genaue Form wird jedoch nicht definiert. Perceval gelangt durch Zufall in die Gralsburg und wird Zeuge, wie dieser Gral in einer Art Prozession zusammen mit einer Lanze und einem Tablett zum Zerteilen von Fleisch hereingetragen wird. Aus Höflichkeit verkneift sich Perceval jede Frage, obwohl ihn brennend interessiert, was dieses Spektakel zu bedeuten hat. Später erfährt er, dass diese Reaktion falsch war, dass er im Gegenteil seine Neugier hätte befriedigen müssen. Was ihn dazu veranlasst, nunmehr bewusst nach dieser Gralsburg zu suchen, um von neuem Einlass zu begehren.

Der Rest von Chrétiens Erzählung konzentriert sich jedoch auf die Erlebnisse von Gauvain, einem anderen Ritter der Tafelrunde. Ein Trick, wie ihn verschiedene Romanzen aus dieser Zeit einsetzen: Wenn es am spannendsten wird, greift der Erzähler einen anderen Faden auf, bis er auch hier einen Höhepunkt erreicht hat, um dann wieder auf die erste Geschichte zurückzukommen. Anscheinend gelang es Chrétien nicht, die Geschichte fertig zu stellen. Der Leser weiß also nicht, wie Percevals Abenteuer endet.

Was natürlich eine Reihe von Autoren dazu veranlasste, die Perceval-Geschichte weiterzuspinnen. Man spricht von drei beziehungsweise vier Fortsetzungen (der Gauvain-Fortsetzung, der Perceval-Fortsetzung, auch Pseudo-Wauchier genannt, der Manessier-Fortsetzung, der Fortsetzung von Gerbert de Montreuil).

Andere Autoren begnügten sich nicht damit, Chrétiens Erzählung fortzuführen, sondern verfassten ihre eigene Gralsgeschichte. So der anonyme Autor des »Perlesvaus«. Wann die Geschichte entstand, weiß man nicht genau. Manche glauben, kurz nach dem »Perceval«, also um 1190, andere hingegen siedeln sie später an. Daneben zählen noch »Joseph von Arimathäa« von Robert de Boron, der so genannte »Didot-Perceval«, Wolfram von Eschenbachs »Parzival« und zwei Erzählungen aus dem so genannten »Vulgata-Zyklus«, irrtümlich einem Mann namens Walter Map zugeschrieben, zu den »alten« Gralsgeschichten. Thomas Malorys »Le Morte d'Arthur«, entstanden um 1480, tat nichts anderes, als die existierenden Geschichten zusammenzufassen und zu vereinheitlichen, also bestehende Widersprüche auszugleichen.

Denn diese Gralsgeschichten weisen ziemliche Abweichungen voneinander auf. Das beginnt damit, dass sie keinesfalls in Bezug auf das Wesen und Aussehen des Grales übereinstimmen.

Was ist der Heilige Gral?

Die erste Abweichung zwischen dem gängigen Bild des Heiligen Grales und der originalen Beschreibung in den mittelalterlichen Gralsgeschichten liegt bereits in seiner Gestalt: Der Heilige Gral ist keinesfalls bei allen Autoren ein Kelch.

Der »Perlesvaus« war die erste Geschichte, welche den Gral eindeutig als Kelch definierte und Joseph von Arimathäa ins Spiel brachte. Verschiedene andere griffen diese Version mit Begeisterung auf: Joseph von Arimathäa, der sich laut den Evangelien (Mt 27/57-58, Mk 15/43-45, Lk 23/50-54, Joh 19/38-42) schon um die Bergung des Leichnams Jesu gekümmert hatte, brachte auch den Kelch des letzten Abendmahls in Sicherheit.

Mehr noch, er versäumte nicht, bei der Grablegung etwas vom Heiligen Blut Jesu darin aufzufangen. Was den Reliquiencharakter des Heiligen Grales potenziert. Nicht nur, dass er von den heiligen Händen des Erlösers berührt worden war, und zwar bei einem immens wichtigen Anlass wie der Einsetzung des Altarsakraments, er birgt auch sein Blut. Viele vermuten, dass diese Interpretation ganz im Sinne von Chrétien de Troyes gewesen wäre, dem »Erfinder« des Gralsthemas. Denn sein Auftraggeber war Philipp von Flandern. Dessen Vater hatte bei seiner Rückkehr aus dem Heiligen Land tatsächlich eine Ampulle mit Heiligem Blut nach Brügge gebracht. Es konnte auch nicht ausbleiben, dass die Lanze, welche gleichfalls in der Gralsprozession mitgeführt wird, prompt mit der identifiziert wurde, welche am Kreuz die Seite Jesu durchbohrt hatte. Dass man diese Lanze während des ersten Kreuzzugs, also kurz vor Auftauchen der Gralsgeschichten, gefunden hatte, erleichterte diese Zuordnung.[68]

Jedoch nicht alle Autoren der Gralsgeschichten stimmen überein, dass der Gral ein Kelch oder auch nur ein Gefäß war. Schon die so genannte erste Fortsetzung, die Gauvain-Fortsetzung, wartet mit zwei völlig unterschiedlichen Definitionen des Heiligen Grales auf. Der erste Gral ist tatsächlich das Gefäß, in dem Joseph von Arimathäa das Blut Jesu sammelte. Daneben bezeichnet die Gauvain-Fortsetzung, zumindest ihre ausführliche Fassung, jedoch noch einen weiteren Gegenstand als Heiligen Gral: eine Figur mit den originalen Gesichtszügen Jesu, die sich in der italienischen Stadt Lucca befinde. Diese Figur existiert tatsächlich. Sie wird als »Volto santo«, heiliges Gesicht, bezeichnet und heute noch in Lucca vorgezeigt. Ihr interessantester Aspekt ist, dass sie schwarz ist und somit einen Vergleich mit den so genannten Schwarzen Madonnen erlaubt: Statuen, die ursprünglich eine dunkle Gesichtstönung aufwiesen und diese Bezeichnung, Schwarze Madonna, beibehielten, auch wenn die originale Figur schon längst durch eine konventionelle weißhäutige ersetzt worden war. Bei Wolfram von Eschenbach, im deutschsprachigen Raum wohl zumindest dem Namen nach der bekannteste Autor einer Gralsgeschichte, kommt sogar eine dunkelhäutige Königin vor, die zur Mutter von Parzivals Halbbruder Feirefiz wird. Gleichzeitig wartet er mit einer weiteren Definition des Grales selbst auf: Es handle sich um einen Stein, den Engel auf der Erde zurückgelassen hätten. Der »Vulgata-Zyklus«, etwas später, nämlich um 1220, entstanden, bietet wiederum zwei verschiedene »Grale« an: Einmal wird der Gral als Kelch beschrieben, ein anderes Mal hingegen als Buch.

Der Gral ist also nur insofern ein Gefäß oder Behältnis, als der Begriff an sich von jedem Autor mit seiner ureigenen Vorstellung gefüllt werden konnte. Besonders gut bringt dies der »Perlesvaus« zum Ausdruck. Dort sieht Gawain im Gral selbst einen Kelch[69], dann ein Kind, dann den Gekreuzigten. Vor den Augen von König Arthur habe der Gral sogar eine fünffache Transformation durchgemacht. Der Text nennt jedoch nur die letzte Gestalt, die er annahm, die eines Kelches: Die anderen Formen dürfe er nicht enthüllen.

Der Heilige Gral in Spanien?

Verschiedene Hinweise in den Gralsgeschichten scheinen andeuten zu wollen, dass die Gralsburg nicht in Großbritannien, sondern in Spanien liegt. Schon die erste Gralsgeschichte weist auf eine Vorlage hin, die aus Spanien stammen könnte.

Manche Leser werden sich an dieser Stelle fragen, was dieser Ausflug in die Gralsgeschichten bezweckt. Denn so interessant das Thema sein mag: Liegt es nicht fernab von unserem eigentlichen Anliegen, dem Jakobusweg? Auch wenn der Schauplatz der Gralsgeschichten nicht unbedingt in Großbritannien liegen muss: Was haben sie mit Spanien zu tun? Der Meinung verschiedener spanischer Autoren nach sehr viel.

Es war ein Geschichtsschreiber des 5. Jahrhunderts, mit Namen Olympiodorus, der angab, ein Gefäß, in dem Maria Magdalena am Kreuz das Blut Christi aufgefangen habe, sei bis zum Jahr 410 in Rom aufbewahrt worden und dann bei der drohenden Eroberung durch die Westgoten nach Großbritannien in Sicherheit gebracht worden. Dieses Gefäß, so die »englische« Version, sei zur Vorlage für den Heiligen Gral geworden. Irrtum, sagen die Spanier: Das sei der Kelch des letzten Abendmahls gewesen, der sich zu diesem Zeitpunkt schon längst auf der Iberischen Halbinsel befand. Sie beziehen sich auf den so genannten »Santo Cáliz«, der in der Kathedrale von Valencia vorgezeigt und verehrt wird. Denn diesen »Santo Cáliz« identifizieren die Spanier mit dem Kelch des Letzten Abendmahls.

Aber wie kam dieser Heilige Gral nach Spanien?

Der spanische »Gralsträger« gehört zu den Heiligen, welche wir bereits besprochen haben, weil er eben auf dem Jakobusweg präsent ist: der heilige Laurentius oder Lorenz. Dieser sei nämlich ein Spanier gewesen, den Papst Sixtus II. in Rom zum Diakon gemacht habe. Als Sixtus selbst bei der Christenverfolgung unter Valerian verhaftet wurde, vertraute er Lorenz die Güter der Kirche an, welche dieser prompt unter den Armen verteilte. Hierfür ließ ihn der Kaiser am 10. August 258 langsam zu Tode rösten. Einer weiteren Version zufolge wurde Lorenz erst unter Diokletian, also Anfang des 4. Jahrhunderts, zum Märtyrer. Soweit die üblichen Heiligenlegenden.

Spanische Quellen haben diese um ein Detail bereichert. Der heilige Lorenz habe nämlich dafür gesorgt, dass vor seiner Verhaftung eine der kostbarsten Reliquien der Christenheit in Sicherheit gebracht wurde: der Kelch des letzten Abendmahles. Diese Sicherheit sah er in seiner spanischen Heimat gewährleistet. Genauer: in seiner Vaterstadt Huesca. Als der Kelch dort durch den Einfall der Mauren von neuem in Gefahr geriet, transportierte man ihn nach Yebra. Von dort gelangte er vermutlich, soweit man nachvollziehen kann, über San Pedro de Siresa, San Adrián de Sasabe und die Kathedrale von Jaca nach San Juan de la Peña. Dort verblieb er bis Anfang des 15. Jahrhunderts. Nach einem relativ kurzen Aufenthalt in Saragossa und Barcelona erreichte er schließlich Valencia.

Wie gesagt, reguläre Heiligenlegenden außerhalb Spaniens bestätigen nur, dass der heilige Lorenz ein Spanier war. Können wir also diese spanische Gralslegende als einen der Versuche, die Authentizität bestimmter Reliquien beweisen zu wollen, zurückweisen?

Diese Frage muss mit Nein beantwortet werden. Auf der einen Seite stimmt es nachdenklich, dass der erste Gralsdichter, Chrétien de Troyes, sich auf eine Vorlage beruft, welche sein Mäzen, Philipp von Flandern, ihm überreicht haben will. Und dieser hatte 1177 eine Wallfahrt nach Santiago de Compostela unternommen. Theoretisch könnte diese Vorlage also tatsächlich aus dem Einzugsbereich des Jakobuswegs stammen.

Wir Deutschsprachigen sollten mit einer Ablehnung des spanischen Anspruchs noch vorsichtiger sein. Denn unsere Quellen scheinen gleichfalls bestätigen zu wollen, dass der Gral durchaus eine Verbindung zur Iberischen Halbinsel haben könnte. Sogar konkret mit den Regionen, welche der Jakobusweg durchzieht. Wolfram von Eschenbach macht nicht nur seinen späteren Gralskönig Parzival zu einem Neffen des Königs von Spanien, sondern siedelt seine Gralsburg Munsalvaesche ganz in der Nähe von Katelangen an. Sonst hätte Kyot von Katelangen, der Herzog des Landes, nicht mit seiner Gemahlin Schoysiane bis zu deren Tod glücklich in Munsalvaesche leben können. Katelangen wird mit der spanischen Region Katalonien identifiziert und ist Aragón, wo der »Santo Cáliz« jahrhundertelang aufbewahrt wurde, unmittelbar benachbart.[70]

Vielleicht war die Gralsgeschichte Wolfram von Eschenbachs, zusammen mit der lautlichen Ähnlichkeit zwischen seiner Gralsburg Munsalvaesche und der Katharerfestung[71] Montségur in den Pyrenäen, dafür verantwortlich, dass Montségur wiederum von einem Deutschen, nämlich Otto Rahn[72], mit der Gralsburg identifiziert wurde.[73]

Dass Montségur in Frankreich liegt, darf uns dabei nicht irritieren. Diese Regionen in der Pyrenäengegend sind grenzübergreifend. Es gibt sowohl ein spanisches als auch ein französisches Navarra. Die Grafen von Toulouse waren zeitweise Vasallen der Könige von Aragón. Der Einflussbereich Aragóns erstreckte sich bis in die Provence. Jedoch waren die Könige von Aragón auch Grafen von Barcelona. Die Grafen von Barcelona wiederum stammten von denen von Carcassonne ab. Nicht umsonst identifizieren manche auch das Kloster Montserrat, in den Bergen nordwestlich von Barcelona gelegen, mit Wolframs Gralsburg Munsalvaesche.

Bestimmt war die dem heiligen Lorenz geweihte Kirche in Nürnberg nicht der Grund dafür, dass die Nationalsozialisten gerade diese Stadt zum Schauplatz ihrer grandios angelegten Reichsparteitage machten. Aber angesichts der Tatsache, dass sie offensichtlich das Gralsthema usurpieren wollten, ist diese Präsenz des spanischen »Gralsträgers« dennoch kurios.

Bezeichnend ist auch, dass der bekannteste »reguläre« Heilige Gral Italiens, eine Art Teller, der mit dem letzten Abendmahl assoziiert wird, gleichfalls eine Verbindung mit Spanien hat. Es existieren nämlich zwei Überlieferungen, wie dieser so genannte »Sacro Catino« nach Genua kam. Der Chronist Wilhelm von Tyrus gibt an, er sei den Genuesern 1102 nach der Belagerung von Cäsarea überreicht worden, also im Heiligen Land, im Anschluss an den ersten Kreuzzug. Die spanische Überlieferung hingegen behauptet, die Genueser hätten ihn erst 1147 zum Dank für ihre Unterstützung bei der Belagerung von Almería erhalten, somit in Spanien.

War der Gral in Aragón?

Erstaunliche Gemeinsamkeiten zwischen dem König Artus der Gralsgeschichten und König Alfons von Aragón auf der einen Seite und den Templeisen Wolframs von Eschenbach und den Tempelrittern Aragóns auf der anderen.

Damit nicht genug, beruft Wolfram von Eschenbach sich ausdrücklich auf einen spanische Quelle, was die gesamte Gralsgeschichte betrifft: Der Dichter Kyot habe sie in Form einer arabischen Handschrift in Toledo gefunden. Er habe sich dann auf die Suche nach dem Gral begeben und die Chroniken verschiedener Länder durchforscht, darunter die von Britannien, Frankreich und Irland. Eschenbach sagt ausdrücklich, dass er in keinem dieser Länder fündig wurde. Das »Anschouwe«, wo er schließlich »die Märe fand«, wird von verschiedenen Interpreten inzwischen nicht mehr mit der Landschaft Anjou im heutigen Frankreich identifiziert, sondern als »Anschauen« ausgelegt. Wolfram von Eschenbach wolle damit aussagen, dass der Gral nur als Vision erlebt werden könne.

Zugegeben: Diese Hinweise auf Spanien werden von den anderen Gralsgeschichten nicht bestätigt. Die meisten scheinen tatsächlich direkt oder indirekt andeuten zu wollen, dass die Handlung in Britannien spielt. Nicht umsonst protestierte Wolfram von Eschenbach, seine Kollegen hätten die Gralsgeschichte verfälscht. Haben sie das? Oder sollten sie schlicht die ihnen zur Verfügung stehenden Informationen falsch zugeordnet haben? Einige bedeutsame Details der Gralsgeschichte lassen genau diesen Schluss zu: weil sie auf Ereignisse anzuspielen scheinen, die sich nun einmal auf spanischem Boden abspielten.

Diese Hinweise beginnen mit dem legendären König Arthur selbst. Denn es ist auffallend, dass er in keiner der Gralsgeschichten einen legitimen Leibeserben hinterlässt. Zumindest keinen, der ihn überlebte. Im »Perlesvaus« hat er zwar einen Sohn namens Lohot, nur wird dieser noch lange vor Arthurs Tod von Arthurs Seneschall Keu umgebracht. Eine alte walisische Geschichte gibt ihm gleich drei Söhne, nur wird der erste von einem magischen Wildschwein getötet, ein weiterer irrtümlich von Arthur selbst, der dritte wiederum von von Keu beziehungsweise Kai. Auch geht aus dieser Geschichte nicht hervor, ob die Mutter der drei Söhne tatsächlich Arthurs Gemahlin Guinevere war. Bei Eschenbach hat Arthur einen Sohn namens Ilinot, der jedoch gleichfalls vor seinem Vater stirbt. In den meisten Geschichten bleiben Arthur und seine Königin schlicht kinderlos, was ihnen jedoch anscheinend niemand zum Vorwurf macht. Denn üblicherweise galt es als schlechtes Omen für das Land, wenn der König steril war. In allen Gralsgeschichten hingegen soll die Unfruchtbarkeit des Reiches beziehungsweise bestimmter Regionen durch die erfolgreiche Gralssuche und das richtige Verhalten der Gralsritter selbst beseitigt werden. Und der einzige Nachkomme, den König Arthur tatsächlich zeugt, in manchen Versionen mit seiner eigenen Schwester Morgane, gereicht dem Land zum Verderben, weil er noch zu Lebzeiten Arthurs die Herrschaft an sich reißen will und so einen Krieg entfacht: Mordred.

Eine ganz ähnliche Situation war in Spanien oder besser in Aragón im Jahre 1134 real vorhanden: Ein König starb ohne Nachkommen. Mehr noch, sein Name hat lautliche Anklänge an Arthur selbst. Es handelt sich nämlich um König Alfons I. von Aragón, den Herrscher des Landes, in dem zu diesem Zeitpunkt – und noch bis Anfang des 15. Jahrhunderts – der »Santo Cáliz« beheimatet war. Damit nicht genug, war der Großneffe dieses Königs, der gleichfalls den Namen Alfons trug, der Mäzen des Troubadours Guyot de Provins, den manche mit dem Kyot de Provence identifizieren, auf den Wolfram von Eschenbach sich als Informanten beruft. Es gibt Spekulationen, dass Wolfram von Eschenbach und Guyot de Provins sich tatsächlich begegneten: in Mainz, bei einem von Kaiser Friedrich Barbarossa (1121–1190) veranstalteten Sängerwettstreit. Schon diese Kette von Indizien stimmt nachdenklich. Aber der springende Punkt ist, dass König Alfons I. in seinem Testament sein Land drei militärischen Orden vermacht hatte, darunter den Templern. Das bedeutet, dass den Templern theoretisch 1134 ein Drittel Aragóns gehörte. Da sie sowieso zum Schutze der Pilger auf dem Jakobusweg implantiert waren, hätte ihnen dies eine ungeahnte Machtfülle gegeben. Genau diese Templer, die sowieso massiv in Aragón zugange waren, macht Eschenbach zu den Hütern des Grals. Wenn er sie auch leicht verfremdet »Templeisen« nennt.

Da die Adeligen Aragóns mit dieser Regelung nicht einverstanden waren und den Ritterorden nichts an einem Bürgerkrieg lag, verzichteten sie schließlich auf die Erbschaft – gegen entsprechende Entschädigung, versteht sich. Erbe beziehungsweise Erbin des Thrones wurde eine Nichte des verstorbenen Königs. Nur musste man, um diese Erbin zu produzieren, eigens den Bruder von König Alfons, einen Mönch, aus seinem Kloster holen und verheiraten. Großes Interesse brachte er für die Regierungsgeschäfte nicht auf. Und obwohl ihnen die Herrschaft entging, mitzureden hatten die Templer in Aragón weiterhin. Abgesehen davon war der Gemahl, dem die Thronerbin schon in frühester Jugend versprochen wurde, Graf Raimund von Barcelona, ein ehemaliger Tempelritter auf Zeit, also ein Mann, der für einen bestimmten Zeitraum in den Reihen der Templer gekämpft hatte, ohne die mönchischen Gelübde abzulegen.

Dieser historische König Alfons teilt mit König Arthur noch eine weitere Eigenschaft: Er gehört gleichfalls zu den so genannten »Rois perdus«, Königen, bei denen der Volksglaube aus unerfindlichen Gründen behauptet, sie seien in Wirklichkeit gar nicht tot und würden irgendwann wieder zurückkehren. Im deutschen Sprachraum ist der bekannteste »Roi perdu«

Friedrich Barbarossa, der im Kyffhäuser schlafen soll, bis die Raben nicht mehr um den Berg fliegen. Dieses Gerücht war im Falle von Alfons I. so hartnäckig, dass Alfons II. schließlich 1175 nichts anderes übrig blieb, als seinen Sarg öffnen zu lassen, um zu beweisen, dass der König tatsächlich tot war.

Daneben wartet Eschenbach noch mit einer weiteren Information auf, die sich auf Aragón zu beziehen scheint: Er gibt an, dass sich die Gralshüter, sprich Templeisen, als Erzieher betätigten. Auserwählte Knaben und Mädchen würden zur Gralsburg berufen, um später eventuell wieder in die Welt entsandt zu werden. Gerade von den Templern Aragóns ist bekannt, dass der junge König Jaime (1208–1276) unter ihrer Obhut seine ritterliche Erziehung erhielt. Genauer: in ihrem Hauptsitz Monzón. Erinnert Monzón lautlich nicht genauso an Munsalvaesche wie Montserrat oder Montségur? Monzón liegt ganz in der Nähe der Stadt Huesca, auf einem Zubringer des Jakobusweges.

Oder in Oviedo?

Wenn eine Figur Jesu in der italienischen Stadt Lucca
mit dem Heiligen Gral identifiziert werden kann,
warum dann nicht auch ein Tuch am Rande des Jakobus-
weges, welches das Antlitz Jesu bedeckte?

Sogar die Behauptung in einer der Gralsgeschichten, der Heilige Gral sei in Wirklichkeit gar nicht der Kelch des letzten Abendmahles, sondern eine lebensechte Figur Jesu, führt uns nach Spanien. Zumindest auf gewisse Weise.

Denn dort, genauer: in Oviedo, befindet sich gleichfalls ein Gegenstand, der mit dem Haupt Jesu in enger Verbindung stehe. Sogar in noch engerer als jede Figur. Die Kathedrale von Oviedo rühmt sich nämlich, das Tuch in ihrem Besitz zu haben, das einst das Antlitz Jesu bedeckte. Wenn es auch nicht die Gesichtszüge Jesu wiedergibt, wie das legendäre Schweißtuch der Veronika[74] oder das berühmte Grabtuch von Turin. Dieses Tuch von Oviedo will auch nicht mit dem Grabtuch von Turin konkurrieren. Es handle sich um ein anderes Tuch, das lediglich den Kopf Jesu bedeckt haben soll. Nicht im Grab selbst – sonst hätte ja der Abdruck des Gesichts Jesu auf dem Grabtuch von Turin fehlen müssen –, sondern bei der Abnahme vom Kreuz und auf dem Transport des Leichnams zum Grab. Das Johannesevangelium beschreibt tatsächlich ein solches Tuch, das nur den Kopf bedeckte (Joh 20/6-7).

Dieses Tuch von Oviedo ist 84 mal 53 Zentimeter groß und weist verschiedene Flecken auf, die teilweise auf Blut, teilweise auf die Flüssigkeit zurückgeführt werden, die sich bei einem Lungenödem bildet. Genau ein solches gehöre zu den klassischen Symptomen einer Kreuzigung, bei welcher der Tod schließlich durch Ersticken eintritt. Moderne Forscher wollen festgestellt haben, dass die Anordnung verschiedener Flecken genau mit denen auf dem Turiner Grabtuch übereinstimmt, genauso wie die Blutgruppe: AB. Das bedeutet, dass sich die beiden Reliquien gegenseitig ihre Authentizität bestätigen würden. Die Tatsache, dass die Abbildung Jesu auf dem Turiner Grabtuch als Effekt der Auferstehung gilt, erklärt für den Gläubigen hinreichend, warum das Tuch von Oviedo eben nicht die Gesichtszüge Jesu aufweist.

Leider ist seine Geschichte etwas dubios. Der Überlieferung nach, festgehalten in erster Linie von Pelayo, Bischof von Oviedo im 12. Jahrhundert, befand es sich nach der Kreuzigung beinahe sechs Jahrhunderte lang in Jerusalem, bis zum Einfall der Perser, Anfang des 7. Jahrhunderts. Dann wurde es über Nordafrika nach Spanien gebracht, zuerst nach Sevilla, dann nach Oviedo. Jedoch existierte Oviedo zu dem Zeitpunkt, als das

Tuch laut Pelayo dort eingetroffen sein soll, noch gar nicht. Die Stadt wurde erst ein halbes Jahrhundert später gegründet. Genauso ist merkwürdig, dass Braulio (590–646), seit ca. 630 Bischof von Saragossa, zwar über die Existenz der Leichentücher Jesu an sich schreibt, jedoch offensichtlich keine Ahnung hatte, dass sich eines zu diesem Zeitpunkt bereits in seiner eigenen Heimat befinden sollte.

Aber spätestens nach 1075 sei das Tuch dann nachgewiesenermaßen in Oviedo gewesen. So heißt es zumindest. Der Beweis: Ein Dokument vom 14. März 1075, das beschreibt, wie König Alfons VI. im Beisein verschiedener Bischöfe, seiner Schwester Uracca und des berühmten Rodrigo Díaz de Vivar (ca. 1043–1099), bei uns besser bekannt als El Cid, die Truhe, die neben anderen Reliquien auch das Tuch enthielt, inspizierte. Und gleichzeitig in dem Dokument selbst bestätigt, dass diese Truhe sich schon seit Urzeiten in Oviedo befinde. Aber auch dieser Beweis hat diverse Schönheitsfehler. Das Dokument selbst existiert nämlich nicht mehr. Der »Beweis« reduziert sich somit auf eine Kopie aus dem 13. Jahrhundert. Diese Kopie sei so gut, so die Befürworter ihrer Authentizität, dass sogar die Namenszüge imitiert wurden. Das ist, ehrlich gesagt, die merkwürdigste Begründung für die Echtheit eines Dokuments, die mir bislang untergekommen ist.

Nur gibt es noch einen zweiten Punkt, der diese Echtheit in Frage stellt: das angespannte Verhältnis zwischen König Alfons VI. und El Cid. Denn Letzterer war ein Parteigänger von König Sancho II. (ca. 1038–1072) gewesen, für dessen Tod just Alfons VI. verantwortlich gemacht wurde. Die Erklärung der Befürworter der Authentizität des Schriftstückes: Es sei zu einem Zeitpunkt entstanden, als Alfons VI. und El Cid gerade nicht auf Kriegsfuß miteinander standen. Es stimmt, eine solche Periode gab es. Nur fand die Versöhnung 1086 statt. Bereits 1089 gruben die beiden das Kriegsbeil wieder aus. 1075 hingegen war kurz nach dem Tod Sanchos, als der Streit zwischen

König Alfons und El Cid erst richtig losging. Es ist nicht einsichtig, dass die beiden ausgerechnet zu diesem Zeitpunkt in trauter Einigkeit Reliquienschreine untersuchten. Beweist dies, dass das Tuch von Oviedo eine Fälschung ist? Nicht unbedingt. Vom äußeren Aspekt her und den wissenschaftlichen Untersuchungen zufolge, könnte es tatsächlich echt sein. Nur hielten es anscheinend diverse Leute für opportun, diese Echtheit unter Berufung auf den legendären El Cid »beweisen« zu wollen, mit eher fatalen Folgen.

Auf jeden Fall war das Tuch von Oviedo, heute außerhalb Spaniens kaum bekannt, im Mittelalter eine zugkräftige Reliquie, die manchen Jakobuspilger zu einem Abstecher nach Oviedo veranlasste. Nicht umsonst ließ Oviedo verkünden, wer nur Santiago de Compostela besuche und Oviedo ignoriere, ehre den Knecht und schmähe den Herrn.

Wie christlich sind die Gralsgeschichten?

Die Gralslegenden enthalten eindeutig nicht christliche Elemente. Manche sehen dahinter den Einfluss des englischen Ketzers Pelagius. Nur hatte auch Spanien zu dieser Zeit einen Ketzer hervorgebracht: Priscilianus.

Eine Theorie besagt, die Gralsgeschichten seien eine Umlenkung keltischen Gedankengutes in christliche Bahnen. So wird zum Beispiel die Erzählung »Peredur« zu den Gralsgeschichten gezählt, obwohl der Heilige Gral nicht erwähnt wird und nicht einmal ein Kelch vorkommt. Die Gralsprozession, wenn man von einer solchen reden kann, führt neben einer Lanze einen abgeschlagenen Kopf herein. Dieser abgeschlagene Kopf sei ein typisch keltisches Symbol, weil die Kelten generell einen wahren Kult mit abgeschlagenen Köpfen betrieben hätten.

In den eigentlichen Gralsgeschichten sei dieser Kopf durch den Kelch des letzten Abendmahls ersetzt worden. Nur bleibt diese Christianisierung, wenn es sich um eine solche handelt, an der Oberfläche. Denn das Leitmotiv der Blutrache, das den »Peredur« durchzieht, ist im »Perlesvaus«, der den Heiligen Gral tatsächlich als den Kelch des letzten Abendmahls beschreibt, gleichfalls allgegenwärtig. Genauso die abgeschlagenen Köpfe.

Natürlich dürfen wir an das Mittelalter beziehungsweise in diesem Fall die Kirche im Mittelalter nicht die heutigen Maßstäbe anlegen. Es war nun einmal die Zeit der Kreuzzüge und der drakonischen Strafen schon für kleinste Vergehen. Auch lebte sogar in unseren Breiten die »Blutrache« in Gestalt der Duelle als Mittel zur Ehrenrettung bis nach dem Ersten Weltkrieg weiter. Ein bekanntes literarisches Beispiel hierfür ist Theodor Fontanes Roman »Effie Briest«.

Nur ist das nicht der einzige Grund, warum die Lektüre des »Perlesvaus« etwas befremdet. Man kann sich des generellen Eindrucks nicht erwehren, dass die Bedeutung Jesu Christi für einen christlichen Kontext zu sehr heruntergespielt wird, als sei er lediglich eine Art Bindeglied zwischen dem alttestamentlichen Helden Judas Makkabäus – den übrigens die Templer hoch verehrten – und Perlesvaus selbst.

Kommen wir nun zu der These, beim Heiligen Gral handle es sich um ein Buch. Eine der relativ unbekannten späten Gralsgeschichten, »La Folie Perceval«, Perceval der Narr, deutet laut Phillips sogar an, um welches Buch es sich handeln könnte: das Thomasevangelium. Das Buch bestehe nämlich aus geheimen Unterweisungen Jesu, festgehalten von seinem Jünger Didymus. Genau so, Didymus, zu Deutsch Zwilling, nannte man den Apostel Thomas. Das ihm zugeschriebene apokryphe Thomasevangelium beginnt mit den Worten: »Dies sind die geheimen Unterweisungen, welche der lebende Jesus von sich gab und Didymos Judas Thomas niederschrieb.«

Gegen diese Theorie spricht, dass es offiziell bis in die Mitte des 20. Jahrhunderts gar keine komplette Fassung des Thomasevangeliums gab. Erst 1945 wurde eine solche im ägyptischen Nag Hammadi gefunden. Bis zu diesem Zeitpunkt war nur ein Fragment bekannt. Was natürlich nicht ausschließt, dass eingeweihte Kreise während der Kreuzzüge auf ein vollständiges Manuskript gestoßen waren, das unter der Hand weitergereicht wurde und diverse ketzerische Strömungen des Mittelalters nährte.

Aber lassen wir dies dahingestellt. Es ist auf jeden Fall eine Tatsache, dass die Gralsgeschichten, teils vorsichtig, teils unverhüllt, eine Ideologie verbreiteten, die zwar christliche Aspekte aufgreift, aber von den offiziellen Lehren der Kirche in bedeutsamen Punkten abweicht. Zum Beispiel, indem sie eindeutig eine alternative apostolische Nachfolge propagieren. Die wichtige Rolle, welche in der kirchlichen Lehre die Apostel Petrus und Paulus spielen, wird in den Gralsgeschichten völlig ignoriert. Stattdessen loben sie Joseph von Arimathäa und seine Nachkommen und Nachfolger als Hüter der Überlieferung Jesu.

Genau darin fühlen manche Autoren ihre Theorie bestätigt, dass die Gralsgeschichten im frühchristlichen Großbritannien spielen. Denn gab es dort nicht einen Lehrer namens Pelagius (ca. 350–425), dessen Theorien von der Kirche als nicht christlich zurückgewiesen wurden, weil er unter anderem die Theorie von der Erbsünde ablehnte? Und indirekt damit auch das Magisterium, das Lehramt Roms, das diese Theorie schließlich zur Basis des Glaubens machte?

Von der Logik her ist gegen diese Theorie, dass die Gralsgeschichten mittels der Legenden über die Missionstätigkeit Josephs von Arimathäa die Privilegien einer keltischen Kirche propagieren, nichts einzuwenden. Nur lässt sie sich eins zu eins auf Spanien übertragen. Denn auch Spanien kannte einen frühchristlichen Ketzer, einen Zeitgenossen des Pelagius, dessen Theorien in Rom Entsetzen auslösten. Wir haben ihn bereits besprochen: Priscilianus. Auf seine Art griff er die ideologische Struktur der Kirche nicht minder an als Pelagius. Durch sein Betonen des geistigen Prinzips stellte er die Menschwerdung Jesu und damit seinen Sühnetod in Frage.

Genauso fällt auf, dass sowohl der anonyme »Perlesvaus« als auch Chrétien de Troyes Jesus Christus als »heiligen Propheten« bezeichnen. Für einen christlichen Kontext, wo er als der Sohn Gottes und Erlöser der Menschheit gilt, eine etwas schwache Beschreibung. Jedoch entspricht sie in etwa dem Bild, das die Moslems von ihm haben. Woher, wenn nicht aus dem maurischen Spanien, erhielt der Autor des »Perlesvaus« diese Anregung?

Damit nicht genug, deuten sogar durchaus orthodoxe Reiseführer an, dass der Jakobusweg dualistischen[75] Bewegungen in Norditalien die Möglichkeit gab, ihre Thesen zu verbreiten. Das würde einerseits den Einfluss der Katharer im Languedoc erklären und andererseits das Auftauchen dualistischen Gedankengutes in León, wie man es im 13. Jahrhundert beobachtete.

Der Schicksalsstein und Santiago

Bei Wolfram von Eschenbach ist der Gral ein Stein,
der vom Himmel fiel. Diese Definition führt uns geradewegs
nach Santiago de Compostela.

Auch der Heilige Gral Wolframs von Eschenbach greift die theoretischen Grundlagen der Kirche an: durch seine Betonung des weiblichen Elements, so unwahrscheinlich dies im ersten Moment auch klingen mag. Denn ist sein Heiliger Gral nicht eng mit der Passion Jesu verknüpft? Weil er seine Kraft alljährlich dadurch erneuert, dass am Karfreitag eine weiße Taube eine Hostie auf ihm niederlegt? Nur dürfen wir drei Dinge nicht vergessen. Erstens, Tauben galten im Altertum als die Totemtiere der verschiedenen Liebesgöttinnen. Nicht umsonst finden sich heute noch turtelnde Tauben auf Postkarten für Verliebte wieder, zum Beispiel auf denen, die zum Sankt-Valentins-Tag am 14. Februar verschickt werden. Zweitens, diese Assoziation wird gerade durch den Freitag verstärkt. Denn er ist der einzige Tag, der nach einer weiblichen Gottheit benannt ist: im Deutschen nach der Göttin Freya. Auf Französisch heißt er »vendredi«, auf Italienisch »venerdí«, von Vénere, die Venus. Drittens, der Karfreitag potenziert diese weiblichen Assoziationen. Denn der Karfreitag hat mit dem Mond zu tun. Das Osterfest wird am Sonntag nach dem Frühlingsvollmond gefeiert. Und der Mond, so haben wir bereits konstatiert, ist gleichfalls ein weibliches Symbol.

Jedoch mag befremden, dass Wolfram im gleichen Atemzug beteuert, sein Gral komme aus dem Himmel. Er sei von Engeln auf der Erde zurückgelassen worden. War er sich der weiblichen Assoziationen nicht bewusst? Vermutlich sehr wohl. Nur ist seine Aussage ganz wörtlich zu verstehen. Er meint nämlich einen Meteoriten. Solche Steine, die vom Himmel gekommen waren, wurden vor Jahrtausenden mit weiblichen Gottheiten identifiziert. In Pessinus wurde die Göttin Kybele in Gestalt eines Meteoriten verehrt. Der Überlieferung nach war ein solcher Meteorit auch der Anlass für den Bau des Dianatempels von Ephesus. Erst später machten diese kultischen Steine aufgrund ihrer suggestiven phallischen Form eine »Geschlechtsumwandlung« durch.

Aber wie lässt sich dies mit der These vereinbaren, dass es sich beim Heiligen Gral beziehungsweise den Gralsgeschichten um keltische Relikte handelt? Weisen nicht zahlreiche Experten darauf hin, dass sich neben dem Kopfkult auch andere Aspekte der keltischen Überlieferung in den Gralsgeschichten wieder finden? Sie sind der Ansicht, dass die Gralsgeschichten auf konkret vier Gegenständen aus der irischen Mythologie basieren. Das Schwert Nuadas, welches unbesiegbar machte, wurde zu Arthurs Schwert Excalibur. Die Lanze der Gralsprozession sei ursprünglich nicht die gewesen, welche die Seite Jesu durchbohrte, sondern die magische Lanze des Gottes Lugh. Der so genannte Kessel des Dagda, der aus dem Nichts Speisen entstehen ließ und Tote wieder belebte, wurde zum Heiligen Gral. Der Lia Fail, der Krönungsstein der irischen Könige, wurde zum »gefährlichen Sitz« der Tafelrunde, der protestierte, wenn sich ein Unwürdiger auf ihm niederließ. Nur meinen manche, dass Eschenbach, bei dem der Heilige Gral selbst ein Stein ist, gleichfalls an den Lia Fail dachte.

Auf den ersten Blick scheint diese Theorie mit allem, was wir bislang besprochen haben, unvereinbar zu sein. Denn sieht es nicht so aus, als führe sie uns definitiv wieder in britische Gefilde? Und haben wir nicht festgestellt, dass gerade Wolfram von Eschenbach uns eine ganze Reihe von Hinweisen auf Spanien hinterlassen hat? Wie also konnte er seinem Gral letztendlich so keltische Assoziationen verleihen? Oder wusste er es nicht besser?

Um das festzustellen, müssen wir den Lia Fail näher untersuchen. Im Gegensatz zu den anderen magischen Objekten der keltischen Mythologie soll er sogar noch existieren. Zumindest ein Teil davon, den man seit Jahrhunderten bei der Krönung eines englischen beziehungsweise später britischen Monarchen unter den Krönungssitz zu legen pflegt. Man nennt ihn »Stone of Destiny«, Schicksalsstein. Ursprünglich gehörte er den Schotten, aber Ende des 13. Jahrhunderts gelang es den Engländern, ihn zu erobern. Bis vor kurzem konnte man ihn noch in der Westminster-Abtei von London besichtigen. Inzwischen ist er nach Schottland zurückgekehrt. Allerdings mit der Auflage, ihn bei der Krönung des nächsten Königs wieder zur Verfügung zu stellen.

Bis zu diesem Punkt bleibt der Schicksalsstein tatsächlich eine britische Angelegenheit. Das ändert sich jedoch rasch, wenn wir seine mythologischen Ursprünge untersuchen. Denn die Überlieferung behauptet, der Schicksalsstein sei der nämliche Stein, auf dem der biblische Patriarch Jakob seinen Traum von der Himmelsleiter hatte (Gen 28/11-19) und auf dem er anschließend ein Opfer darbrachte.

Sprich: Bei dem Schicksalsstein handelt es sich um einen kultischen Stein aus dem Nahen Osten, genau der Gegend, in der auch Göttinnen in Gestalt von Meteoriten verehrt wurden. Auch die Juden waren gegen diese Kulte nicht immun. Nicht umsonst klagt die Bibel immer wieder, dass sie heidnischen Gottheiten, unter anderem der Astarte, huldigten. Sogar Salomon, dessen Weisheit sprichwörtlich geworden ist, erbaute der Astarte einen Tempel (1 [3] Kön 11/5, 33, 2 [4] Kön 23/13).

Die Etymologie leitet aus dem Namen des Ortes, wo Jakob seine Vision von der Himmelsleiter hatte, Bethel, den generischen Begriff für diese kultischen Steine ab. Sie werden Bätyle genannt. Der Schicksalsstein in Großbritannien genießt keine kultische Verehrung. Dafür jedoch ein anderer Bätyl, in Spanien. Wir haben ihn bereits erwähnt: den Pfeiler im Heiligtum von »Nuestra Señora del Pilar« von Saragossa, den, so behauptet die Legende, die Madonna dem heiligen Jakobus zurückgelassen habe.

Und genau mit dem heiligen Jakobus steht auch der Schicksalsstein in Verbindung. Denn schließlich musste die Legende eine Erklärung dafür finden, wie er vom Heiligen Land nach Schottland gelangt war: über Ägypten und ein Land im Westen zuerst nach Irland, dann nach Schottland. Und jetzt wird es interessant. Experten sind nämlich der Ansicht, dass dieses Land im Westen Spanien ist, konkret Galicien. Zumindest ein Historiker, sogar ein englischer, ist noch konkreter: Der Stein habe als Thron des Königreiches Brigantium gedient, wo heute Santiago de Compostela liege.

25 Typischer spanischer Passionsumzug – aufgenommen auf der »Steinernen
Brücke« von Logroño, Nachfolgerin einer von Juan de Ortega erbauten.

26 Santo Domingo de la Calzada. Denkmal mit Schwert des Ordens von Santiago.

27 Die kleine Stadt Estella hat mit einem reichen kulturellen und architektonischen Erbe aus der Hochblüte der Wallfahrten aufzuwarten.

28 Kloster Irache (Hintergrund) mit Bodegas Irache (Vordergrund). »Bodega« heißt Weinkeller – wir befinden uns hier bereits im Einzugsgebiet der berühmten Weingegend von La Rioja.

29 Los Arcos mit seiner Kirche, die mehrere Stilrichtungen verbindet.

30 Bartholomäus-
kirche von Logroño.

31 Der Jakobusweg.

Würde sich die Verbindung zwischen Galicien und den Britischen Inseln auf diese Legende beschränken, könnten wir sie ignorieren. Diese Legende hat jedoch einen ganz realen Hintergrund. Die Kelten waren beziehungsweise sind nämlich tatsächlich in Galicien präsent. Historiker sagen, dass sie schon zwischen 600 und 300 v. Chr. einwanderten. Es sieht also ganz so aus, als würde die Legende um den Lia Fail lediglich eine effektiv vorhandene enge Verbindung zwischen Galicien und den keltischen Regionen auf den Britischen Inseln nachvollziehen. Nicht umsonst heißt es, Brigantium würde sich etymologisch von Brigid ableiten, einer keltischen Göttin, ihres Zeichens die Tochter des Dagda, dem wiederum der magische Kessel gehörte, welcher gleichfalls als Vorlage für die Gralsgeschichten gedient haben soll.[76] Interessanterweise bestätigt der »Codex Calixtinus« diese Assoziation. Er macht nämlich die Bewohner wenn nicht Galiciens, so doch Navarras zu Nachkömmlingen von Schotten, die Julius Cäsar (100–44 v. Chr.) als Söldner dorthin geschickt hatte.

Die nachdrücklichste Bestätigung der mythologischen Verbindung zwischen Schottland und Spanien ist ein seltsames historisches Ereignis. Es handelt sich um das Vermächtnis von Robert the Bruce (1274–1329), dem ersten König von Schottland, der nicht auf dem »Stone of Destiny« gekrönt worden war, weil ihn die Engländer kurz zuvor nach England entführt hatten. Er befahl, dass einige seiner treuesten Gefährten nach seinem Tod sein Herz ins Heilige Land tragen sollten. Die ausgewählten Adeligen schickten sich an, diesen Wunsch zu erfüllen. Nur reisten sie über Spanien, machten Halt in Sevilla und ließen sich dort auf eine Schlacht mit den Mauren ein, wo sie umkamen – bis auf einen, der infolge eines gebrochenen Armes gar nicht an den Kampfeshandlungen teilgenommen hatte. Er brachte das Herz des Königs zurück nach Schottland, wo es in der Abtei von Melrose beigesetzt wurde. War das Unternehmen also ein Fehlschlag gewesen? Oder hatte Robert the Bruce stellvertretend an einer Art Kreuzzug teilnehmen wollen? Oder ging es um eine nachträgliche Legitimierung seines Königtums auf spanischem Boden, stellvertretend für die von den Engländern vereitelte Krönung auf dem »Stone of Destiny«? Für Letzteres würde die Bedeutung sprechen, welche der Name »Jakob« für die schottische Dynastie Stuart hat, die wiederum von einer Tochter König Roberts abstammt. Denn die Nachfolger von Robert the Bruce begaben sich nicht mehr nach Spanien. Dafür trugen viele unter ihnen den Namen Jakob – insgesamt sechs Herrscher zwischen dem 14. und dem 16. Jahrhundert. Jakob VI. wurde schließlich 1603, nach dem Tod der kinderlosen Königin Elisabeth, auch König von England – und als solcher wieder auf dem »Stone of Destiny« gekrönt. Als König von England trug er den Titel Jakob I. Sein Enkel, Jakob II., wurde 1688 bei der so genannten »Glorreichen Revolution« vertrieben. Seine Anhänger beziehungsweise die seiner Nachfahren werden bis zum heutigen Tag Jakobiter genannt.

Das würde bedeuten, dass uns wider Erwarten gerade die Identifizierung des Grals mit dem »Stone of Destiny« zum Jakobusweg zurückführt, weil er dort eine Zwischenstation machte. Wer weiß, vielleicht war es erst dort, dass er mit dem Heiligen Gral assoziiert wurde.

Das Wunder von El Cebrero

Noch ein Heiliger Gral in Spanien. Zwar nicht der Kelch des letzten Abendmahles, dafür aber gleich zwei Gefäße, in denen sich im 13. Jahrhundert ein Transsubstantiationswunder ereignet haben soll.

Aber lassen wir diese Spekulationen um die Heiligen Grale, welche nicht dem herkömmlichen Bild des Kelches entsprechen, beiseite. Verschiebt sich dann das Bild wieder zugunsten des britischen Heiligen Grales? Leider nicht.

Der berühmteste moderne Interpret der Gralsgeschichte ist wohl Richard Wagner, der das Thema in seiner Oper »Parsifal« bearbeitete. Nur: Auf was berief er sich? Als guter Deutscher natürlich in erster Linie auf eine deutsche Gralslegende, nämlich die Wolframs von Eschenbach. Sollte man denken. Und dachte vermutlich auch Hitler, dessen Lieblingsoper der »Parsifal« war. Jedoch haben wir besprochen, dass gerade bei Wolfram von Eschenbach der Gral keinesfalls ein Kelch ist, sondern ein Stein.

Kein Wunder also, dass manche Autoren behaupten, Wagner sei von ganz anderen Quellen inspiriert worden. Zum Beispiel im Kloster Montserrat oder in San Juan de la Peña. Andere suchen sogar eine Verbindung zwischen Wagner und der geheimnisvollen Affäre von Rennes-le-Château.[77]

In spanischen Büchern hingegen kann man bisweilen lesen, was Wagner in Wirklichkeit inspiriert habe, sei das Wunder von El Cebrero gewesen. El Cebrero liegt direkt auf dem Jakobusweg. Dort, in der kleinen Dorfkirche »Santa María la Real«, aus dem 11. Jahrhundert stammend, wird heute noch eine Art Gral verehrt. Beziehungsweise deren zwei. Jedoch haben diese beiden nichts mit dem Kelch des letzten Abendmahles zu tun. Dafür mit der katholischen Ideologie, die sich auf dieses letzte Abendmahl beruft: die körperliche Verwandlung von Brot und Wein in Leib und Blut Christi. Denn um das Jahr 1300 habe sich in besagtem El Cebrero das Dogma von der Transsubstantiation auf etwas drastische Weise manifestiert. Es geschah, als einer der in El Cebrero angesiedelten Mönche dort an einem Wintermorgen für die Gemeinde die Morgenmesse zelebrierte. Jedoch hatte sich an diesem Morgen nur ein einziger Besucher eingefunden, ein Schäfer aus dem benachbarten Dorf Barxa Major. Alle anderen waren wegen des Schneesturms zu Hause geblieben. Während der Mönch die

Wandlung zelebrierte, machte er sich insgeheim über den Schäfer lustig: eine solche Strapaze wegen etwas Brot und Wein auf sich zu nehmen! Im gleichen Moment hätten sich das Brot und der Wein in seinen Händen sichtbar in Fleisch und Blut verwandelt. Der Mönch war von seinem Skeptizismus geheilt. Der Beweis, dass dieses Wunder tatsächlich stattfand: der Kelch und der Teller, die heute noch dort aufbewahrt und vorgezeigt werden. In diesem Kelch befinde sich das Fleisch, das Blut hingegen sei in zwei Ampullen, welche Isabella von Kastilien und Ferdinand von Aragón bei einem Besuch dieses Wallfahrtsortes im Jahre 1486 gestiftet haben.

Soweit die Legende. So unbedeutend der Ort El Cebrero heute ist: Im Mittelalter muss der Bericht über das Wunder sich dank des Jakobusweges, auf dem El Cebrero schließlich liegt, in ganz Europa verbreitet haben. Und dort seine Wirkung gezeigt haben. Denn es war genau zu diesem Zeitpunkt, dass die Lehre von der Transsubstantiation überhaupt erst als verbindlich festgelegt wurde. Das erste offizielle Dokument der Kirche, das den Begriff Transsubstantiation benützt, wurde 1215 beim Vierten Laterankonzil abgefasst. Als verbindlicher Glaubenssatz wurde diese Transsubstantiationslehre 1274 beim zweiten Konzil von Lyon formuliert. Die theoretische Grundlage lieferte unter anderem der Kirchenlehrer Thomas von Aquin (ca. 1226–1274) beziehungsweise die gerade damals wieder entdeckte Philosophie des Aristoteles (384–322 v. Chr.). Aristoteles und Thomas von Aquin unterschieden nämlich zwischen der Substanz eines Gegenstandes und seinem äußeren Anschein. Bei der Transsubstantiation ändere sich die Substanz, das Wesen, der äußere Anschein von Brot und Wein bleibe gleich.

Ich persönlich bin der Meinung, dass das so genannte Wunder von El Cebrero in Szene gesetzt wurde: um das Dogma von der Transsubstantiation zu propagieren. Speziell das Fehlen von Zeugen macht mich misstrauisch. Genauso wenig bin ich davon überzeugt, dass Wagner sich ausgerechnet von El Cebrero inspirieren ließ: In seinem »Parsifal« spielt die Lanze eine zu große Rolle. Und diese fehlt in El Cebrero völlig.

Nur hätte das Wunder von El Cebrero meiner Ansicht nach nie diesen Widerhall gefunden, wenn es nicht eine durchaus vorhandene Saite in der Seele speziell des spanischen Volkes zum Erklingen gebracht hätte: den Glauben an den Heiligen Gral.

Bezeichnend ist in diesem Zusammenhang, dass ein ähnliches Wunder, das sich etwa zur gleichen Zeit in Italien abgespielt haben soll, in einer der heiligen Christina geweihten Kirche in Bolsena, nicht ohne Anklänge an den Jakobusweg ist. Auf der einen Seite wurde das Blut des Herrn daraufhin in einer Prozession nach Orvieto überführt, was verdächtig an Oviedo erinnert, also einen Ort, der einen spanischen »Heiligen Gral« beherbergt. Auf der anderen wird die heilige Christina am Vorabend des Jakobustages gefeiert, am 24. Juli. Damit nicht genug, war das berühmte Hospital von Somport, also der Beginn des »Camino aragonés«, nach dieser frühchristlichen Märtyrerin benannt.

Der Gralsorden von Nájera

Es war auf spanischem Boden, dass der erste Orden entstand, der ein gralsähnliches Gefäß mit einer dieses Gefäß hütenden Bruderschaft verband.

Der Jakobusweg hat noch mit einer weiteren Komponente aufzuwarten, welche deutliche Anklänge an die Gralsgeschichten zeigt: dem »Orden de la Terraza«. Dieser Ritterorden wurde Mitte des 11. Jahrhunderts von Don García de Nájera gegründet, also drei Generationen vor den ersten Ritterorden im Heiligen Land. Der Überlieferung nach war der Anlass für die

Gründung des Ordens das seltsame Erlebnis – wir haben es schon angesprochen –, das Don García bei einem Jagdausflug hatte. Sein Falke war gerade dabei, eine Taube zu verfolgen, als Don García plötzlich beide Tiere aus den Augen verlor. Offensichtlich waren sie in einer Höhle verschwunden. Als Don García ihnen folgte, fand er sie in trauter Einigkeit neben einer Statue der Jungfrau Maria sitzend. Die Szene war von einer Öllampe beleuchtet; daneben stand eine Glocke. Der Krug mit weißen Lilien, der zu Füßen der Madonna stand, gab dem Orden seinen Namen: »de la Terraza«. Auch hier gibt es wieder einen handfesten Beweis für das Wunder: Noch heute können in dem eigens hierfür gegründeten Kloster »Santa María la Real« die Statue, der Krug, die Lampe, die Glocke und die Höhle selbst besichtigt werden.[78]

Nun muss natürlich nicht jedes Gefäß unbedingt mit dem Gral zu tun haben, selbst wenn die Umstände seiner Auffindung reichlich mysteriös sind. Was in diesem Fall dennoch diese Verbindung nahe legt, ist der suggestive Name »la terraza«. Denn der Ausdruck hat im Spanischen zwei Bedeutungen. Auf der einen Seite kann ein beliebiger Henkelkrug damit gemeint sein. Auf der anderen Seite kann er sich auf etwas Stufenförmiges beziehen. Genau diese Bedeutung gibt zumindest eine Interpretation auch dem Gral: Der Ausdruck »Gral« leite sich vom lateinischen Wort »gradus«, dem Schritt, beziehungsweise »gradalis«, stufenweise oder allmählich, ab. Er beziehe sich auf ein Gefäß, dessen Wandung mehrere Stufen aufweist.

Insofern war also der erste Ort, der einen gralsähnlichen Gegenstand konkret mit einem eigens dafür gegründeten Ritterorden assoziiert, auf spanischem Boden. Und genau diese Komponenten wurden wiederum von Wolfram von Eschenbach aufgegriffen, dem Gralsdichter, welcher mit Entschiedenheit zurückweist, dass der Gral etwas mit Britannien zu tun hat. Wenn er auch die Mitglieder seines Gralsordens Templeisen nennt und somit Aspekte des Templerordens einbringt.

Aber auch andere Gralsgeschichten spielen auf ordensähnliche Gemeinschaften an, wenn sie auch nicht die gleiche prominente Rolle spielen wie bei Eschenbach. Im »Perlesvaus« zieht der Held sich schließlich auf eine Insel zurück, wo Männer in weißer Kleidung mit einem roten Kreuz auf der Brust leben. Ein Schiff, gleichfalls mit einem roten Kreuz auf dem weißen Segel, holt ihn dorthin ab.

Von der Farbsymbolik her hat man den Eindruck, dass der »Perlesvaus« gleichfalls auf die Templer anspielt, welche genau solche Kleidung trugen. Auf der anderen Seite scheint jedoch der »Perlesvaus« Avalon in Glastonbury anzusiedeln, was Wolframs These widersprechen würde. Vielleicht dachte der Autor des »Perlesvaus« bei seiner Farbgebung auch an den heiligen Georg, den Schutzheiligen Englands, der gleichfalls gerne mit einem roten Kreuz auf weißem Grund dargestellt wird. Nur war es nicht England, sondern wiederum Spanien, welches Schiffe entsandte, die tatsächlich mit einem roten Kreuz auf weißem Segel weiter nach Westen reisten, als es sich der Autor des »Perlesvaus« je hätte träumen lassen: die Karavellen des Kolumbus, welche 1492 Amerika entdeckten.

Der Jakobusweg – eine Gralssuche

Die wichtigsten »Gralsorte«, Santiago de Compostela und Glastonbury, weisen einige bemerkenswerte Gemeinsamkeiten auf. Ist es letztendlich wirklich wichtig, wer Recht hat? Ist es nicht wichtiger, den Gral zu suchen, als ihn zu finden?

Wir haben untersucht, dass sich alle Komponenten, die das Wesen des Grals ausmachen sollen, in Spanien beziehungsweise konkret auf dem Jakobusweg wieder finden. Natürlich könnte man anführen, dass sie bewusst eingebaut wurden. Obwohl: nicht immer. Als Don García Mitte des 11. Jahrhunders den

»Orden de la Terraza« gründete, konnte er nicht wissen, dass sechs Generationen später jemand ein ähnliches Behältnis zum Brennpunkt eines der faszinierendsten Mythen der Menschheit machen würde. Vermutlich hatte Don García schlicht das Glück, einen mächtigen Archetypen aufzugreifen. Beziehungsweise einen Archetypen, der speziell in seinem Land Anklang fand.

Nur existiert neben der spanischen und der englischen Überlieferung noch eine dritte Version, der zufolge der Gral nicht nur in Südfrankreich landete und eine Zwischenstation machte, wie im »Vulgata-Zyklus«, sondern dort verblieb. In dieser Version war es auch nicht Joseph von Arimathäa, der ihn dorthin gebracht hatte, sondern ausgerechnet die uns inzwischen wohl bekannte heilige Maria Magdalena. In diesem Zusammenhang ist auch interessant, dass die romanische Kirche der französischen Stadt Avallon, also einer Stadt, deren Name aus den Gralsgeschichten stammen könnte, ausgerechnet ihrem Bruder, dem heiligen Lazarus, geweiht ist.

Jedoch führt uns auch diese Legende letztendlich wieder nach Spanien zurück. Denn eine weitere Überlieferung behauptet, sie sei keinesfalls in der Gegend von Marseille gelandet, sondern bei Vendres, also an der spanischen Grenze.

Und selbst die französische Überlieferung stellt eine Verbindung konkret mit dem Jakobusweg her, wenn auch indirekt. Denn eine erweiterte Version dieser Legende besagt, Maria Magdalena sei nicht allein gekommen, sondern in Begleitung von mehreren anderen Personen. Diese Version sei der Hintergrund für die Legende der »Saintes Maries de la Mer«, der heiligen Marien des Meeres. Diese heiligen Marien waren Maria Jacobi und Maria Salome, die mit ihrer Dienerin Sara an dem nach ihnen benannten Ort im Rhônedelta blieben, während die anderen weiterwanderten. Sara wurde zur Schutzpatronin der Zigeuner und wird als solche noch heute alljährlich in einer enthusiastischen Wallfahrt von Zigeunern aus ganz Europa gefeiert. Also dem sprichwörtlichen Volk der Wanderer, die bei diesem Anlass zu Pilgern werden. Maria Salome hingegen hat sogar eine direkte Beziehung zum Jakobusweg. Schließlich war sie die Mutter des heiligen Jakobus.

Daneben ist aufschlussreich, dass die beiden wichtigsten »Gralsländer«, nämlich Spanien und England, einige Gemeinsamkeiten haben. Speziell die Gegenden, auf die es uns ankommt. So behauptet die lokale Überlieferung von Glastonbury, festgehalten von Wilhelm von Malmesbury Anfang des 12. Jahrhunderts, die erste Kirche sei dort bereits kurz nach der Kreuzigung errichtet worden, von Jüngern, welche Jesus noch persönlich gekannt hatten. Die Legende konkretisiert dies: Es seien Joseph von Arimathäa und seine Gefährten gewesen. Diese Kirche sei der Jungfrau Maria geweiht gewesen.

Eine spanische Legende hingegen macht den Tempel, den der Apostel Jakobus zu Ehren der Jungfrau Maria in Saragossa errichtete, zur ältesten der Jungfrau Maria geweihten Kirche zumindest Spaniens, wenn nicht der Welt. Saragossa ist nicht nur mit dem heiligen Jakobus verbunden, sondern liegt auch auf einem Zubringer des Jakobusweges. Beziehungsweise deren zwei. Die Pilger hatten von Saragossa aus die Möglichkeit, über Huesca nach Jaca oder aber über Tudela nach Puente la Reina zu gelangen. Abgesehen davon wird die Ehre, die erste Marienkirche der Welt gewesen zu sein, auch von »Nuestra Señora de Finisterre« und der Kirche »Santa Maria« von Iria Flavia in Galicien in Anspruch genommen. In Iria Flavia wurden tatsächlich Überreste einer Kirche gefunden, die auf das 1. Jahrhundert des Christentums datiert wird.

Das bedeutet, dass Spanien und Großbritannien, die beiden Länder, die Anspruch auf den Heiligen Gral erheben, die ersten Kirchenbauten auf ihrem Boden mit der Jungfrau Maria assoziieren. Und davon ausgehen, dass ihre Kirchen zu den ältesten der Welt gehören.

Sogar das scheinbar einmalige Wahrzeichen von Glastonbury wiederholt sich in der Gegend von Santiago de Compostela:
der so genannte »Tor«, ein regelmäßiger Hügel in Form eines
Kegelstumpfes, der weithin sichtbar ist. Ein ganz ähnlicher regelmäßiger Hügel ist der »Pico Sacro« bei Santiago de Compostela, über dem der Legende nach der Leichnam des Apostels Jakobus geschwebt haben soll.

Und die Geschichte von dem Wanderstab, den Joseph von
Arimathäa in Glastonbury in den Boden rammte und der darauf zu blühen begann, findet sich genauso auf dem Jakobusweg
wieder, sogar in mehrfacher Ausführung. Einmal hätten die
Lanzen vom Heer Karls des Großen vor der Schlacht mit dem
moslemischen Heerführer Aigolando in Sahagún zu blühen begonnen, ein anderes Mal die der fünfzigtausend kriegerischen
Jungfrauen in Valcarlos, genauso wie der Wanderstab des heiligen Franziskus bei Sangüesa, auf seiner Wallfahrt nach Santiago.

Und erinnert nicht sowohl die Reise von Maria Magdalena als auch die von Joseph von Arimathäa von Palästina über
das Meer verdächtig an die des heiligen Jakobus selbst? Wenn
auch Joseph von Arimathäa nicht in den äußersten Westen
reiste – wir haben bereits besprochen, dass die galicische Küste auf der Höhe von Galway in Irland liegt, also westlicher
als Glastonbury. Dafür hat Joseph von Arimathäa eine andere interessante Verbindung gerade mit Irland: Sein Namenstag fällt mit dem des irischen Nationalheiligen zusammen.
Sowohl Joseph von Arimathäa als auch der heilige Patrick
werden am 17. März gefeiert. Irgendeinen Grund muss diese
Zuordnung haben, denn mit Sicherheit vermag niemand an-
zugeben, an welchem Tag der heilige Joseph von Arimathäa
starb. Die Überlieferung von Glastonbury scheint diese Verbindung mit Irland betonen zu wollen, indem sie behauptet, in
Glastonbury seien Reliquien des heiligen Patrick verehrt worden.

Genauso haben wir gesehen, wie eng die Verehrung der Reliquien der heiligen Foy mit dem Jakobusweg verknüpft ist. Nun, auch in Glastonbury befanden sich Reliquien von ihr. Interessanterweise hält sie auf künstlerischen Darstellungen ausgerechnet einen Bratrost in der Hand, wie der heilige Lorenz, der spanische »Gralsträger«.

Daneben stieß ich jedoch überraschenderweise in einem spanischen Führer des Jakobusweges auf die Theorie, dass der heilige Jakobus theoretisch auch in England begraben sein könnte. Bei diesem Führer handelt es sich keinesfalls um ein esoterisch angehauchtes Machwerk, sondern ein äußerst biederes Druckerzeugnis. Diese Theorie macht auf jeden Fall die Verwirrung komplett.

Ich maße mir nicht an, eine Entscheidung zu treffen, welche Überlieferung Recht hat. Ich bin generell der Meinung, dass der Heilige Gral keine Substanz hat, nicht berührt werden kann, weder als Kelch noch als Buch noch als Figur. Die Gralssuche stellt in meinen Augen eine Sehnsucht dar, nach etwas, das für jeden andere Aspekte hat, das gar nicht definiert werden kann. Vielleicht gehört es zum Wesen dieser Sehnsucht, dass sie nie befriedigt wird. Zumindest nicht auf dieser Erde. Nicht umsonst lassen manche Versionen, so der »Vulgata-Zyklus« und Malorys »Le Morte d'Arthur«, den Gralsritter par excellence, Galahad, sterben, nachdem er den Gral erblickt hat.

Es ist also letztendlich egal, wo man den Heiligen Gral sucht: Wichtig ist nur, dass man ihn sucht. Jeder seinen persönlichen. Nur entdeckt vielleicht mancher gerade über den Jakobusweg, dass es den Heiligen Gral gibt.

8 Konklusion

Lohnt sich der Jakobusweg?

Warum es sich nach wie vor lohnt, den uralten Pilgerweg nach Santiago de Compostela einzuschlagen.

Wir haben einen weiten Weg zurückgelegt. Wir haben untersucht, wie sich die Jakobusverehrung in Spanien etablieren konnte beziehungsweise sogar bewusst etabliert wurde, um das spanische Nationalbewusstsein gegenüber den maurischen Eroberern auf einen Punkt zu konzentrieren. Der Ausbau des Jakobusweges war ein Mittel, um einerseits die Verehrung der Gläubigen in die richtigen Bahnen zu lenken und andererseits daraus massiven Gewinn zu ziehen. Nicht nur in Santiago selbst, sondern auf dem gesamten Weg. Denn der Jakobusweg war zeitweise ein florierendes Wirtschaftsunternehmen. Wir mussten weiterhin feststellen, dass die Verehrung des heiligen Jakobus auf äußerst schwachen geschichtlichen Grundlagen ruht. Mehr noch, dass die Authentizität der in Santiago de Compostela verehrten Gebeine nicht nur bezweifelt werden kann, sondern geradezu bezweifelt werden muss.

Es drängt sich daher die Frage auf, ob der Jakobusweg nicht eine völlig überholte mittelalterliche Angelegenheit ist, von der Kirche gewaltsam am Leben erhalten. Lohnt es sich wirklich, die Strapazen und Kosten einer Wanderung nach Santiago de Compostela auf sich zu nehmen?

Seltsamerweise werden noch heute Tausende von Pilgern, darunter eine ganze Reihe von Nichtchristen, darauf mit einem überzeugten Ja antworten. Jedoch fragt man sich, ob diese nicht bestimmte Empfindungen, die man nun einmal nach einer erfolgreich bewältigten Herausforderung hat, überbewerten. Das viel gelobte Gefühl, einer verschworenen Gemeinschaft anzugehören, das die Pilger untereinander verbindet, entspricht es nicht der Bergkameradschaft, welche andere bei Alpenwanderungen verspüren? Und was die Dauer betrifft: Gibt es nicht auch mehrtägige, sogar mehrwöchige Wanderungen, zum Beispiel in den Alpen oder aus den Dolomiten in die oberitalienische Ebene?[79] Ausgeschildert wie der Jakobusweg, mit der Möglichkeit, ähnliche Bekanntschaften zu schließen? Hat der Jakobusweg also tatsächlich etwas Besonderes?

Wiederum werden Tausende von Pilgern verschiedener religiöser Überzeugung beziehungsweise sogar ohne eine solche die Frage bejahen. Sie geben auf Befragung an, dass der Jakobusweg für sie eine beinahe mystische Erfahrung war, die sie nicht missen möchten. Erstaunlicherweise lässt sich diese Erfahrung sogar wiederholen. Sie werde beim zweiten Mal nicht flacher, im Gegenteil. Der Pilger begrüße vertraute Stätten wie alte Freunde und entdecke neue.

Wenn die Baumeister und Gestalter des Jakobusweges also tatsächlich etwas Besonderes erschaffen wollten, so scheint ihnen dies gelungen zu sein.

Ein Teil der Faszination des Jakobusweges liegt bestimmt in seinem ehrwürdigen Alter. Der Jakobuspilger weiß sich nicht nur in die Gemeinschaft der lebenden Pilger eingebunden, er ist sich bewusst, dass er einer tausendjährigen Bewegung angehört.

Nur könnte man auch hier den Einwand bringen, dass gerade dieser Aspekt etwas anrüchig ist. Ein tibetanisches Sprichwort sagt, innige Verehrung bringe auch einen Hundezahn zum Leuchten. Es gibt dazu eine Geschichte über einen jungen Mann, der von seiner Mutter mehrmals gebeten wurde, ihr von einer Reise nach Indien eine buddhistische Reliquie mitzubringen. Als ihm nach einer dieser Reisen im letzten Moment einfällt, dass er dieses Anliegen auch diesmal wieder vergessen hat, bricht er kurz entschlossen aus einem am Wegrand liegenden Hundeschädel einen Zahn heraus und präsentiert ihn seiner entzückten Mutter als den eines Jüngers von Buddha. Sie errichtet dem Zahn einen kleinen Hausaltar und lädt ihre Freunde und Bekannten ein. Und, welche Überraschung: Der Zahn beginnt zu leuchten und bewirkt Wunder.

Lässt sich diese Geschichte nicht eins zu eins auf den Jakobusweg übertragen? Die französische Sprache verwendet den Ausdruck »auberge espagnole«, spanische Herberge, für eine Herberge, in der man sich um alles selbst kümmern muss und mit dem vorlieb nehmen, was man selbst mitbringt. Vielleicht lässt sich dieser Ausdruck sogar auf den Jakobusweg zurückführen. Nicht nur in materieller Hinsicht. Konkret: Wenn man auf dem Jakobusweg mystische Erfahrungen sucht, macht man auch welche. Eine Erklärung führt schließlich auch die Wunderheilungen in Orten wie Fatima und Lourdes auf dieses Phänomen zurück. Wer den intensiven Willen mitbringe, Heilung zu finden, werde geheilt. Oder die angespannte Erwartungshaltung der Gläubigen entlade sich bisweilen in einem Wunder.

Aber auch das erklärt die Faszination, die der Jakobusweg seit über tausend Jahren ausübt, nur bis zu einem bestimmten Punkt.

Für mich persönlich ist eine der bedeutsamsten Lehren des Jakobusweges, dass er all das, was uns in einem bestimmten Moment wichtig erscheint, relativiert. Es lohnt sich nicht, sich über schlechtes Wetter, Massenunterbringung oder überteuerte Mahlzeiten zu ärgern: Morgen kann alles anders sein. Diese Lebensweisheit galt nicht nur für den Pilger des Mittelalters. Im Gegenteil: Dieser hatte eine solche Lektion am wenigsten nötig. Missernten, Hungersnöte, Epidemien und eine hohe Kindersterblichkeit zeigten ihm öfter, als ihm lieb war, wie vergänglich alles ist. Uns schauert bei diesem Gedanken. Wir glauben, uns gegen ziemlich viel ab- und versichern zu können. Aber wer sich heutzutage auf seinen scheinbar gesicherten Arbeitsplatz und seine Sozialversicherungskarte verlässt, kann schon morgen sein blaues Wunder erleben. Weil er nämlich seinen Job verliert oder erfährt, dass er Krebs hat. Wohl dem, der sich in dieser Situation an ein Erlebnis wie den Jakobusweg erinnern kann.

Seien wir uns einig: Wer den Jakobusweg herabsetzen will, der findet Argumente und lässt sich auch durch Gegenargumente nicht überzeugen. Zum Glück lässt sich der enthusiastische Jakobuspilger durch die rationalistischen und materialistischen Argumente, warum es Unsinn ist, diese Strapaze auf sich zu nehmen, genauso wenig von seinem Unternehmen abhalten.

Anmerkungen

[1] Anmerkung der Autorin in eigener Sache: Um dieses Buch im Index des Buchhandels leichter lokalisierbar zu machen, lautet sein Titel »Jakobsweg«. Aus Gründen des Wohlklangs habe ich jedoch innerhalb des Textes den Ausdruck »Jakobusweg« vorgezogen.

[2] Andere sagen, mit dem Fahrrad müssten es dreihundert sein. Die Konditionen wurden erst unlängst neu festgelegt, man findet daher unterschiedliche Angaben.

[3] »Milladoiro« ist in Galicien der generische Begriff für diese Art von kultischen Steinhaufen. Der von O Milladoiro muss also so beeindruckend gewesen sein, dass er sogar dem Ort den Namen gab.

[4] Diesem Ausdruck, »mozarabisch«, begegnet man in der spanischen Kulturgeschichte häufig. Er bezieht sich auf die christliche Kultur und Kunst, die sich in den von den Mauren eroberten Landesteilen zwar erhalten konnte, aber dennoch von maurischen Elementen beeinflusst wurde. Die mozarabische Baukunst zeichnet sich speziell durch die so genannten Hufeisenbögen zum Beispiel bei Fenstern und Türen aus: übertrieben ausgeprägte Rundbögen, die sich unten verengen. In der Liturgie hingegen ist mozarabisch ein Synonym für westgotisch. Der Ausdruck »mozarabische Liturgie« bezieht sich also auf die Liturgie, welche von den arianischen Westgoten gepflegt wurde. Wir gehen darauf noch genauer ein.

[5] Der Pilger hatte sogar die Qual der Wahl: über Konstanz, Genf und Lyon nach Le Puy, also über die »Via Podiensis«, oder über Chur, Mailand und Turin nach Arles und somit die »Via Tolosana«.

[6] Während man unter primären Reliquien die Körperteile eines Heiligen versteht, bezeichnet der Ausdruck »sekundäre Reliquien« Gegenstände, die mit seinem Leben oder seinem Martyrium in Verbindung standen. Daneben existieren noch Reliquien dritter Klasse, welche mit den anderen Reliquien in körperlichen Kontakt gebracht worden sind.

[7] Unter einer Schwarzen Madonna versteht man eine Darstellung der Jungfrau Maria mit dunkler Hautfarbe, obwohl sie aus dem europäischen Raum stammt. Ein in Deutschland sehr bekannter Wallfahrtsort einer Schwarzen Madonna ist das bayerische Altötting. Nur bleibt die

Benennung, Schwarze Madonna, auch dann erhalten, wenn die dunkelhäutige Statue schon längst durch eine konventionelle mit weißem Teint ersetzt worden ist, so wie zum Beispiel im französischen Avioth.

[8] Hier ist der Hinweis nötig, dass die Angaben, wie viele Hospize und Hospitäler es in den einzelnen Orten gab, voneinander abweichen. Jedes Dokument gilt natürlich immer nur für die Zeit, in der es entstand.

[9] Obwohl manche Historiker auf Münzen, die zur Zeit Karls des Großen geprägt wurden, Hinweise auf die Entdeckung des Jakobusgrabes gefunden haben wollen, ist die Berufung auf Karl den Großen als Verteidiger des Apostelgrabes apokryph. Auch wenn der vierte Teil des »Codex Calixtinus« ihm diese Rolle zuschreibt. Karl der Große führte zwar tatsächlich einen Feldzug in Spanien, nur war dieser im Jahre 778, also lange vor der offiziellen Entdeckung des Grabes – und auf Einladung eines moslemischen Emirs, der ihn als Bündnispartner gegen seine Glaubensgenossen im Süden Spaniens gewinnen wollte.

[10] Siehe Monika Hauf:»Die Templer und die Große Göttin«, Patmos Verlag, Düsseldorf, 2000.

[11] Vielleicht nicht zu Unrecht. In England selbst gibt es nur mehr eine kleine Kirche, welche die originalen Reliquien der Heiligen vorweisen kann, der diese Kirche geweiht ist. Es handelt sich um die Reliquien der heiligen Candida in Whitchurch Canonicorum in Dorset. Aus irgendwelchen Gründen entgingen diese Reliquien der Zerstörungswut der Reformatoren, darunter Elisabeth I., welche Drakes Kaperfahrten finanzierte, und der Puritaner unter Oliver Cromwell.

[12] Ich bin mir darüber im Klaren, dass diese Geschichte apokryph ist. Zu Lebzeiten der heiligen Helena wusste man zwar von ihrer Pilgerfahrt nach Jerusalem, aber nichts von der Kreuzesauffindung. Dennoch eignet sich diese Episode sehr gut, um den Wandel in der Einstellung der Kirche zu illustrieren.

[13] Manche meinen sogar, das Wort »Compostela« leite sich etymologisch von lateinischen Ausdrücken für Friedhof oder Grabmal ab. Diese Theorie fand ich jedoch von den üblichen Lexika nicht bestätigt.

[14] Nicht zu verwechseln mit dem so genannten Union Jack, welcher das Andreaskreuz mit der englischen Flagge, also dem Kreuz des heiligen Georg, rot auf weißem Grund, verbindet.

[15] Die frühen Christen hatten versucht, diesem Dilemma auszuweichen, indem sie Joseph zu einem ältlichen Witwer machten, der aus erster Ehe bereits mehrere Söhne hatte. Entsprechende Legenden fanden in den so genannten Apokryphen ihren Niederschlag: Evangelien, welche die Kirche zurückwies, weil sie nicht als göttlich inspiriert galten.

Leider kollidierte diese Lösung wiederum mit der gleichfalls unter den Frühchristen verbreiteten Vorstellung, dass das Eingehen einer zweiten Ehe etwas Anrüchiges hatte. Die verbleibende Lösung war, Jakobus zu einem Vetter Jesu zu machen.

[16] Genauer: in der Krypta einer der heiligen Eulalia geweihten Kirche in Bóveda.

[17] Ich kann auch nichts dafür, dass dieser Slogan verdächtig an einen ganz ähnlichen des 20. Jahrhunderts erinnert.

[18] Sogar der ultrakatholische ehemalige spanische Staatschef Franco (1892–1975) bewunderte die Schönheit des mozarabischen Ritus. Es gibt auch zumindest noch eine Kirche in Spanien, die das Recht hat, ihn offiziell zu pflegen, wenn auch nur zu bestimmten Anlässen.

[19] Populär gemacht wurde diese These von dem italienischen Dichter Dante Alighieri (1295–1321), dem Autor der »Göttlichen Komödie«.

[20] Der ursprüngliche Tempel war 356 v. Chr. von Herostrat angezündet wurden, er wurde jedoch unter Dinokrates neu aufgebaut und erst 262 n. Chr. von den Goten endgültig zerstört.

[21] Auffallend ist im Übrigen, dass diese theoretisch hochschwangeren Jungfrauen in der Regel ganz konventionelle Statuen der Muttergottes mit dem Jesusknaben auf dem Arm sind.

[22] Hier sollte man anmerken, dass die spanische Sprache säuberlich zwischen »Asunción«, der – passiven – Aufnahme der Jungfrau Maria in den Himmel, und »Ascensión«, dem – aktiven – Aufstieg Jesu zum Himmel, differenziert. Das deutsche Wort »Himmelfahrt« macht keinen Unterschied.

[23] Dieser Ort, üblicherweise meist in Villasirga abgekürzt, hatte eine bedeutende Templerkomturei.

[24] Nicht nur auf dem Jakobusweg: Ich plane ein Buch über Heilige und Bräuche, die mit ihnen assoziiert werden.

[25] Leider ist der Name das Einzige, was in Terradillos de los Templarios noch an die Templer erinnert.

[26] Sie haben ihren Namen vom so genannten Hundsstern, dem Sirius, der in diesem Zeitraum am Himmel steht.

[27] Die Kapelle ist neueren Datums; die alte fiel dem auf dem Hügel installierten Sendemasten zum Opfer.

[28] »Puente« ist das spanische Wort für Brücke.

[29] Der Diskussion, ob das Kloster nun tatsächlich zu Castrojeriz oder zu Garbanzelo gehört, möchte ich mich nicht anschließen.

[30] In der italienischen Sprache ist diese Ähnlichkeit noch auffallender: Dort heißt Ursula Orsola.

³¹ Andere suchen diesen Ort in Kantabrien oder sogar Italien.

³² Eine legendäre Epoche des allgemeinen Glücks in der antiken Mythologie, vergleichbar dem biblischen Paradies.

³³ Spanische Esoteriker sehen hinter den beiden Vögeln sowieso das Vorbild des legendären Phönix, der sich periodisch selbst verbrennen und dadurch erneuern soll.

³⁴ Man kann dieses Schauspiel an mehreren Tagen verfolgen, die idealsten Termine seien der 21. März und der 23. September.

³⁵ Villafranca del Bierzo hat sogar insofern eine anerkannte Sonderstellung, als es für kranke Pilger möglich war, an dieser Stelle umzukehren und dennoch den Weg nicht umsonst zurückgelegt zu haben: Ab Villafranca galt die Wallfahrt als durchgeführt, dem Pilger wurde eine entsprechende Bestätigung ausgestellt. Das war speziell für diejenigen wichtig, welchen der Jakobusweg als Kirchenstrafe auferlegt worden war.

³⁶ Diese Angaben beziehen sich natürlich auf den Bau der ursprünglichen Brücken. Gerade die großen sind nicht mehr die originalen. Die von Logroño stammt aus dem 19. Jahrhundert.

³⁷ Näheres über das Schicksal des Templerordens siehe Monika Hauf: »Der Mythos der Templer«, Walter beziehungsweise Patmos Verlag, Düsseldorf, 1995/1998.

³⁸ Eine andere Version mildert diese Geschichte etwas ab: Don Suero habe anstelle des eisernen Halsbandes, das er selbst trug, für den heiligen Jakobus ein goldenes herstellen lassen, das jedoch nicht ausgestellt werde, sondern zum Schatz der Kathedrale gehöre. Eine dritte Version hält das Band, das die Büste tatsächlich um den Hals trägt, für ein Geschenk Don Sueros. Einig sind sich die Überlieferungen nur dahingehend, dass zwischen der Reliquienbüste und Don Suero eine Verbindung besteht.

³⁹ Näheres über die Rosenkreuzer siehe Monika Hauf: »Der Mythos der Rosenkreuzer«, Kreuz Verlag, Stuttgart, 2000.

⁴⁰ Einer Lesart zufolge wird dieser Stein heute in der Kirche von Padrón verehrt. Eine andere besagt, am Stein von Padrón sei das Boot mit dem toten Apostel vertäut worden. Vielleicht handelt es sich um einen vorchristlichen Altar oder einen römischen Meilenstein.

⁴¹ Die Mönche von Canterbury verkauften in solchen Ampullen Wasser, das Blutpartikel des Märtyrers Thomas Becket enthalten sollte und von dem man sich deshalb Wunderwirkung versprach.

⁴² Auch im Spanischen heißt sie »concha venera«, Venusmuschel.

⁴³ Einer Theorie nach hat auch das heute noch verwendete »coquin« den gleichen Ursprung. Es heißt wörtlich Lump oder Spitzbube,

260

kann jedoch auch liebevoll gemeint sein, also etwa im Sinne von Schelm.

[44] Wenn sich auch der Name der Stadt Conques der offiziellen Erklärung zufolge von der Form der Landschaft ableitet und nichts mit dem Jakobusweg zu tun hat: Die Übereinstimmung ist zu bezeichnend. Landstriche, welche die Form einer Schüssel haben, gibt es schließlich überall. Nur heißen sie üblicherweise nicht »Muschel«. Und schon gar nicht »Muscheln« – dann müssten es ja mehrere sein.

[45] Die moderne französische Schreibweise lautet »foi«.

[46] Ähnliches gilt für die Kirche der Hagia Sophia, wörtlich heiligen Sophia, in Istanbul. Sie war nicht einer Heiligen namens Sophia geweiht, sondern der göttlichen Weisheit, auf Griechisch »Sophia«.

[47] Genauso bedeutsam erscheint mir persönlich die Tatsache, dass der westgotische Ritus den heiligen Jakobus am 30. Dezember feierte. Denn auch hier drängt sich eine Verbindung mit der Sonne auf: Zu diesem Zeitpunkt steht sie am tiefsten. Laut der »Legenda aurea« wurde Jakobus zudem am 25. März enthauptet: zum Zeitpunkt der Tagundnachtgleiche.

[48] Wobei ungewollt in der Version von Santo Domingo de la Calzada dem Huhn sogar eine Sonderrolle eingeräumt wird. Das Motto, das mit diesem Wunder verbunden wird, lautet nämlich »Santo Domingo de la Calzada, donde cantó la gallina después de asada« – Santo Domingo de la Calzada, wo das gebratene Huhn krähte«. Um des Reimes mit »Calzada« willen wurde die weibliche Form »asada« verwendet und somit auch das Wort »gallina«. Bei einem Hahn müsst es heißen »donde cantó el gallo después de asado«.

[49] Das alte Maia beziehungsweise Amaea heiße heute noch Mihia.

[50] Dieses Phänomen manifestiert sich sogar noch bei modernen Marienerscheinungen: Schließlich fand die von Lourdes gleichfalls in einer Grotte statt. Lourdes liegt, vergessen wir es nicht, auf einem Zubringer des Jakobusweges.

[51] Siehe hierzu Monika Hauf: »Die Templer und die Große Göttin«, Patmos Verlag, Düsseldorf, 2000.

[52] Auch von dort brachen Pilger nach Santiago de Compostela auf.

[53] Dieser Sonnenzyklus war unlängst höchst nützlich. Durch ihn war es möglich, das Problem, das die Computer mit der Umstellung auf das Jahr 2000 hatten, zu lösen.

[54] »Die Templer und die Große Göttin«, Patmos Verlag, Düsseldorf, 2000

[55] »Der Mythos der Rosenkreuzer«, Kreuz Verlag, Stuttgart, 2000

[56] Obwohl es bestimmt nur aus der Notwendigkeit heraus war, dass Is-

rael – meines Wissens nach als einziges Land – die allgemeine Wehrpflicht ohne Unterscheidung der Geschlechter eingeführt hat. Und dass der jüdische Sabbat am Freitagabend beginnt und somit am Tag der Venus – wir gehen darauf noch ein – ist bestenfalls kurios.

[57] Die Kilometerangaben in Klammern verstehen sich lediglich als Anhaltspunkte. Der moderne Weg entspricht nicht hundertprozentig dem mittelalterlichen. Man findet daher abweichende Zahlen.

[58] Zum Vergleich: Moderne Reiseführer für den Fußpilger gehen davon aus, dass man bei zügiger Wanderung Santiago de Compostela in etwa vier bis fünf Wochen erreicht, gerechnet ab der spanischen Grenze. Vorausgesetzt, man lässt sich nicht durch ausgedehnte Besichtigungen ablenken.

[59] Zugegeben: Nicht alle Bücher bestätigen die sechsundzwanzig Tage. Einige runden auf einen Monat auf. Wieder andere sprechen von sechsunddreißig Tagen. Ironischerweise bestätigen auch Letztere meine Theorie: Weil das bedeutet, dass ein Weg in achtzehn, also ausgerechnet dreizehn und fünf Tagen zurückgelegt wurde. Abgesehen davon sind auch die fünf zusätzlichen Tage für eine Strecke von dreihundert Kilometern nicht gerade reichlich bemessen.

[60] Attis galt als Sohn beziehungsweise Liebhaber der Kybele, den sie alljährlich neu hervorbrachte. Jeweils im Frühjahr pflegte man den Tod und die Auferstehung des Attis zu feiern, etwa zeitgleich mit der Passion Christi, Ende März.

[61] Was im Übrigen bedeutet, dass sie genau im fünfzigsten Jahr ihrer Buße starb. Auch hier stoßen wir also wieder auf die Fünf beziehungsweise ihre Potenzierung (zwei mal fünf mal fünf).

[62] In diesem Zusammenhang möchte ich daran erinnern, dass dem Sternbild Löwe die Sonne zugeordnet ist und Löwen somit als typische Sonnensymbole gelten. Dies als Querverweis zu der Diskussion, ob die Sonne männlich oder weiblich ist.

[63] Zumindest im englischen Sprachgebrauch. Ich beziehe mich übrigens bei allen Beispielen aus Ritualen, wenn nicht ausdrücklich anders erwähnt, auf die der englischen Großloge.

[64] Darunter versteht man die Disziplinen, welche ein gebildeter Mensch damals beherrschen sollte: 1. Grammatik, 2. Rhetorik, 3. Dialektik, 4. Arithmetik, 5. Geometrie, 6. Musik, 7. Astronomie. Diese Reihenfolge wird immer eingehalten.

[65] Zumindest in Sangüesa wurde das Hospital des heiligen Lazarus tatsächlich auch als »Gafería de los agotes« aufgelistet. Genauso ist bezeichnend, dass zumindest ein Dorf in der so genannten Maragatería, Castrillo de los Polvazares, den Namenstag der heiligen Maria Magda-

lena ausgiebig feiert, jeweils am Sonntag nach dem 22. Juli. Die heilige Maria Magdalena hat, wie wir gesehen haben, gleichfalls mit den Aussätzigen zu tun. Die Bewohner der Maragatería, der Gegend um Astorga, hatten gleichfalls eine gewisse Sonderstellung, wenn auch die Diskriminierung nie so weit ging wie bei den Agoten.

[66] Siehe hierzu Monika Hauf:»Rennes-le-Château«, Bohmeier Verlag, Lübeck, 2000.

[67] Und noch ein weiterer Unterschied: In Olcoz sind es zwölf Steine, in Eunate – ausgerechnet – dreizehn.

[68] Wobei man einschränken muss: Es gab mehrere so genannte heilige Lanzen.

[69] Zumindest in einem Manuskript. In einem anderen handelt es sich um eine Kerze.

[70] Auch eines der Manuskripte des »Titurel«, der zumindest im Entwurf von Wolfram von Eschenbach stamme, lokalisiere die Gralsburg im Nordosten Spaniens. Diese Angabe konnte ich noch nicht überprüfen.

[71] Die Katharer waren eine religiöse Bewegung des Mittelalters, speziell in Südfrankreich verbreitet, welche aufgrund der Korruption der römischen Kirche gerade in diesen Landstrichen viel Zuspruch fand. Die Lehren der Katharer waren von dem auch im frühen Christentum verbreiteten Manichäismus durchdrungen und lehnten die materielle Schöpfung als teuflisch ab. Nur das Geistige zähle. Die Katharer lebten also streng asketisch. Natürlich musste die Kirche diese Lehren als ketzerisch ablehnen. Anfang des 13. Jahrhunderts organisierte sie einen Kreuzzug, in dem Ritter speziell aus dem Norden Frankreichs die Kirche der Katharer und mit ihr die blühende Kultur Südfrankreichs ausradierten.

[72] Otto Rahn (1904–1939) war eine der kontroversesten Gestalten der jüngeren Gralsgeschichte. Er machte während des Dritten Reiches durch seine Veröffentlichungen »Der Kreuzzug gegen den Gral« und »Luzifers Hofgesind« von sich reden. Aber die Fragen, ob beziehungsweise warum er Mitglied der SS war und was es mit seinem frühen Tod auf sich hat, sind bis heute offen. Wurde er von den Nationalsozialisten umgebracht, weil er ihre Erwartungen nicht erfüllte? Beging er Selbstmord? Wenn ja, freiwillig? Oder tauchte er schlicht mit einer anderen Identität unter?

[73] Diese Zuordnung wird von manchen mit dem Argument bestritten, Montségur sei erst Anfang des 13. Jahrhunderts als Trutzburg der Katharer ausgebaut worden, also nach der Entstehung von Wolframs Gralsgeschichte. Nur lässt sich mit der Frage kontern, warum ausgerechnet Montségur heute noch als die typische Katharerfestung gilt –

sie war weder die einzige noch die letzte, welche von den Rittern des Nordens beim Kreuzzug gegen die Katharer erobert wurde. Die Akten der Inquisition bestätigen, dass es einer Gruppe von Verschwörern gelungen sei, heimlich etwas aus der belagerten Festung in Sicherheit zu bringen.

[74] Den Namen Veronika gab die Überlieferung einer Frau, welche dem erschöpften Jesus auf seinem Weg zur Kreuzigung ein Leinentuch gereicht haben soll, damit er sich den Schweiß abwischen konnte. Er presste es auf sein Gesicht und gab es ihr dankend zurück. Als sie es zu Hause entfaltete, fand sie darauf die Gesichtszüge Jesu. Dieses Tuch soll sich in einem der Pfeiler des Petersdoms befinden.

[75] Ein Dualismus geht immer von zwei gegensätzlichen Prinzipien aus, daher der Name. Der religiöse Dualismus ist üblicherweise bestimmt von einer strikten Trennung in Gut und Böse, Geist und Materie. Die bereits besprochenen Katharer zum Beispiel hatten einen stark dualistischen Einschlag.

[76] Diese Brigid wurde später als heilige Brigitte von Kildare christianisiert und ist neben dem heiligen Patrick die Nationalheilige Irlands.

[77] Siehe hierzu Monika Hauf: »Rennes-le-Château«, Bohmeier Verlag, Lübeck, 2000.

[78] Wenn auch getrennt. Statue, Krug, Lampe und Glocke stehen inzwischen über dem Hauptaltar, in der Felsnische steht eine andere Marienfigur. Mit Sicherheit stammt keiner der Gegenstände aus der fraglichen Zeit.

[79] Wobei ironischerweise der berühmte Europaweg von Bozen nach Verona einst ein Jakobusweg war: Er führte über Mailand und Turin nach Arles.

Bibliographie

Alarcón Herrera, Rafael: »A la sombra de los Templarios«, Ediciones Martínez Roca, Barcelona, 1986

Alarcón Herrera, Rafael: »La última Virgen Negra del Temple«, Ediciones Martínez Roca, Barcelona, 1991

Anonym: »The Text Book of Freemasonry«, Reeves and Turner, London, 1881

Apuleius: »Der goldene Esel«, Artemis Verlag, München, 1989

Aretz, Erich (Herausgeber): »Der Heilige Rock zu Trier«, Paulinus-Verlag, Trier, 1996

Atienza, Juan G.: »El legado templario«, Ediciones Robinbook, Barcelona, 1991

Atienza, Juan G.: »En busca de Gaia«, Ediciones Robinbook, Barcelona, 1993

Atienza, Juan G.: »La ruta sagrada«, Ediciones Robinbook, Barcelona, 1992

Atienza, Juan G.: »Los enclaves templarios«, Ediciones Martínez Roca, Barcelona, 1995

Atienza, Juan G.: »Los santos paganos«, Ediciones Robinbook, Barcelona, 1993

Atienza, Juan G.: »Nuestra Señora de Lucifer«, Ediciones Martínez Roca, Barcelona, 1991

Atienza, Juan G.: »Santoral diabólico«, Ediciones Martínez Roca, Barcelona, 1988

Atienza, Juan G.: »Segunda guía de la España mágica«, Ediciones Martínez Roca, Barcelona, 1982

Baigent, Michael, Leigh, Richard und Lincoln, Henry: »The Holy Blood and the Holy Grail«, Corgi Books, London, 1991

Barbault, Armand: »L'or du millième matin«, J'ai Lu, Paris, 1972

Barret/Gurgand, Jean-Noel: »Ils voyageaient la France«, Hachette, 1980

Begg, Ean: »The Cult of the Black Virgin«, Penguin Books, London, 1996

Beltran, Antonio: »El Santo Cáliz«, Valencia, 1984

Bentley, James: »Ossa senza pace«, SugarCo Edizioni, Milano, 1988

Berthelot, Marcelin: »Los orígenes de la alquimia«, mra, ediciones, Barcelona, 2001

»Biblia Sacra« (Vulgata), Deutsche Bibelgesellschaft Stuttgart, 1969/1983

Binder, Egon M.: »Alte Bräuche, frohe Feste«, Neue Presse Verlags-GmbH, Passau, 1994

Bitschnau, P. Otto: »Das Leben der Heiligen Gottes«, Benziger & Co., Einsiedeln, ca. 1890

Bravo, Millán Lozano: »Guía del peregrino medieval«, Centro Estudios Camino Santiago, Sahagún, 1991

Brewer, Derek und Fankl, Ernest: »Arthur's Britain«, The Pevensey Press, Cambridge, 1985

Bruce, F. F. (Herausgeber: Güting, Eberhard): »Ausserbiblische Zeugnisse über Jesus und das frühe Christentum«, Brunnen Verlag Giessen/Basel, 1993

Bunyan, John: »The Pilgrim's Progress«, Oxford University Press, Oxford, 1984

Carandell, Luis: »Ultreia«, Ediciones El País, Madrid, 1998

Carandell, Luis: »Vida y milagros de Monseñor Escrivá de Balaguer«, Deriva Editorial, Barcelona, 1992

»Catechism of the Catholic Church«, Geoffrey Chapman, London, 2000

Chevalier, Jean und Gheerbrant, Alain: »Dictionnaire des symboles«, Robert Laffont, Paris, 1982

Corley, Corin F. V.: »The Second Continuation of the Old French Perceval«, The Modern Humanities Research Association, London, 1987

Corthis, André: »Pèlerinages en Espagne«, Fasquelle Editeurs, Paris, 1930

Delcor, Mathias: »Les vierges romanes de Cerdagne et Conflent dans l'histoire et dans l'art«, Raphael Dalmaur Editeur, Barcelona, 1970

Descazeaux, René: »Itinéraires mystérieux et magiques des espaces pyrenéens«, Editions Loubatières, Toulouse, 1998

Deschner, Karlheinz und Herrmann, Horst: »Der Anti-Katechismus«, Goldmann Verlag, München, 1993

Diverse: »Dix mille saints«, Herausgeber: Benediktinerabtei St. Augustin in Ramsgate (England), Brepols (Belgien), 1991

Diverse: »El cuento del grial de Chrétien de Troyes y sus continuaciones«, Ediciones Siruela, Madrid, 2000

Diverse: »Les Chemins de Saint-Jacques de Compostelle«, MSM, Vic-en-Bigorre, 1999

Diverse: »Rutas de peregrinación«, Encuentro Ediciones, Madrid, 1982

Dubant, Christian: »Cent jours de Paris à Compostelle«, Editions Loubatières, Portet-sur-Garonne, 1996

Duchet-Suchaux, G. und M.:»Les ordres religieux«, Flammarion, Paris, 1993

Dufourcq, Charles-Emmanuel:»La vida cotidiana de los arabes en la Europa medieval«, Ediciones Temas de Hoy, Madrid, 1994

Enríquez de Salamanca, Cayetano:»El Camino de Santiago«, Ediciones El País, S.A./Aguilar, S.A. de Ediciones, Madrid, 1991

Escrivá, Josemaría:»Camino«, Ediciones Rialp, Madrid, 1965

»Evangelio según Tomás«, Ediciones Obelisco, Barcelona, 1992

Ferté, Patrick:»Arsène Lupin, supérieur inconnu«, Guy Trédaniel Editeur, Paris, 1992

Finucane, Ronald C.:»Miracles and Pilgrims«, Macmillan Press, Basingstoke, 1995

Fontana, David:»The secret language of symbols«, Pavillon Books, London, 1993

Frazer, J. G.:»The Golden Bough«, Pan Macmillan Press, London, Basingstoke, 1991

Fulcanelli:»Le mystère des cathédrales«, Société Nouvelle des Editions Pauvert, 1979

García, Carlos Costoya:»El camino mágico de Santiago«, Ediciones Martínez Roca, Barcelona, 1998

Gerber, Pat:»Stone of Destiny«, Canongate Books, Edinburgh, 1997

Gordon, Stuart:»The Encyclopedia of Myths and Legends«, Headline Book Publishing, London, 1994

Guscin, Mark:»The Oviedo Cloth«, The Lutterworth Press, Cambridge, 1998

Hauf, Monika:»Der Mythos der Rosenkreuzer«, Kreuz Verlag, Stuttgart, 2000

Hauf, Monika:»Der Mythos der Templer«, Walter/Patmos Verlag, Düsseldorf, 1995/1998

Hauf, Monika:»Die Templer und die Große Göttin«, Patmos Verlag, Düsseldorf, 2000

Hauf, Monika: »Rennes-le-Château«, Bohmeier Verlag, Lübeck, 2000

Hernández, Carlos Castro:»El gran libro de la magía, de la brujería y de la demonología«, Editorial de Vecchi, Barcelona, 1994

Hervás, Ramon:»Jesus, el heroe solar«, Ediciones Robinbook, Barcelona, 1993

Hippisley Coxe, Anthony D.:»Haunted Britain«, Pan Books, London, 1973

Jung, Emma und von Franz, Marie-Louise:»La leyenda del Grial«, Editorial Kairós, Barcelona, 1999

Keller, Werner:»Und die Bibel hat doch recht«, Naumann & Göbel, Köln

Knowles, James:»El rey Arturo«, M. E. Editores, S.L., Madrid

Kytzler, Bernhard:»Mythologische Frauen der Antike«, Artemis & Winkler, Düsseldorf, 1999

Labeaga Mendiola, Juan Cruz:»Sangüesa en el Camino de Santiago«, Sangüesa, 1993

Lacy, Norris J. (Herausgeber):»The Lancelot-Grail Reader«, Garland Publishing Inc., New York, 2000

Larguier, Léo:»Le faiseur d'or, Nicolas Flamel«, Editions J'ai Lu, Paris, 1972

Markale, Jean:»Le Graal«, Retz-poche, 1989

McNair Scott, Ronald:»Robert the Bruce«, Barnes and Noble, New York, 1993

Melchers, Erna und Hans:»Das große Buch der Heiligen«, Südwest Verlag, München, 1991

Merino, María:»Camino de Santiago«, Acento Editorial, Madrid, 1999

Miers, Horst E.:»Lexikon des Geheimwissens«, Wilhelm Goldmann Verlag, 1980

Milá, Ernesto:»El misterio Gaudí«, Martínez Roca, Barcelona, 1994

Milburn, Robert:»Saints and their Emblems in English Churches«, Cressrelles Publishing Co., Malvern, 1991

Monterrubio del Pozo, Rosa:»Santa María la Real de Nájera«, Edilesa, León, ca. 2001

Morin, Juan Pedro und Cobreros, Jaime:»El camino iniciatico de Santiago«, Ediciones 29, Barcelona, 1993

Müller, Ernst (Herausgeber):»Der Sohar«, Eugen Diederichs Verlag, Köln, 1984

Neuner, J. und Dupuis, J.:»The Christian Faith«, Alba House, New York, 1998

Nieto, Silvia und Hermida, José:»Viájes esotéricos«, Ediciones Temas de Hoy, Madrid, 1994

O'Kelly, Claire:»Concise Guide to Newgrange«, Cork, 1990

Opie, Iona und Peter (Herausgeber):»The Oxford Dictionary of Nursery Rhymes«, Oxford University Press, Oxford, 1995

Oursel, Raymond:»Rutas de peregrinación«, Editorial Ediciones Encuentro, Madrid, 1982

Phillips, Graham:»En busca del Santo Grial«, Edhasa, Barcelona, 1996

Pragnell, Hubert:»The Styles of English Architecture«, B.T. Batsford, London, 1984

Priesner, Claus und Figala, Karin (Herausgeber):»Alquimia«, Herder, Barcelona, 2001
Ranke-Heinemann, Uta:»Eunuchen für das Himmelreich«, Droemersche Verlagsanstalt Th. Knaur Nachf., München, 1990
Rodríguez, Pepe:»Mentiras fundamentales de la Iglesia católica«, Ediciones B, Barcelona, 1997
Sanchez-Ventura y Pascual, Francisco:»La luz saldrá del pilar«, Editorial Círculo, Saragossa, 2. Ausgabe
Schuster, Georg:»Geheime Gesellschaften, Verbindungen und Orden«, Fourier Verlag, Wiesbaden, 1991
Short, Martin:»Inside the Brotherhood«, Grafton Books, London, 1989
Sinclair, Andrew:»La espada y el grial«, EDAF, Madrid, 1994
Sinclair, Andrew:»The Discovery of the Grail«, Carroll and Graf Publishers Inc., New York, 1998
Somavila, José Manuel:»Guia del Camino de Santiago a pie«, Ediciones Tutor, Madrid, 1993
Stein, Walter Johannes:»The death of Merlin«, Floris Books, Worcester, 1990
Stohl, Alfred:»Der Narrenturm«, Böhlau, Wien, 2000
Sykes, Homer:»Mysterious Britain«, Weidenfeld and Nicolson, London, 1993
Treviño, Gloria:»Santa María la Real de Nájera«, Editorial Escudo de Oro, Barcelona, 1998
Upton-Ward, J. M.:»The Rule of the Templars«, The Boydell Press, Woodbridge, 1998
Uther, Hans-Jörg (Herausgeber):»Deutscher Sagenschatz«, Diederichs, Köln, 2000
Viñayo González, Antonio:»Camino de Santiago«, Edilesa, León, 1999
Walsh, Michael:»El mundo secreto del Opus Dei«, Plaza y Janes Editores, Barcelona, 1990
Wimmer, Otto:»Kennzeichen und Attribute der Heiligen«, Tyrolia Verlag, Innsbruck, 2000
Wolfram von Eschenbach:»Parzival«, Philipp Reclam Jun., Stuttgart, 1992
Wood, David:»Genisis«, The Baton Press, Tunbridge Wells, 1985
Woodward, Kenneth L.:»La fabricación de los santos«, Ediciones B, Barcelona, 1991

Hinzu kommen: Informationen aus diversen Wörterbüchern, Lexika, Tages- und Wochenzeitungen, Kalendern, Faltblättern mit Stadtbeschreibungen.

Register

Ablass 24, 122, 126, 156
Adoptionismus 45
Agoten (Cagots) 205 ff,
    262, 263
Alcántara, Orden von
    15
Alchemie 137 ff, 146,
    154, 195, 212 ff
Andreas, Apostel 37, 67,
    68, 75, 258
Antoniter 86, 87, 195 ff
Antoniusfeuer 83, 86,
    87, 197
Arca/is mamorea/icis
    29, 31
Arianismus 44, 60, 70,
    157, 257
Artemis (Diana) 60, 115,
    116, 181, 190, 191,
    199, 201, 238
Astorga 15, 25, 42, 62,
    68, 71, 89, 94, 110,
    146, 166, 190, 263
Atlantis 48, 110
Aussatz (Lepra) 77 ff,
    83, 84, 86, 92, 208, 263
Avis, Orden von 15

Bartholomäus 68, 75, 78,
    91, 156
Baumeister d. Jak.wg.
    102 ff, 110 ff, 118,
    129, 133, 137, 140, 254
Beatus von Liébana 29,
    45
Belorado 62, 73, 90, 93,
    103, 119, 173

Benediktiner 13, 15, 191
Bienen 109, 136, 171 ff
Botafumeiro 10
Breviarium Apostolo-
    rum 27, 28
Brücke(nbauer, -brüder)
    118 ff, 122 ff, 129,
    130, 133, 151, 203,
    208
Burgos 25, 37, 55, 56,
    71, 73, 74, 80, 82, 185,
    187, 199

Calatrava, Orden von
    15, 124, 187, 199
Calixtus II., Papst 121,
    141, 183 ff
Camino Aragonés 14,
    15, 72, 184, 185, 245
Camino Francés 14, 15,
    36, 101, 110, 184
Camino Inglés 49
Camino Navarro 13, 14,
    184, 185
Canterbury 17, 47, 152,
    260
Carrion de los Condes
    30, 92, 128
Castrojeriz 86, 164, 168,
    198, 259
Clavijo 30, 189
Cluny 13, 15, 89
Codex Calixtinus 16, 22,
    23, 24, 31, 32, 90, 102,
    128, 140 ff, 154, 159,
    177, 179, 183 ff, 191,
    241, 258

Conques 21, 154, 180,
    261

Dogmen 17, 32, 40, 117,
    201, 236, 242 ff
Drake, Sir Francis 12,
    33, 258
Dreizehn 182 ff, 200,
    202, 211, 263

Einsiedeln 14, 22
El Cebrero 242 ff
Eleusis 20, 189, 198, 202
Ephesus 22, 31, 60, 190,
    199, 238, 259
Erdströmungen 110,
    112, 150, 162
Estella 24, 62, 63, 64, 66,
    68, 73, 84, 88, 116,
    164, 168, 184
Eunate 62, 63, 91, 113,
    133, 180, 216, 217, 263

Ferdinand von Aragón
    32, 43, 244
Fides (Foy) 21, 154, 155,
    180, 251
Firmin, hl. 96 ff, 105
Francisco Xavier 81
Franco, General 43, 54,
    55, 259
Franz von Assisi 81, 250
Frómista 72, 164, 185
Fünf 182 ff, 202, 204,
    213, 262

Gelmírez, Diego 121

Helena, hl. 22, 34, 220, 258
Huesca 74, 75, 226, 231, 249
Hühnermirakel 105, 106, 135, 136, 159, 160, 194

Inquisition 35, 43, 264
Iria Flavia (Padron) 11, 25, 26, 120, 121, 249, 260
Isabella von Kastilien 32, 43, 108, 109, 173, 244
Isidor von Sevilla 27, 44, 70, 71

Jaca 66, 71, 73, 74, 87, 89, 90, 91, 102, 113, 184, 226, 249
Jakobus der Ältere
– biblische Informationen 40
– Geschichte der Reliquien 12, 25, 26, 32, 33, 34, 37, 39 ff
Jerusalem 12, 17, 22, 23, 34, 50, 52, 258
Johanniter 15, 74, 113, 124, 125, 128
Jubeljahr (Hl. Jahr) 121, 122, 126, 156, 168, 169
Judas 117, 118, 187, 215, 217

Kabbala 175, 176, 188, 217
Karl der Große 19, 22, 26, 187, 188, 209, 210, 250, 258
Konstantin d. Gr. 19, 22, 98, 156, 157, 161, 170, 220
Kreuzzüge 15, 31, 235, 236, 263

Kybele 193, 194, 195, 238, 262

Laurentius (Lorenz), hl. 74, 75, 76, 225, 226, 227, 251
Lazarus 78 ff, 84, 178, 248, 262
Le Puy 13, 61, 95, 143, 210, 257
León 15, 25, 37, 67, 70, 102, 113, 146, 159, 176, 185, 237
Limoges 13, 95, 142
Logroño 15, 62, 68, 119, 165, 212, 260
Lupa 41, 67, 153, 177

Malteser 87, 199
Maria Magdalena 22, 77 ff, 92, 95, 117, 132, 178, 195, 196, 199, 201, 202, 225, 248, 250, 262
Maria Salome 117, 177, 248, 249
Marienerscheinungen 20, 35, 92, 255, 261
Marmarica 28
Martin von Tours, hl. 42, 72, 82
Matamoros 30, 32
Mauren in Spanien 29, 30, 42, 44, 45, 61, 121, 207, 212, 226, 237, 241, 253, 257, 258
Monreal 72, 184, 259
Montesa, Orden von 124
Montserrat 190, 227, 231, 243
mozarabisch (westgotisch) 15, 43 ff, 83, 88, 89, 110, 120, 162, 206, 207, 210, 225, 257, 259, 261

Muschel 10, 51, 58, 59, 63, 139, 140, 151 ff, 162, 203, 209, 260, 261

Nájera 36, 37, 72, 88, 114, 119, 163, 180, 184, 185, 245, 246, 247, 248
Niederstraße 14, 22
Notre Dame, Kult von 60 ff, 76

O Milladoiro 11, 12, 257
Oberstraße 14, 22
Opus Dei 52 ff
Orbigo Hospital /Brücke von 125 ff
Oviedo 11, 15, 93, 231 ff, 245

Pamplona 55, 62, 72, 74, 78, 85, 86, 88, 92, 96 ff, 105, 184
Pantheons 10, 36, 37, 40
Patrozinien d. Jak.wg. 64 ff
Paulus 17, 41, 66, 117, 118, 120, 215, 236
Pelagius (Pelayo), div. 26, 41, 82, 232, 234, 236, 237
Petrus 17, 27, 29, 41, 66, 90, 117, 118, 120, 215, 236
Philipp von Flandern 223, 226
Picaud, Aimery 16, 31, 102, 141 ff, 176, 179, 184, 185, 186, 191, 194
Pilar, N. S. del 38, 39, 57, 59, 193, 240, 249
Pilger
– Bezeichnungen für 50, 51, 259
– Motive 16, 20, 50, 83, 84, 108, 260

271

– Selbstverständnis 50, 51
– Unterbringung 24, 25, 143
Ponferrada 67, 69, 77, 89, 128, 164
Portomarín 66, 74, 80, 102, 200
Priscilianus 12, 42, 43, 179, 234, 237
Puente la Reina 14, 25, 62, 63, 64, 66, 72, 77, 78, 85, 91, 95, 101, 128, 152, 164, 180, 184, 206, 249

Reconquista 15, 30, 32, 93
Reformation 35, 36, 52, 58, 59, 130, 134, 258
Reliquien 16 ff, 36, 254, 255, 257
Reliquien Jesu 17, 18, 19, 20, 22, 23, 34, 41, 46, 64, 75, 195, 196, 219, 220, 222, 223, 231, 232, 242, 258, 263, 264
Rocamadour 61, 95, 152
Rom 15, 17, 23, 31, 47, 49, 50, 74, 85, 90, 118, 120, 193, 236, 237, 264
Roncesvalles (Roncevaux) 10, 37, 62, 163, 188
Ruta de la Plata 15, 200

Sahagún 37, 63, 74, 93, 185, 250
Sainte-Baume 22, 132, 201
Saint-Gilles 13, 14, 23, 69
San Adrián de Sasabe 91, 226
San Adrián de Vadoluengo 91, 133

San Andrés de Teixido 11
San Juan de la Peña 21, 37, 89, 102, 133, 187, 226, 243
San Juan de Ortega 73, 74, 81, 82, 89, 102, 103, 106 ff, 118 ff, 122, 136, 142, 171, 173
San Millán de la Cogolla 36, 103, 193, 194
Sangüesa 24, 25, 62, 68, 71, 81, 85, 89, 91, 102, 116 ff, 168, 187, 215 ff, 250, 262
Santiago de Compostela
– Lage 9
– Etymologie 26, 258
– Bräuche 9, 10, 136
– Pilgerzahlen 24, 33, 34, 35
Santiago, Orden von 15, 67, 124, 198 ff
Santo Domingo de la Calzada 64, 82, 102 ff, 107, 109, 118 ff, 135, 136, 142, 159, 160, 189, 261
Santo Tomás de las Ollas 69, 83, 113
Saragossa 38, 40, 57, 226, 233, 240, 249
Saturn(alien) 98, 104, 105
Schwarze Madonnen 22, 223, 257, 258
Sernin (Saturnin, Firmin), hl. 96 ff, 105
Siete varones apostolicos 21, 67, 120
Sonne 155 ff, 169, 170, 261, 262
Suero de Quiñones 126 ff, 181, 260

Tempelritter 15, 30, 55, 67, 76, 77, 78, 87, 113,

123, 124, 125, 127, 128, 130, 146, 164, 174, 182, 195, 199, 201, 228, 230, 231, 235, 246, 247, 258, 259, 260, 261
Terraza, Orden de la 245 ff
Thomas, Apostel 27, 69, 83, 235, 236
Torres del Río 64, 92, 113
Toulouse 14, 23, 96 ff, 105, 136, 159, 186, 210, 227
Tours 13, 16, 72, 207
Triacastela 66, 80, 92, 135, 159, 185

Valvanera 103, 114, 115, 116, 164, 166, 173
Venus (Aphrodite, Astarte) 115, 149, 151, 153, 154, 162, 182, 183, 201, 202, 204, 213, 238, 240, 260, 262
Vézelay 14, 22, 23, 77, 95, 132, 178, 220
Via Arletanensis 13, 14, 23
Via Lemovicensis 13, 14, 46, 77, 95, 190
Via Podiensis 13, 21, 61, 92, 119, 143, 154, 257
Via Tolosana 14, 73, 86, 165, 257
Via Turonensis 13, 14, 23, 72, 86
Viana 191, 200
Villafranca del Bierzo 64, 73, 74, 112, 162, 185, 260
Villalcázar de Sirga (Villasirga) 64, 136, 259

Walsingham 18

272

CARTE DES
CHEMINS DE S. JACQUES
DE COMPOSTELLE
1648
CAMINO FRANCÉS
DE SANTIAGO DE COMPOSTELA
Chemins de liaison
Chemin traditionnel